CHRISTOPH MATZL / CHRISTOPH BUDIN

Schlagzeilen 2005

Ueberreuter

Buch und Redaktion: Christoph Matzl & Christoph Budin

Layout: Werner Galli, Herbert Kocab, Hermann Müller,
Herbert Szokoll

Archiv: Dr. Heidemarie Bauer, Martin Kriegel

Info-Grafik: Mag. Barbara Mungenast

Register: Margit Tiringer

Bildbearbeitung: Werner Engelmaier, Christian Krapfenbauer, Gerhard Mischling, Elisabeth Polly, Matthias Pospischil, Rudolf Rosen, Alfred Rudorfer, Wolfgang Schild, Karl Schilling, Erich Schönhofer

Lektorat: Mag. Thomas Zauner

ISBN 3-8000-7138-X

Druck und Bindung: M. Theiss, 9431 St. Stefan im Lavanttal
Printed in Austria
3 2 1

2005 Weltweiter Wetteralarm

Dieses Jahr schockierte uns an seinem Anfang mit einer Naturkatastrophe – dem verheerenden Ausmaß von „Tsunami" – und an seinem Ende mit Naturkatastrophen wie das Monster-Beben im Oktober in Pakistan. Zwischendurch spielte das Wetter tödlich verrückt: Hurrikans und Überflutungen in Amerika, aber auch Taifune in Asien und sogar im nordeuropäischen Birmingham gab es erstmals einen Tornado. Biblische Überschwemmungen in Rumänien, Bulgarien, biblische Dürre in Spanien, Feuerwalze in Portugal: Die Menetekel an der Wand sind nicht mehr zu übersehen.

Das Jahr 2005 war voll von apokalyptischen Vorzeichen der Natur, deren Belastung ein unerträgliches Ausmaß angenommen hat. Das große Umdenken ist gefordert, wo doch die Kräfte der Natur gerade in diesem Jahr dem Menschen seine ganze Ohnmacht vor Augen geführt haben. Die Folgen des Klimawandels durch Erderwärmung will aber ein Hauptverantwortlicher, der stur an die Allmacht glaubt, noch immer nicht wahrhaben: US-Präsident George Bush hatte im Wahlkampf zum Thema Kyoto-Protokoll geschworen: „Ich werde nichts tun, was der amerikanischen Wirtschaft schadet!" Nach der Katastrophe von New Orleans sollte er wissen, was der amerikanischen Wirtschaft – und uns allen – wirklich schadet: ein System, das auf Verschwendung aufgebaut ist. Aber jetzt wird sogar schon der Treibstoff dieses Systems, das Erdöl, knapp und teuer.

Der Mensch als Meister der Selbstzerstörung: neue Terroranschläge in der Welt, Kriegshölle im Irak und Atombombenpläne fanatischer Gewaltherrscher lassen Schlimmes befürchten.

Einer, der buchstäblich bis zum letzten Atemzug die Menschheit vor dem blinden Marsch ins Verderbnis abhalten wollte, Papst Johannes Paul II., hat uns in diesem Jahr verlassen. Sein gequältes Gesicht, seine Demut vor der Schöpfung, seine flehentlichen Appelle werden wir aber nicht so rasch aus dem Gedächtnis verbannen. Seine Mahnungen ließen mehr als deutlich ahnen, dass die Welt an der Kippe steht.

Wie abgehoben wirkt im Vergleich dazu die alltägliche Machtpolitik der Staatsführungen: diese inhaltsleeren Konferenz-Rituale, diese Selbstdarstellungsinszenierungen. Die Europäische Union bekam in diesem Jahr endlich die Quittung. Das doppelte Volksabstimmungs-Nein wird, so steht zu befürchten, ohne Folgen bleiben, denn es mag sich das Weltklima ändern, die EU nicht.

In so einem Problemjahr wie diesem tut es gut, dass eine neue Lichtgestalt zu uns gekommen ist, die Zuversicht und Hoffnung ausstrahlt: Papst Benedikt XVI. entpuppte sich als die große positive Überraschung, nachdem er vor seiner Wahl als „Panzerkardinal" gegolten hatte. Die ersten Monate seines Pontifikats zeigten ihn als Mann der Versöhnung, dessen menschliche Wärme Herzen für die Botschaft öffnet, wonach die Welt einen Zustand erreicht hat, in dem der Mensch nicht mehr alles tun darf, was er tun kann. Der Mensch hätte heute die Mittel in der Hand, aus der Welt ein Paradies zu machen. Er tut es nicht.

Aber als Letztes stirbt die Hoffnung und so hoffen wir, dass dieser Jahresrückschau, welche von den beiden „Krone"-Reportern Christoph Matzl und Christoph Budin trefflich zusammengestellt worden ist, im Jahr 2006 eine Fortsetzung folgt mit Nachrichten, die endlich einmal zeigen, dass die Menschheit aus bösen Erfahrungen lernen kann. **KURT SEINITZ**

Politik-Redakteur Kurt Seinitz mit den Autoren Matzl (li) und Budin (re)

Stille Neujahrsfeiern im

● Weltweit werden viele Feuerwerke zu Silvester abgesagt
● Wiener Philharmoniker spielen „Musik, die Hoffnung gibt“

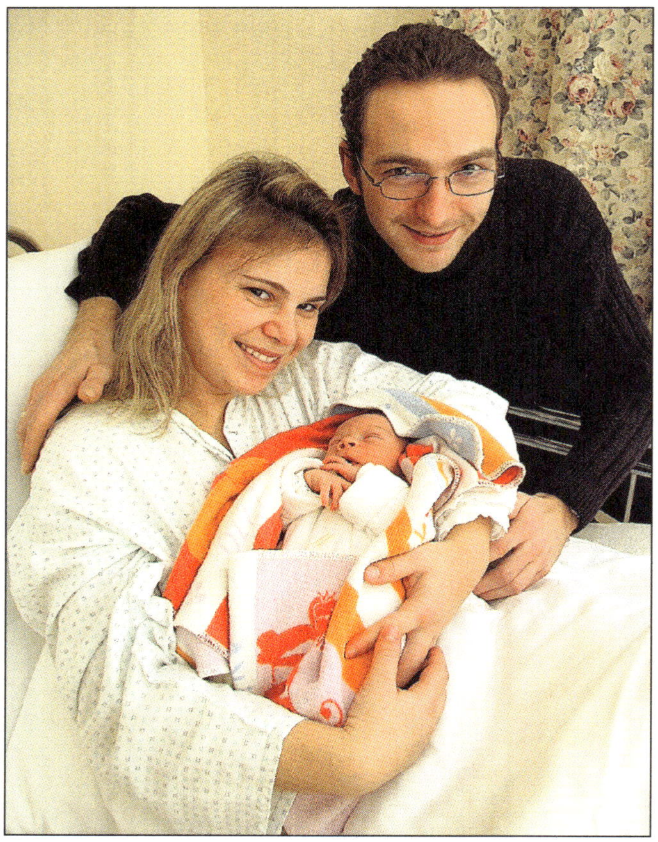

So klein, so süß und schon so überpünktlich: Schlag Mitternacht kommt Martin im Wiener Rudolfinerhaus zur Welt.

Die Welt gedenkt der Zehntausenden Opfer der gigantischen Flut-Katastrophe in Südostasien! Besinnlicher und leiser als sonst begrüßen die Menschen quer über den Globus das neue Jahr. Auch in Österreich ist die Stimmung gedämpft, viele Silvesterfeiern kommen diesmal ohne Feuerwerk aus. Stattdessen wird das Geld für die Überlebenden gespendet. Ein Zeichen setzen die Wiener Philharmoniker: „Mit Musik, die den Menschen wieder Hoffnung gibt.“

▲ Gemeinsam mit der Caritas startet die „Krone“ eine Spendenaktion für die Opfer der Flut-Katastrophe in Südostasien. Die gewaltigen Wassermassen reißen an den Küstengebieten alles mit, was sich ihnen in den Weg stellt. Es gibt Zehntausende Tote, Millionen sind ◀ obdachlos.

Drei, zwei eins – Prosit Neujahr. Mit den Schlägen der Pummerin auf dem Stephansdom begrüßen in Wien 620.000 Menschen am Silvesterpfad in der Innenstadt das neue Jahr 2005. Es bleibt aber weitgehend friedlich und leise. Denn viele Österreicher geben ihr Geld nicht für Feuerwerkskracher aus, sondern spenden es für die Überlebenden in Südostasien. Deshalb gibt es auch weniger Feuerwehr-Einsätze wegen Brände durch verirrte Silvester-Raketen.

Generell sind die Silvesterfeierlichkeiten weltweit von einem besinnlichen Lichtermeer gekennzeichnet. Statt bunter Raketen brennende Kerzen. Als Zeichen der Trauer für die Opfer nach dem Seebeben im Indischen Ozean.

Angesichts der Flutwelle ändern auch die Wiener Philharmoniker das musikalische Programm des weltberühmten Neujahrskonzertes. Statt des fröhlich-beschwingten Radetzkymarsches wird zum Abschluss der besinnliche Donauwalzer gespielt.

Lorin Maazel, der zu seinem „75er“ als einziger zum 11. Mal am Dirigentenpult steht, wendet sich in seiner Rede mit bewegenden Worten an das Milliarden-Publikum vor den TV-Geräten und auch an die Betroffenen selbst: „Wir hof-

Zeichen der Katastrophe

fen, dass diese Musik den Menschen wieder Hoffnung gibt. Dass sie allen Mut macht und sie motiviert."

Da schnelle Hilfe doppelt hilft, startet auch die „Krone" gemeinsam mit der Caritas eine Spendenaktion. In kurzer Zeit wird die Rekordsumme von mehr als zwei Millionen Euro über Erlagscheine eingezahlt. Jeder Cent kommt den Überlebenden zugute.

Für eine weitere hoffnungsvolle Meldung sorgt in Österreich auch diesmal das Neujahrsbaby. Nach dem Kopf-an-Kopf-Rennen zweier Säuglinge im vergangenen Jahr ist diesmal „nur" der kleine Martin überpünktlich. Schlag Mitternacht erblickt der 49 Zentimeter große Bub im Rudolfinerhaus in Wien-Döbling das Licht der Welt.

◀ *Die historische Festung der Stadt Salzburg wird von dem Schein eines Feuerwerks erhellt. Friedlich vereint begrüßen wieder Zehntausende Touristen und Einheimische das neue Jahr 2005.*

▲ *Dirigiert die Wiener Philharmoniker im Musikverein bei einem diesmal noch bemerkenswerteren Neujahrskonzert im Zeichen der gigantischen Flutwelle äußerst einfühlsam: Maestro Lorin Maazel.*

Ein gemeinsames Lächeln, das die Hoffnung so vieler Menschen widerspiegelt. Mit zwei Gläschen Sekt stößt dieses Pärchen auf dem Silvesterpfad in der Wiener Innenstadt auf das neue Jahr an. ▼

Flutwelle nach Seebeben:

Selbst aus dem All ist die Zerstörung nach der Flut (unten) zu sehen

● Gigantische Wasserberge rasen auf Küstenregionen zu
● Keine Tsunami-Warnung: Menschen völlig überrascht
● Nach der Naturkatastrophe läuft weltweite Hilfsaktion an

Eine der größten Naturkatastrophen der Neuzeit erschüttert die Welt! Nach einem Seebeben in den Tiefen des Indischen Ozeans rast eine Flutwelle auf Küstengebiete Südostasiens zu. Gigantische Wasserberge reißen alles mit, was sich ihnen in den Weg stellt. Die furchtbare Bilanz: bis zu 300.000 Tote, Millionen Menschen sind obdachlos. Auch tausende Touristen werden in den Urlauberparadiesen Thailands und Sri Lankas vom Tsunami überrascht.

Um exakt 01:58 und 53 Sekunden (in Südostasien ist es sechs Stunden später) am 26. Dezember nimmt die „Jahrhundertkatastrophe" im Indischen Ozean ihren Lauf. Im Sundagraben, etwa 40 Kilometer vor der Südwestküste der Insel Sumatra, prallen in 30 Kilometer Tiefe die indisch-australische- und die eurasische Erdplatte aufeinander.

Die Folge: eines der stärksten jemals gemessenen Beben der Stärke 9,0 auf der Richter-Skala. Das entspricht einer unglaublichen Energiemenge von 32 Gigatonnen TNT-Sprengstoff . . .

Ruckartig hebt sich der Meeresboden auf einer Länge von 1000 Kilometern um bis zu 30 Meter an. Diese plötzliche Vertikalbewegung löst einen der gefürchteten Tsunamis (zu deutsch „Welle im Hafen") aus. Mit 500 Stundenkilometer rast die am Meer kaum zu erkennende Flut auf die Küstengebiete zu. Da es kein Frühwarnsystem so wie im Pazifik gibt, sind die Menschen der Katastrophe ahnungslos ausgeliefert.

Im Strandbereich stauen sich die Wasserberge,

Das erschütternde „Foto des Jahres": Eine Frau in Indien trauert um ihren getöteten Verwandten

300.000 Tote in Südasien

Monster-Wellen von bis zu 10 Metern Größe treffen mit ungeheurer Wucht aufs Land. Als sich die große Flut wieder zurückzieht, bietet sich ein Bild der totalen Verwüstung. Überall liegen Leichen. Ganze Fischerdörfer sind regelrecht fortgespült worden, Urlaubshotels zerstört.

Erst nach und nach bestätigen sich die schlimmsten Befürchtungen. Bis zu 300.000 Tote in 12 Ländern sind zu beklagen. Selbst an der rund 5000 Kilometer entfernten afrikanischen Küste. Besonders betroffen ist Indonesien und dabei besonders die abgelegene Bürgerkriegsregion rund um die Provinzhauptstadt Banda Aceh mit mehr als 230.000 Opfern.

Auch Tausende europäische Touristen verlieren an den Traumstränden ihr Leben. Viele werden nie mehr gefunden – das Meer hat sie fortgespült. Zusätzlich zu dem ohnehin enormen wirtschaftlichen Schaden bricht auch der Tourismus in den betroffenen Ländern ein.

Riesige Wellen brechen über die Küstenregionen herein: Traumstrände werden zum Massengrab

Inmitten all des Chaos und Leids gibt es aber auch kleine Wunder. So können zwei Wochen nach der Flutkatastrophe zwei Überlebende auf einem selbstgebastelten Floß und einer Palme aus dem Indischen Ozean gerettet werden.

Nach der gigantischen Flutwelle läuft weltweit eine bisher einmalige Hilfsaktion an. Es kommt zu einem internationalen Schulterschluss von Regierungen und ihren Bürgern. Aus staatlichen Mitteln und Spenden werden vier Milliarden Euro für die von der Naturkatastrophe betroffenen Länder aufgebracht.

In vielen entlegenen Regionen Südostasiens kommt nur Hilfe aus der Luft an

Nach dem Abfließen des Wassers bleibt Verwüstung

Ganzes Land trägt Trauer:

● Eine der größten nationalen Tragödien in der 2. Republik
● Traumstrände Thailands werden für Urlauber zur Todesfalle

Nach der „Jahrhundertflut" im Indischen Ozean herrscht auch in Österreich tiefe Trauer. 90 heimische Urlauber lassen in der Wasserhölle ihr Leben. So wie Tausende andere europäische Touristen werden für Dutzende Landsleute vor allem die Traumstrände an den Küsten Thailands zur Todesfalle.

▲ Nach der „Jahrhundertflut" verlassen viele europäische Touristen so schnell wie möglich die Katastrophen-Regionen in den völlig zerstörten Urlaubsparadiesen Südostasiens.

Mit dem Lauda-Air-Absturz 1991 und dem Brandinferno in der Gletscherbahn von Kaprun neun Jahre später ist die „Jahrhundertflut" die schlimmste nationale Katastrophe in der Geschichte der 2. Republik. Zum Zeitpunkt des Seebebens sind mehr als 1.300 Österreicher in den betroffenen Regionen Südostasiens auf Urlaub. Das heimische Krisenmanagement ist anfänglich durch das Ausmaß der Katastrophe völlig überfordert. Die Telefonleitungen sind aufgrund von Anrufen besorgter Angehöriger total überlastet.

In dem Chaos vor Ort bewährt sich der österreichische Konsul Edwin Ferner. Von der ersten Stunde an hilft er in Thailand Hunderten verzweifelten Landsleuten bei der Suche nach ihren Liebsten. In Österreich übernimmt das Bundeskriminalamt schließlich diese Aufgabe. So wie die heimischen Urlauber wollen auch alle anderen Touristen so schnell wie

◀ Österreichs Konsul Edwin Ferner hilft von der ersten Stunde Hunderten Landsleuten in Phuket.

Soldaten des österreichischen Bundesheeres helfen der Bevölkerung in Sri Lanka mit Trinkwasser. ▶

90 Österreicher sterben!

Tauchlehrer Heinz Oswald stirbt mit seinen Kindern in Thailand

▲ *Trauer um die 27-jährige Wiener HAK-Lehrerin Sandra Gaulhofer in ihrer Schule. Die junge Frau wird auf einer Insel von der Monsterwelle getötet.*

möglich aus den Katastrophengebieten.

Auf den österreichischen Flughäfen spielen sich herzzerreißende Szenen ab. Zwischen Angehörigen, die vergeblich warten, schließen andere ihre heimgekehrten Liebsten überglücklich in die Arme. Schließlich steht fest: 90 Österreicher werden nicht mehr lebend nach Hause zurück kehren. Das Glück vieler heimischer Familien ist auf den einstigen thailändischen Traumstränden von Khao Lak oder auf den Phi-Phi-Inseln zerbrochen . . .

Trotz der nationalen Katastrophe beteiligt sich auch unser Land mit ganzer Kraft an der weltweiten Hilfsaktion für die Überlebenden. Caritas, Rotes Kreuz und andere heimische Organisationen schicken Helfer vor Ort. Und für die tausenden Flut-Waisen setzt sich das SOS-Kinderdorf ein. Viele Menschen werden Paten.

Das offizielle Österreich versendet Soldaten des Bundesheeres zur Wasseraufbereitung nach Sri Lanka. Außerdem stellt die Bundesregierung 50 Millionen Euro für den Wiederaufbau in den zerstörten Regionen zur Verfügung. Zum Koordinator der nationalen Hilfsaktion wird der ehemalige Innenminister Ernst Strasser ernannt. Und heimische Expertenteams helfen bei der schwierigen, oft Monate dauernden Identifizierung der Opfer.

Doch nicht für alle daheim zitternden Angehörigen gibt es endgültige Gewissheit über das Schicksal ihrer vermissten Liebsten. Das Meer gibt einige Opfer nicht mehr heraus . . .

◀ *Er hat die Katastrophe überlebt: Der Kärntner Urlauber Norbert Zechner wird am Flughafen in Graz überglücklich mit einem Busserl empfangen.*

Attentat auf Präsidentschafts-Kandidaten

Wien: Gift-Krimi um Volksheld aufgeklärt

Der ukrainische Wahlkampf-Krieg wird in einem noblen Wiener Privatspital mitentschieden! Ärzte des Rudolfinerhauses können einen Gift-Anschlag auf den aussichtsreichen Präsidentschafts-Kandidaten Viktor Juschtschenko nachweisen. Der Volksheld gewinnt darauf gegen seinen Herausforderer Viktor Janukowitsch.

Viktor Juschtschenko vor . . .

. . . und nach der Vergiftung

Schon vor der Untersuchung gibt es Gerüchte über ein Attentat auf Juschtschenko während eines Essens mit dem Geheimdienst-Chef. Sah der Vater von fünf Kindern vor wenigen Monaten noch wie ein Filmstar aus, sind sein Gesicht und Körper nun schwerst gezeichnet. Tatsächlich gelingt es Spitals-Chef Michael Zimpfer und dem behandelnden Arzt Nikolai Korpan den Gift-Krimi aufzuklären. Im Blut des ukrainischen Volkshelden wird das hochgiftige Dioxin nachgewiesen.

Das Ergebnis bestärkt die „orange Revolution" in der Ukraine. Viktor Juschtschenko gewinnt die wegen Stimmfälschungen wiederholte Wahl gegen den von Russlands Präsident Vladimir Putin unterstützten Viktor Janukowitsch. Ministerpräsident wird mit der populären und bildhübschen Julia Timoschenko eine Frau.

Miss Austria als Playmate! *Die hübscheste Österreicherin des vergangenen Jahres, die 22-jährige dunkelhaarige Linzerin Silvia Hackl, ziert die Jänner-Ausgabe des deutschen Männermagazins „Playboy". Die erotischen Fotoaufnahmen entstanden in einem Schloss nahe München.*

HARRY THE NAZI

EXCLUSIVE

By JAMIE PYATT and DUNCAN LARCOMBE

PRINCE Harry stuns partygoers by attending a pal's birthday bash dressed as a Nazi soldier.

Harry, 20, wore the swastika and desert uniform of Rommel's hated German Afrika Korps to the party in West Littleton, Wilts.

Last night he said: "I am very sorry if I have caused any offence. It was a poor choice of costume and I apologise."

Full Story – Pages 4 & 5

Prince's swastika outfit at party

Britische Zeitungen bringen das „Nazi-Foto" auf den Titelseiten

Nazi-Faschingskostüm bei Party empört Briten

Skandal um wilden Prinz: Harry mit Hakenkreuzbinde

Wieder einmal Aufregung um Englands wilden Prinz Harry! Der 20-Jährige erscheint bei einer Faschingsparty in der Verkleidung eines Wehrmachts-Soldaten aus Rommels Afrikakorps mit Hakenkreuzbinde.

Während sein Bruder William als Wildkatze geht, wählt Harry ausgerechnet ein Nazi-Faschingskostüm. „Tut mir Leid, das war eine schlechte Kostümwahl", gibt der junge Prinz zaghaft zu. Nach Protesten empörter Briten entschuldigt sich der Dritte der britischen Thronfolge öffentlich für sein Verhalten. Auch Prinz Charles ist über den jüngsten Skandalauftritt seines notorisch gedankenlosen Sohnes wütend. Harry und sein älterer Bruder William müssen zum Nachdenken das Konzentrationslager Auschwitz besuchen.

Krone-Chronik Jänner 2005

- Erst bei der Beerdigung von Gail German (53) stellt sich heraus, dass die Britin vor drei Jahren im Lotto 1,5 Millionen Euro gewonnen hat. Sie verschwieg aber den Gewinn vor der Familie sowie Freunden und spendete alles.
- Martin Höllwarth schlägt beim letzten Springen der Vierschanzen-Tournee in Bischofshofen Seriensieger Janne Ahonen. Damit wird der Österreicher hinter dem Finnen noch Zweiter der Gesamtwertung.
- Was für uns Österreicher Heimat bedeutet zeigt eine 1000-Personen-Umfrage im Auftrag der Bundesforste. So sind uns Berge, Wälder, Gemütlichkeit, der Stephansdom, Mozart und Skifahren sehr wichtig.
- Weil sie zu dick sind, werden die 3000 Polizisten Zentral-Israels von ihrem Chef Beni Kaniak zum Abnehmen verdonnert. Die Polizeikantinen stellen auf gesunde Ernährung um, jeder Beamte muss mindestens zwei Stunden wöchentlich ins Fitness-Center.

◄ *PISA-Schock für Bildungsministerin Elisabeth Gehrer. Nachdem Österreichs Schulen bei dem weltweit in 40 Ländern durchgeführten Test von vorderen Plätzen in den wichtigsten Bildungsbereichen ins Mittelmaß abstürzten, gerät die zuständige ÖVP-Ministerin gehörig unter Beschuss. Doch die anfänglich angekündigten Reformen lassen auf sich warten.*

Absturz bei weltweitem Test in wichtigen Bildungsbereichen

PISA-Studie schockt Österreich: Schulen sind nur mehr Mittelmaß

Schlechte Noten für das bisher als sehr gut geltende Schulsystem in Österreich! Bei der weltweit in 40 Ländern durchgeführten PISA-Studie fallen wir in Mathematik, beim Lesen und in Naturwissenschaften von vorderen Plätzen ins Mittelmaß zurück. Bildungsministerin Elisabeth Gehrer gerät unter Beschuss.

4500 Jugendliche pro Land nehmen an dem von der OECD (Organisation für wirtschaftliche Zusammenarbeit und Entwicklung) entwickelten Test mit 50 Fragen teil. Wie „Krone"-Redakteurin Doris Vetterman recherchiert, stürzt Österreich im Vergleich zum Jahr 2000 in den drei wichtigsten Bildungsbereichen ab. In Mathematik von Platz 10 auf 15, beim Lesen von 10 auf 19, in den Naturwissenschaften von 8 auf 20. Unsere Schulen sind bestenfalls noch Mittelmaß.

Nach dem schlechten Abschneiden gerät Bildungsministerin Elisabeth Gehrer ins Visier der Kritiker. Die finnischen Musterschüler sollen als Beispiel heran genommen werden. Nach anfänglichem Zögern ist auch Gehrer für den Fall der Zwei-Drittel-Mehrheit bei Schulgesetzen.

Doch der anfänglich frische Wind durch den PISA-Schock flaut bald ab. Es kehrt politischer Alltag ein. Gesetzesänderungen oder die diskutierte Gesamtschule für 10- bis 15-Jährige lassen weiter auf sich warten.

***Wolfsbabys** sieht man in den Rocky Mountains erstmals seit 30 Jahren wieder. Dank eines Tierschutzprogramms sind die damals durch Abschuss ausgerotteten Tiere in der gewaltigen Gebirgskette im Nordwesten Amerikas nun wieder heimisch.*

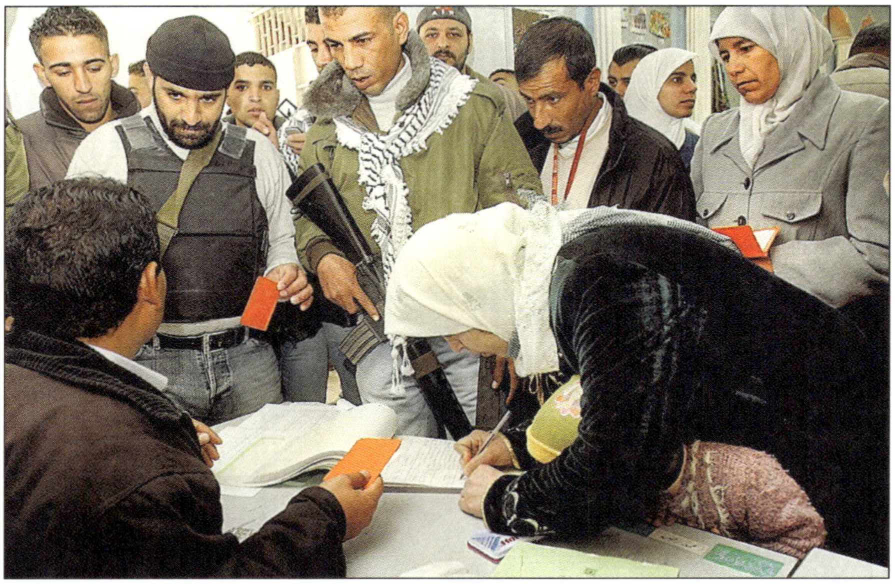

Rege Beteiligung von Frauen bei den ersten freien Wahlen für die Palästinenser

Hoffnung im Nahen Osten ● Arafat-Nachfolger:

„Mann des Friedens" als Palästinenser-Präsident

Neue Hoffnung auf Frieden im Nahen Osten! Nach dem Tod von PLO-Chef Jassir Arafat kommt Bewegung in die starren Fronten zwischen den Arabern und Israelis. Der neu gewählte Palästinenser-Präsident Mahmud Abbas verhandelt auch sofort mit Ariel Sharon. Mit Erfolg: ein – wenn auch brüchiger – Waffenstillstand wird vereinbart.

Mahmud Abbas gilt als Pragmatiker, Diplomat und „Mann des Friedens". Mit überwältigender Mehrheit von etwa 70 Prozent wählen die mehr als 1,8 Millionen wahlberechtigten Palästinenser den 69-Jährigen zu ihrem Präsidenten. Er tritt das schwere Erbe des Palästinenseridols Jassir Arafat an.

Abbas steht ein schwieriger Spagat bevor: Er muss sowohl die radikalen Palästinenser im Zaum halten, als auch bei den neuen Verhandlungen Zugeständnisse an die Israelis machen. Tatsächlich scheint in den festgefahrenen Friedensprozess (Sharon hatte Arafat als Terrorist bezeichnet und deshalb als Verhandlungspartner abgelehnt) Bewegung zu kommen. Die israelische Armee zieht sich aus den seit Monaten besetzt gehaltenen Gebieten zurück. Und Hunderte gefangene Palästinenser werden freigelassen.

Im Gegenzug kann Abbas die Terrorgruppen dazu bewegen, den Waffenstillstand zu erklären. Es gibt wieder Hoffnung auf Frieden. Aber auch das gab es schon oft im Nahen Osten.

▲ *Der verstorbene Palästinenser-Präsident Arafat thront über seinen Nachfolger Mahmud Abbas.*

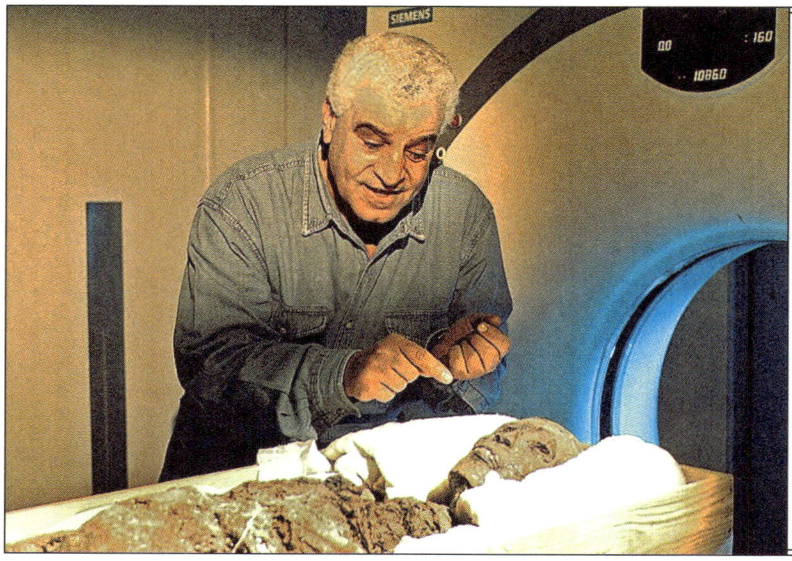

Den legendären Pharao *Tutenchamun untersucht der ägyptische Chef-Archäologe Zahi Hawass mit einem Computer-Tomografen. Das Ergebnis: König Tut ist im Alter von 19 Jahren nicht wie kolportiert ermordet worden, sondern vermutlich durch eine Infektion nach einem Bruch des linken Oberschenkels gestorben. Der Fluch des Pharao ereilt auch die Familie des Archäologen. Am Tag der Untersuchung stirbt sein Schwager . . .*

Leitungsgebühr sinkt:

Grünes Licht für billigeren Strom

Mit der Senkung der Leitungsgebühren gibt die Aufsichtsbehörde E-Control grünes Licht für billigeren Strom. Ein Urteil des Verfassungsgerichts hat den Weg frei gemacht. Praktisch im ganzen Land senken die Versorger ihre Tarife um durchschnittlich 10 Prozent. Damit ersparen sich die Kunden Millionen.

Mit Sohn vor Gericht:

Mutter zerstört wertvolle Bilder

Drei Jahre nach der Festnahme von Stéphane Breitwieser fällt im Gericht in Straßburg das Urteil in einem der bisher spektakulärsten KunstdiebstahlProzesse. Der Mann und seine Mutter – sie hat die 239 gestohlenen Kunstwerke von unschätzbarem Wert großteils zerstört – werden zu je drei Jahren Haft (ein Teil auf Bewährung) verurteilt.

Legendäre Wüstenrallye Dakar als Todesfalle

Das Schicksal schlägt bei der heurigen Rallye Dakar besonders gnadenlos zu. Nur 24 Stunden nach dem Tod des spanischen Motorrad-Piloten Jose-Manuel Perez stirbt auch der zweifache Triumphator der legendären und gefährlichen Abenteuerrallye in der Wüste. Der Italiener Fabrizio Meoni (47) bricht sich bei einem Sturz das Genick. Nach dem tragischen Unfall sitzt der Schock unter den Fahrern tief. Die Etappe wird annulliert, die österreichische Motorradschmiede KTM überlegt sogar den Rückzug.

Elvis bleibt in den Herzen seiner Fans unvergessen

Für seine Fans lebt der „König des Rock 'n' Rolls" weiter

70. Geburtstag von Elvis Presley: „King" ist immer noch der Größte

Auch 28 Jahre nach seinem Tod ist Elvis Presley immer noch der Größte! Passend zu seinem 70. Geburtstag am 8. Jänner führt der „König des Rock 'n' Rolls" mit „Jailhouse Rock" wieder die britische Hitparade an. Und Menschenmassen stürmen sein Anwesen in Graceland.

„Ganz Memphis ist mehr denn je im Elvis-Fieber. Elvis-Bingo, Elvis-Lasershows, Elvis-Symphoniekonzerte", beschreibt „Krone"-Pop-Expertin Franziska Trost die Stimmung der Leute. Zum 70. Geburtstag des „King" pilgern tausende Fans an sein Grab in Graceland. Weltweit werden wieder Elvis Presleys größte Hits von den Radio- und Fernsehstationen gespielt. Mit seinem legendären Hüftschwung versetzt das Sex-Symbol weibliche Fans noch heute in Verzückung. In den Herzen seiner Fans lebt der in seinen letzten Lebensjahren zurückgezogen lebende „König des Rock 'n' Rolls" jedenfalls weiter.

Neue Chefarztpflicht sorgt für Riesenchaos in Ordinationen

Österreichs Mediziner wettern gegen die neue Chefarztpflicht. „Dieser Blödsinn schlägt alles", „Ein neuer Schildbürgerstreich ist nichts dagegen", „dumm und unpraktikabel" – das sind einige der erbosten Kommentare über die Bewilligung von Medikamenten. Patienten warten oft tagelang auf ihre Rezepte.

ÖBB-Begründung: „Es ist weit billiger!“

600 Eisenbahner in die Frühpension geschickt

Auch wenn Finanzminister Karl-Heinz Grasser die ÖBB-Frühpension stoppen wollte, der Zug in Richtung Rente rollt weiter: Die Bundesbahnen schicken seit Jahresbeginn fast 600 Mitarbeiter in die Frühpension. Und noch weitere sollen folgen. Denn die Beschäftigten kommen im aktiven Dienst teurer als im Ruhestand.

Krone-Chronik Jänner 2005

- Eine 67-jährige Rumänin bringt in Bukarest ein 1,4 Kilogramm schweres Mädchen zur Welt und ist damit die älteste Mutter der Welt.
- Eine Langzeitstudie an 8000 US-Zwillingen zeigt, dass Übergewicht nicht nur eine Folge von falscher Ernährung ist: Das Erbgut entscheidet zur Hälfte mit, ob wir dick werden.
- Zum Ende der größten Mekka-Pilgerfahrt aller Zeiten mit drei Millionen Teilnehmern werden 500 Gläubige verletzt.

Warum? Weil die Bezüge stärker steigen als die Pensionen. Noch im Dezember wurde ein Sozialplan ausgearbeitet. Eisenbahner, die freiwillig den Hut nehmen, bekommen demnach den Abschied versüßt: mit einer Sonderzahlung – einem so genannten „Golden Handshake“. Wenig attraktiv für ältere Mitarbeiter, gibt Eisenbahner-Gewerkschaftschef Wilhelm Haberzettel zu bedenken. Die Chancen, auf dem Arbeitsmarkt unterzukommen, sind nicht gerade rosig. Deshalb ist für viele die Frühpension der „letzte Ausweg.“

Dass der Ex-ÖBB-General Rüdiger vom Walde mit 58 Jahren und einer fetten Abfertigung von 1,2 Millionen Euro in Frühpension geschickt wurde, sei nur so nebenbei erwähnt.

***Im trendigen Grün** präsentiert sich die Autobahnvignette 2005. Auch wenn im Jänner noch das rubinrote Pickerl vom Vorjahr gilt, muss heuer die mintgrüne Vignette auf die Windschutzscheibe geklebt werden. Gleich geblieben ist die „Mahngebühr“ für Vergessliche: 120 € Ersatzmaut.*

Prager Bürgermeister will den „Taxi-Nepp“ stoppen

„Undercover“ kämpft der Prager Bürgermeister persönlich gegen den „Taxi-Nepp“ in der tschechischen Hauptstadt. Pavel Bem verkleidet sich mit falschem Bart und Sonnenbrille als Tourist. Prompt muss er für 3 Kilometer Fahrt 26 € bezahlen. Der Lenker wird streng bestraft.

Die „Adrenalin-Junkies“ auf ihren Höllenmaschinen machen im Jänner wieder Station in Österreich. Die Stars der „Freestyle-Szene“ gastieren heuer zum dritten Mal in der Bundeshauptstadt. In der „Night of Jumps“ wollen die Ausnahmekönner wie US-Boy Ronnie Renner mit meterweiten Flügen begeistern.

Münchner Modemacher Moshammer wird von Iraker wegen 2000 € ermordet:

Kultfigur in der Villa erdrosselt!

Nach nur zwei Tagen ist der Mord am Münchner Modemacher Rudolph Moshammer geklärt: Ein 25-jähriger Iraker gesteht, die Kultfigur in dessen Wohnung mit einem Telefonkabel erdrosselt zu haben. Er gibt an, Moshammer habe sich geweigert, den für Sex ausgemachten Betrag von 2000 Euro zu bezahlen.

Spektakulärer Mordfall in Bayerns Hauptstadt München: Am Freitag, den 14. Jänner, wird der Modemacher tot in seiner Villa im Stadtteil Grünwald aufgefunden. Die schillernde Kultfigur der Schickeria, die fast nie ohne Yorkshire-Hündin „Daisy" zu sehen war, ist mit einem Kabel erdrosselt worden.

Der unverheiratete 64-Jährige galt als Galionsfigur der „Bussi-Gesellschaft" aus Reichen und Prominenten. Moshammer hatte in den 60-er Jahren begonnen, extravagante Mode zu entwerfen. In seiner Boutique „Carneval de Venise" kleidete er Prominente wie Arnold Schwarzenegger, Startenor José Carreras, Siegfried & Roy oder Thomas Gottschalk ein. Für die Show „Holiday on Ice 2005" hatte der Exzentriker drei glitzernde Kostüme entworfen.

Da die Polizei am Tatort in der Villa DNA-Material des Täters findet, führt die Kripo-Datei direkt zu dem verdächtigen Iraker Herisch A. Er gesteht und sagt aus, Moshammer habe ihn im Bahnhofsviertel angesprochen und mit ihm sexuelle Handlungen vereinbart. Dafür sollte er 2000 Euro erhalten. Moshammer nahm den Mann in seine Wohnung mit, wo er sich angeblich weigerte, zu bezahlen. Es kam zu einem Streit, in dessen Verlauf der Iraker den 64-Jährigen tötete. Der Täter rasierte sich zu Hause eine Glatze, um von Zeugen nicht erkannt zu werden. „Mosi" wird in München beigesetzt, seine Hündin „Daisy" ist dabei.

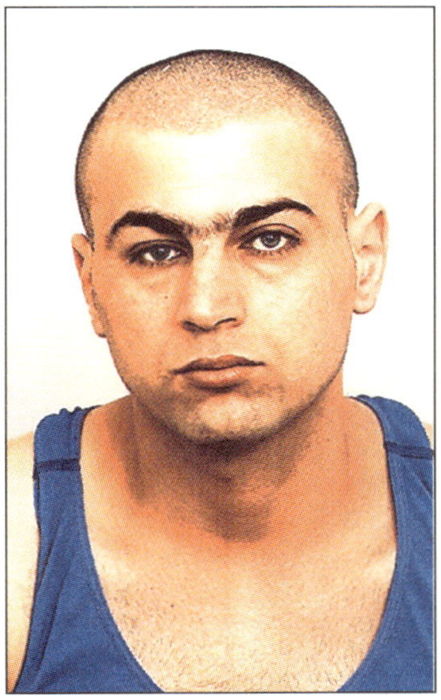

Der Iraker Herisch A. (25) gesteht, Moshammer mit einem Kabel in der Villa erdrosselt zu haben

Verteidigungsminister Günther Platter reformiert Bundesheer

Wehrzeit auf 6 Monate verkürzt

Bruno Kreisky ist 1970 mit dem Slogan „Sechs Monate sind genug" in den Wahlkampf gezogen. 35 Jahre später löst Verteidigungsminister Platter (ÖVP) dessen Versprechen ein – im Alleingang, also ohne Koalitionspartner FPÖ. Ab 1. Jänner 2006 brauchen Österreichs Grundwehrdiener nur noch 6 Monate abzuleisten.

Minister Platter verkürzt Wehrdienst ab 2006 auf sechs Monate

Auch wenn kommendes Jahr der Nationalrat neu gewählt wird, beeilt sich Günther Platter zu beteuern: „Kein Wahlzuckerl!" „Je rascher die Verkürzung kommt, desto besser", unterstützt ihn der Vorsitzende der Bundesheer-Reformkommission, Helmut Zilk.

Somit wird die Wehrdienstverkürzung ab 2006 zunächst per Ministerweisung erfolgen. Gesetzlich wird sie erst ab 2008 verankert. Er könne aber garantieren, dass auch 2006 der Katastrophenschutz und der Assistenzeinsatz erhalten werden können, bekräftigt Minister Platter.

Und auch der Ministerrat segnet einige Monate später die Eckpunkte der Heeresreform ab.

Unser Land immer mehr Verteilerzentrum der Rauschgiftmafia

Österreich als Drogenparadies: Größter Kokain-Fund aller Zeiten

Mit 140 Kilo sichergestelltem Kokain im Wert von 100 Millionen Euro schaffen die Drogenjäger bei Graz den größten Suchtgiftfund der österreichischen Kriminalgeschichte. Ein Russe und seine Frau organisierten mit Kriminellen aus aller Welt den Mega-Deal. Sie schickten das Rauschgift containerweise auf die Reise.

▲ Der Chef des Bundeskriminalamtes, Dr. Herwig Haidinger, erklärt, wie Drogenhändler den Deal eingefädelt hatten. – Das Kokain war in Hohlräumen von Mahagoniholz versteckt. ▶

Auf die Spur der Bande kommen die Ermittler durch ihre Zusammenarbeit mit Kollegen aus Amerika. Die DEA – Drug Enforcement Adminstration – hatte herausgefunden, dass ein 39-jähriger Russe mit Wohnsitz Miami einen neuen Verteilerring für Europa aufzubauen begann.

Der Drogenring entschied sich für den seiner Meinung nach geografisch besten und sichersten Platz: Österreich! Und so organisierten sie eine Lagerhalle in der Nähe von Graz.

Doch die Fahnder des Bundeskriminalamtes konnten die Kokain-Bande überlisten. Obwohl die US-Kollegen den ersten Container in den USA abgefangen hatten, schickte der Drogen-Pate einen zweiten Container per Schiff. Das mit Hohlräumen präparierte Mahagoniholz samt dem darin versteckten Rauschgift wurde per Lkw bis zur Halle bei Graz gebracht.

Dort wurden das russische Paar und drei Komplizen verhaftet. Und die 140 Kilo Kokain, eine Kokain-Rekordmenge im Wert von 100 Millionen Euro, aus dem Verkehr gezogen.

Mafia mit doppelt so viel Umsatz wie Fiat

Die Mafia macht mit 100 Milliarden € doppelt so viel Umsatz wie der Fiat-Konzern, sagt Italiens Oberstaatsanwalt Piero Vigna. Damit steigt die Cosa Nostra zum größten Unternehmen des Landes auf. Wichtigster Zweig: Drogenhandel (59 Milliarden Umsatz!).

Als Diät-Expertin *erhält Fergie, Herzogin von York, vom Seelöwen „Nelson" im Zoo von San Diego einen feuchten Schmatz aufs Haupt gedrückt. Als Danke im Namen der Angestellten für einen Vortrag, den die Britin im kalifornischen Tierpark gehalten hat.*

Lebensmüder löst ein Unglück aus: 11 Tote!

Beim Versuch, sich mit seinem Auto von einem Zug erfassen zu lassen, löst ein lebensmüder Kalifornier ein Drama aus: Elf Menschen kommen beim Unglück ums Leben, 200 werden verletzt! Juan Manuel Alvarez (26) hingegen springt aus dem Wagen, als der Zug auf ihn zurast. Der Pendlerzug erfasst den Wagen und schleift ihn mit. Doch noch nicht genug! Das Wrack des Jeeps kollidiert darauf auch noch mit der Lok eines Güterzuges. 300 Feuerwehrleute bergen die Toten und die Verletzten. Nun droht dem Lebensmüden bei Verurteilung die Todesstrafe.

Kronen Zeitung

Die Notstandshilfe wird für das Ehepaar Fortell zum „Tanz auf dem Vulkan"

Er wollte ihn aus Vatikan holen

Hitler plante, Pius XII. entführen zu lassen!

Die italienische Tageszeitung „La Repubblica" sorgt für weltweiten Riesenwirbel. Denn das Blatt schreibt, dass Adolf Hitler Papst Pius XII. 1943 entführen lassen wollte. Begründet wird die Meldung mit den Aussagen von SS-General Otto Wolff, der den Befehl höchstpersönlich bekommen haben will. Der Papst hätte bei einer Entführung den Rücktritt erklärt.

„Wahrheit" schockt Nachbarland

Schon fünf Millionen Deutsche ohne Job!

Eine neue Horrorzahl schockt Deutschland: 5 Millionen Bürger sind ohne Arbeit! Damit ist in unserem Nachbarland eine alarmierende, historische Schallmauer durchbrochen. Deutschlands Wirtschaftsminister Wolfgang Clement: „Jetzt kommt die ganze Wahrheit über den Arbeitsmarkt ans Licht." Hintergrund: eine veränderte, ehrliche (!) Zählweise.

Affäre um Fernsehlieblinge Barbara Wussow & Albert Fortell:

Notstandshilfe auch für TV-Stars Sogar der Staatsanwalt ermittelt

Zum Jahreswechsel wird die „Notstandshilfe-Affäre" des Schauspieler-Ehepaars Fortell und Wussow zum gesellschaftlichen Aufreger. Man wirft den beiden vor, „Sozialschmarotzer" zu sein, weil sie trotz Millionengagen „stempeln" gegangen sind. Später weitet sich die Affäre aus: Denn nach einer Anzeige bei der Polizei ermittelt sogar der Staatsanwalt gegen die Promis.

Nach dem Wirbel um die Notstandshilfe und Kritik anderer Schauspieler erreicht die „Krone" den TV-Star Albert Fortell beim Skifahren in Salzburg. Im Interview wehrt er sich gegen den Vorwurf, ein „Sozialschmarotzer" zu sein: „Ich bin erstaunt über die Arroganz meiner Kollegen, die sagen ‚Ich brauch' das nicht.' Meine Frau und ich hatten schon Existenzängste." Für Fortell ist die Stempel-Geschichte leicht erklärbar: „Es geht um Pensionsversicherungszeiten."

Deshalb will der 52-Jährige „für die große Mehrheit der nicht gut verdienenden Kollegen eine Änderung des äußerst komplizierten österreichischen Sozialversicherungs- und Steuersystems.

Im Frühjahr folgt darauf ein Knalleffekt: Die Staatsanwaltschaft beginnt wegen Betrugs zu ermitteln. Denn nachdem beide Künstler Notstandshilfe bezogen haben, soll es bei den Steuererklärungen Unstimmigkeiten gegeben haben. Laut Fortells kommen diese schweren Vorwürfe von einer Privatperson. Anwälte werden eingeschaltet – und verhandeln. Vorerst . . .

***Neue Atomgefahr** von Italien angedroht! Silvio Berlusconi persönlich leitet den Schwenk ein und fordert seine Landsleute auf, „den Verzicht auf Kernkraft zu überdenken, der unserem Land viel Geld gekostet hat." Bisher war Österreich mit Zwentendorf (Foto) Vorbild in der Kernfrage gewesen.*

Rote Karte für deutschen Schiedsrichter, der mit Mafia zusammengearbeitet hat:

Referee löst Wettskandal aus

Ein Wettskandal erschüttert den deutschen Profi-Fußball: Denn der 25-jährige Schiedsrichter Robert Hoyzer gesteht, gleich mehrere Pokalspiele, auf die er – und Mitwisser – zuvor hoch gewettet haben, mit unfairen Entscheidungen zu seinen Wettgunsten beeinflusst zu haben. Vor allem die kroatische Mafia soll im Hintergrund die Fäden des Betrugs gezogen haben.

Für die große Klarheit im Skandal um manipulierte Spielergebnisse sorgt Hoyzer selbst. Er gibt die gegen ihn erhobenen Vorwürfe zu und gesteht, an der Beeinflussung von Spielen beteiligt gewesen zu sein. Es geht um organisiertes Verbrechen und Wettbetrug in Millionenhöhe. Hoyzer sagt aus, für Manipulationen einen fünfstelligen Betrag erhalten zu haben. Und er sagt auch, „dass noch viele andere Leute in den Skandal verstrickt" seien.

Der Deutsche Fußball-Bund zeigt dem schwarzen Schaf die rote Karte: Der „Bestechliche" wird auf Lebenszeit ausgeschlossen, da er dem Sport unermesslichen Schaden zugefügt hat. In der Folge arbeiten Anwälte daran, Schadenersatzforderungen an den Skandal-Referee zu stellen.

Skandal-Schiedsrichter Hoyzer wird beim geschobenen Cupspiel Hamburg-Paderborn von Stürmer Barbarez (links) zur Rede gestellt.

Trafikanten verkaufen um rund 15 Millionen Päkchen weniger

Zigaretten teurer: Viele Raucher greifen zur Schmuggel-Ware!

Für ein Packerl Zigaretten muss man seit Jänner noch tiefer in die Tasche greifen: Um 30 Cent werden die Preise erhöht. Des einen Freud des anderen Leid: Viele Raucher überlegen sich den teuren Tabak-Kauf nun zweimal. Umsatzeinbußen sind die Folge – auch deshalb, weil viele auf Schmuggel-Ware zurückgreifen.

So beschweren sich viele Trafikanten, dass seit der Preiserhöhung weniger Zigaretten gekauft werden. Experte Rudolf Trinkl, Obmann der Trafikanten, errechnet einen Jahresrückgang von 300 Millionen weniger Glimmstängel, das sind 15 Millionen Packerl.

◀ Mit speziell ausgebildeten „Zigaretten-Schnüfflern" suchen die Polizisten nach geschmuggelten Glimmstengeln.

Zudem gibt es einen Trend, Zigaretten im Ausland einzukaufen. Dazu kommt das Problem, dass organisierte Banden den Schmuggel als einträgliche Geldquelle entdeckt haben. Über die Straße und sogar per Bahn rollt die Schmuggel-Ware ins Land. Bereits jede 5. Zigarette ist geschmuggelt. Die Polizei-Diensthundeabteilung lässt Zigaretten-Schnüffler ausbilden, um der Steuerhinterziehung Herr zu werden.

Dazu kommt, dass die zum britischen Gallaher Konzern gehörende Austria Tabak zwei ihrer vier Produktionsstätten, Schwaz (Tirol) und Fürstenfeld (Steiermark), stilllegt.

Krone-Chronik Jänner 2005

● Der Autohandel ist auf der Überholspur: Im Vorjahr wurden 311.292 Pkw und Kombi neu zugelassen. Das entspricht einem Plus von 3,7 %.
● Bestseller-Autor und Sprachgenie Ephraim Kishon stirbt 80-jährig in der Schweiz. Er schrieb mehr als 50 Bücher mit einer Auflage von 40 Millionen Stück.
● Die Salzburgerin Manuela Riegler gewinnt bei der Snowboard-WM in Kanada den Riesentorlauf und holt als erste Österreicherin Gold.
● Wegen seiner Lottoleidenschaft erleichtert ein Bankbeamter in Italiens Hauptstadt Rom seinen Arbeitgeber gleich um eine Million Euro.
● Urteil gegen einen faulen Lehrer aus Göttingen (Deutschland): Der Pädagoge wird gegen seinen Willen vom Gymnasium auf eine Hauptschule versetzt, da er sich niemals neu auf den Unterricht vorbereitet hat.
● 9. Ministerwechsel der FPÖ: Partei-Chefin Ursula Haubner folgt Herbert Haupt als Sozialministerin nach. Und Sigisbert Dolinschek wird neuer Staatssekretär.

__Als Herrscher__ der Lüfte stellt der neue Airbus A 380 alle anderen Flugzeuge in den Schatten. Am 18. Jänner wird das größte Passagierflugzeug der Welt in Toulouse vorgestellt. 555 Passagiere finden im Supervogel mit 80 Metern Spannweite Platz. Die Zahl der Sitze kann in speziellen Maschinen gar auf 853 ausgeweitet werden. Freude auch für Österreich: rund 100 rot-weiß-rote Firmen haben Hightech-Teile an Airbus zugeliefert.

Sensationsurteil nach Überfall auf Kundin

Banken machen es Räubern zu leicht!

Ein aufsehenerregendes Gerichtsurteil schlägt in der österreichischen Bankenszene wie eine Bombe ein: Eine Kundin war beim Beheben von 28.000 Euro in einer Wiener BA-CA-Filiale von einem Räuber beobachtet und auf dem Heimweg überfallen worden. Das Wiener Handelsgericht entscheidet: Die Bank muss für den erlittenen Schaden aufkommen . . .

Immer wieder kommt es vor, dass Kunden bei der Behebung größerer Beträge von Kriminellen beobachtet und dann bestohlen werden. „Der Grund: Schalterbereiche sind leider leicht einzusehen“, berichtet Redakteur Peter Grotter. So erging es auch einer Kundin in einer Filiale in Wien-Fünfhaus. Sie hob 28.000 Euro für den Kauf eines kleinen Hauses in bar ab. Dabei wurde sie vom späteren Räuber beobachtet und dann vor ihrer Haustür überfallen. Die Frau klagte daraufhin die Bank. Ihr Anwalt Bernhart Kiesbert (Kanzlei Eduard Wegrostek) argumentiert, das Geldinstitut hätte Mitschuld am Überfall.

Und das Gericht gibt ihm auch völlig Recht. Die Bank beruft zwar , muss aber dennoch die Hälfte bezahlen. Tragik am Rande: Kurz vor der Urteilsverkündung verstirbt die Klägerin, eine zweifache Mutter, nach einem Autounfall.

__Zum Wahllokal robbte__ dieser Iraker auf Knien, um den Terroristen nicht zur Zielscheibe zu werden. So wie er besiegten Millionen Landsleute – etwa 70 Prozent der Wahlberechtigten – die Angst und machten von ihrem Wahlrecht Gebrauch. Erstmals seit 52 Jahren gab es wieder freie Wahlen im Land.

So viel Spaß das Tollen im Schnee auch bereitet, Heizkosten und die Schneeräumung machen den heurigen Winter extrem teuer.

Österreicher müssen heuer 500 Millionen € mehr ausgeben, um es warm zu haben

Dieser Winter „verbrennt" Geld

Athletisch wie kaum jemand im Tennis-Zirkus präsentiert sich Serena Williams (USA) bei ihrem triumphalen Comeback in Melbourne. Sie besiegt Davenport klar!

Kalt ums Herz wird den Österreichern beim Blick ins Börsel. Denn der Rekordwinter kommt uns heuer teuer. Wegen der sibirischen Kälte explodieren die Kosten für Öl, Gas und Kohle förmlich: 500 Millionen Euro mehr als im Vorjahr!

Schon im Jänner zeigt der Winter, was wirklich in ihm steckt. Nicht nur, dass er der kälteste seit 100 Jahren ist, verschlingt er Unmengen an Heizkosten. Minus 30 Grad werden beispielsweise noch im März gemessen. Und zu den Tiefkühltemperaturen mischt sich auch noch jede Menge Schnee.

„Heuer könnte ich mein Geld gleich in den Rauchfang schieben", übt sich ein Familienvater im Interview mit Redakteur Mark Perry in schwarzem Humor. Tatsächlich dürften viele Österreicher angesichts ständig explodierender Heizkosten ins Frösteln kommen. Durchschnittlich schlagen sich Schnee und Eis mit 2500 Euro pro Haushalt zu Buche. Dazu sind in diesem besonders strengen Winter auch noch die Energiepreise gestiegen.

Heizöl extra plus 19,8, Kohle plus 14,1 und plus 6,1 Prozent für Strom!

In Summe macht das pro Haushalt 150 Euro Mehrkosten aus. Und nicht zu vergessen die enormen Ausgaben, die für die Schneeräumung anfallen.

„Raser-Minister" erhält von Österreich Abfuhr!

Ausgerechnet der bei uns als Autobahnraser mit Tempo 220 (!) gestoppte slowakische Wirtschaftsminister bittet den Atom-Gegner Österreich um Unterstützung für ein Nuklear-Projekt. Pavol Rusko will das grenznahe Risiko-Kraftwerk Bohunice um zwei Jahre später still legen als geplant. Wie nicht anders zu erwarten gibt es von Umweltminister Josef Pröll eine Abfuhr für die Slowakei.

Dreimal Sex pro Woche ist gesund

Regelmäßiger Sex stärkt zumindest bei Männern das Immunsystem. Bei Testpersonen verdoppelte sich unmittelbar nach dem Orgasmus die Konzentration natürlicher Killerzellen im Blut, wie eine Schweizer Studie ergibt. Zwei- bis dreimal Sex pro Woche erhöht demnach die Zahl der Antikörper.

Hilfsbereitschaft mit Leben bezahlt

Auf dem Flugplatz von Fertöszentmiklos (Ungarn) bezahlt ein 56-jähriger Familienvater aus dem Burgenland seine Hilfsbereitschaft mit dem Leben. Er wollte einem Ultraleicht-Flugzeug Starthilfe geben, als die Maschine plötzlich startete und abhob. Der Österreicher stürzte aus 20 Meter Höhe in den Tod.

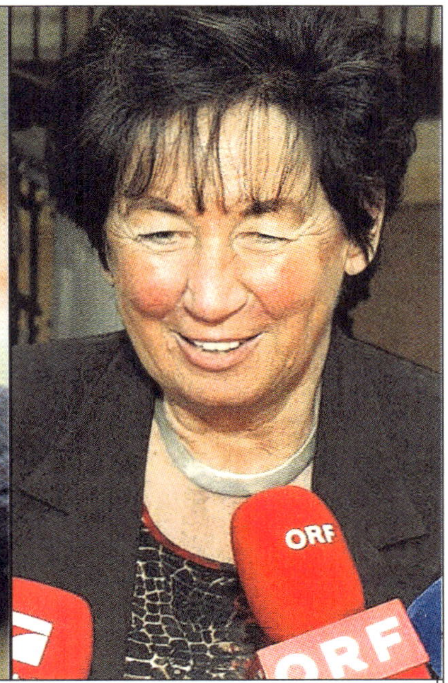

„Theaterdonner" um Minister-Gatten

Gunnar Prokop, der Damen-Handball-Manager und Angetraute von Innenministerin Liese Prokop, sorgt in einem „Falter"-Interview für Wirbel. „Frauen gehören in die Kuchl, und aus!" wird er dort zitiert. Verständlich, dass Gunnar seine Ehefrau, die österreichische Innenministerin, damit in Bedrängnis bringt. Im „Krone"-Interview mit Conny Bischofberger erklärt er dann seine Welt und dass er keinesfalls ein Frauenfeind sei. Aus der Entfernung scheint der Wirbel um den streitbaren Sportmanager eher als Theaterdonner. Eines jedenfalls ist für Gunnar Prokop klar: „In Zukunft werde ich nur noch Sportinterviews geben. Über die Frauen im Allgemeinen werde ich nichts mehr sagen, nur noch über die Frauen im Sport." Er sei falsch interpretiert worden und ungeschickt gewesen. „Teilstücke von Sätzen, die wild aus dem Zusammenhang gerissen worden sind! Die zwei Burschen, ein Redakteur und ein Fotograf, haben mich zwei Stunden über Sport befragt. Da sind wir halt ins Reden gekommen . . ."

32-jährige Mutter stirbt nach Eingriff in ungarischer Klinik

Kellnerin wollte Model werden: Tod bei Schönheits-Operation

Trauer, Fassungslosigkeit und Unverständnis – der Tod der oberösterreichischen Kellnerin Angie M. sorgt im ganzen Land für Kopfschütteln. Wie „Krone"-Redakteur Christoph Gantner aufdeckt, ist die Kellnerin und Mutter eines kleinen Sohnes nach einer Fettabsaugung in einer ungarischen Klinik verstorben!

„Sie saß nächtelang am Computer und hat bei den Models herumgesurft. Sie war schon richtig benommen davon. Ich konnte sie nicht mehr von der Schönheitsoperation abhalten", schildert der Witwer aus Gmunden den Hintergrund des Dramas. Seine Frau wollte unbedingt Model-Maße haben. „Sie war so schön und wollte noch schöner werden. Das war die Tragödie. Es war ihr nicht auszureden. Sie sagte, das Geld dafür werde sie durch Überstunden verdienen." So fuhr Alina „Angie" M. heimlich nach Ungarn, um sich dort an den Schenkeln Fett absaugen zu lassen. Am Tag nach dem Eingriff starb die Mutter eines sechsjährigen Buben an einer Lungenembolie.

Eine Erklärung für die Tragödie sucht der Vater des Opfers in der Klinik in Györ zu finden: „Was ich dort gesehen habe, war der Wahnsinn. Das ist wie Tag und Nacht gegenüber unseren Spitälern."

◀ Alia „Angie" M. will die Maße eines Models und lässt sich in Ungarn Fett absaugen – nach der Operation stirbt sie!

Amerika zeigt sich nach Enthüllung ratlos

Nordkorea schockt: Haben Atombombe!

Die nächste Weltkrise kündigt sich an! Nordkorea schockt mit der Enthüllung, Atomwaffen zu besitzen, und bringt die USA in große Verlegenheit. Erste Reaktionen in Washington zeugen von völliger Ratlosigkeit: „Wir stehen vor einer globalen Bedrohung. Nordkorea verstärkt seine Isolation", heißt es etwas verlegen.

Amerikas Präsident George W. Bush reiht ja das von Staatsgott Kim Joing-il regierte Land in die Achse des Bösen ein. Jetzt sieht er sich mit der Ankündigung der nordkoreanischen Hungerdiktator, Atomwaffen als „Selbstverteidigung" zu besitzen, konfrontiert. Im Zuge der schockierenden Enthüllung bricht die neue Atommacht alle Verhandlungen mit den USA ab.

▲ *Nordkoreas Staatsgott Kim Jong-il propagiert „Vernichtungsschläge" gegen die USA. Jetzt besitzt der irre Diktator scheinbar auch Atomwaffen.*▼

Seit Jahren hatte Nordkorea an einer Entwicklung von Atomwaffen gearbeitet und als Gegenleistung für einen Baustopp Überlebenshilfe von Amerika erpressen wollen. Die Alarmglocken läuteten in Washington aber erst dann, als der Export von Nuklear- und Raketentechnologie an den Iran, an Libyen und vermutlich auch an Al-Kaida aufflog. Zuletzt schwieg die US-Regierung aber über die Atomwaffengefahr in der Erkenntnis, nichts mehr verhindern zu können. Jetzt hat Nordkorea selbst das Schweigen gebrochen.

***Tolle Tage** in Froschkostümen feiern beim Karneval auch das prominente deutsche Top-Model Heidi Klum und ihr Lebensgefährte, Sänger Seal, in Bergisch-Gladbach, der Heimatstadt der blonden Schönheit. Rund um die Welt lockt das bunte Faschingstreiben vom heißen Brasilien bis ins kalte Europa Zehntausende Menschen auf die Straßen.*

Früherer Verbrecherjäger am Bahnhof bestohlen

„Ganoven-Edi" ist selbst Opfer von Dieben im Zug

Der aus der TV-Sendung „Aktenzeichen XY-ungelöst" bekannte Verbrecherjäger Eduard Zimmermann wird am Bahnhof der Schweizer Stadt Zürich selbst das Opfer von Profi-Gangstern. Die Täter stehlen „Ganoven-Edi" im Zug einen Aktenkoffer mit Bargeld.

Selbst Eduard Zimmermann (76) muss zugeben, dass es sich bei den Tätern um Profis gehandelt haben muss. Denn als sich der pensionierte Fernsehstar, der seine Zuseher immer zur Vorsicht mahnt, von einem Bekannten verabschiedet und sein Gepäck kurz unbeaufsichtigt lässt, schlagen die Diebe im Zug zu.

Sie entwenden einen Aktenkoffer mit Dokumenten und 2000 Euro Bargeld. Obwohl Eduard Zimmermann sofort den Diebstahl bemerkt und die Polizei verständigt, können die Männer untertauchen.

Als die Kriminellen das Beutestück durchsuchen und auf den Ausweisen erkennen, wie prominent ihr Opfer ist, stellen sie den Koffer mit allen wichtigen Unterlagen und den Kreditkarten am nächsten Tag einfach auf dem Bahnhof wieder ab. Nur das Bargeld von „Ganoven-Edi" wollen die Verbrecher nicht mehr zurück geben . . .

Österreicher bauen Porsche-Museum

Große Ehre für das Architektenbüro Delugan Meissl aus Wien: Die österreichische Firma bekommt den Auftrag für ein neues Museum der deutschen Sportwagenlegende Porsche. Die Kosten betragen rund 50 Millionen Euro. In der neuen Halle in Stuttgart sollen den Besuchern schon in zwei Jahren etwa 80 historische Fahrzeuge präsentiert werden.

Apple weltweit die wichtigste Marke

Werbeexperten küren den Computerhersteller Apple noch vor der Internet-Suchmaschine Google und dem schwedischen Möbelgiganten Ikea zur einflussreichsten Marke des vergangenen Jahres. Dazu befragt das Online-Magazin Brandchannel 2000 Personen aus der Werbebranche. Der finanzielle Wert der Marken spielt dabei keine Rolle.

***Die Helden** einer neuen Sportdynastie in Amerika sind die New England Patriots. Die Footballer aus Boston gewinnen im 39. Superbowl-Finale den dritten Titel in den vergangenen vier Jahren. Sie besiegen die Eagles aus Philadelphia in einem spannenden Spiel 24:21. Hier fängt Mike Vrabel einen der zentimetergenau geworfenen Pässe von Quarterback Tom Brady zu einem Touchdown.*

Rätselhaftes Verschwinden von Frau und ihrer kleinen Tochter

Todesdrama am Ufer der Traun: Mutter ertrinkt mit Kind in Fluss

Ein rätselhaftes Todesdrama um eine junge Mutter und ihre kleine Tochter aus der kleinen oberösterreichischen Gemeinde Sipbachzell bewegt viele Menschen in Österreich. Das Auto der Frau wird am Ufer der Traun gefunden, die 24-jährige Claudia S. und ihre 1½-jährige Tochter Carina dürften im Fluss ertrunken sein.

◀ Die kleine Carina mit ihrer Mutter Claudia S. verschwinden auf rätselhafte Weise.

Niemand im Ort kann sich das mysteriöse Verschwinden der jungen Mutter und ihres Mädchens erklären. Es ist die quälende Ungewissheit zwischen Trauer und Hoffnung, die deshalb auch die leidgeprüfte Familie der Frau immer wieder zum Traunufer in Weißkirchen hinaustreibt. Dort, wo Claudias Toyota gefunden worden ist.

Aber trotz mehrerer groß angelegter Suchaktionen mit Dutzenden Gendarmeriebeamten, ausgerüstet mit Wärmebildkameras sowie Feuerwehrleuten, Spürhunden und Tauchern fehlt von der jungen 24-jährigen Mutter sowie der kleinen Carina auch Wochen nach der Tragödie noch jede Spur. Opa Walter G. (52) hat im Gespräch mit „Krone"-Redakteur Richard Schmitt nur eine plausible Erklärung für das Drama: „Sie hat ihr Kind so liebevoll bemuttert und beschützt. Vielleicht ist ein Unfall passiert, mein Enkerl über die Stiege in den Keller gefallen – und meine Schwiegertochter ist damit nicht fertig geworden . . ."

Dem Opernball mangelt

● Wenig Promis, kaum Staatsgäste beim Society-Ereignis
● Erstmaliges Rauchverbot sorgt für dicke Luft in den Logen

6000 Gäste und ein Farbenmeer von 60.000 orangen Blumen machen den Opernball auch anno 2005 zum Fest des Jahres. Obwohl internationale Stars und Staatsgäste mit Abwesenheit glänzen, ist das Ballfest wieder ein Society-Ereignis. Für Aufregung sorgt diesmal aber nicht das Fehlen von Promis oder der alljährliche (gemietete) Gast von Baumeister Richard Lugner, Ex-„Spice-Girl" Gerri Halliwell. Abendfüllendes Gesprächsthema ist das erstmals von Ballmutter Elisabeth Gürtler ausgesprochene Rauchverbot in der Oper.

Erstmals beim Ball der Bälle dabei ist auch Bundespräsident Heinz Fischer. Als Österreichs ranghöchster Debütant schreitet er mit Frack und Schärpe Arm in Arm mit First Lady Margit in Rot die Feststiege hinauf. Wie Adabei-Lady Karin Schnegdar im Menschengetümmel feststellt, bleibt heuer aber der inter-

▲ Anmutig und elegant: die Kinder des Staatsopernballetts heuer in einem Augenschmaus aus Weiß-Orange.

◀ Logen-Plausch: Kanzler Wolfgang Schüssel posiert mit Silberfisch Markus Rogan.

Das ORF-Moderatoren-Paar Arabella Kiesbauer und Alfons Haider. ▶

es heuer an großen Stars

nationale Jetset fern – es gibt nicht einmal staatstragende Absagen.

Auch wenn sich Rent-a-Star-Spezialist Lugner diesmal redlich bemüht, „einmal was Junges“ mit Pop-Sirene Gerri Halliwell zu engagieren, fehlt es an (Promi)-Glanz. Zahlreich vertreten sind hingegen neben den heimischen Politikern auch rot-weiß-rote Größen der Sport- und Musikszene. Unter anderem gesichtet: DJ Ötzi alias Gerry Friedle und Ehefrau Sonja. Das singende Slalom-Ass Rainer Schönfelder mit schwarzen Fingernägeln. Olympiasieger Roman Hagara mit Freundin Sabine König. Die Silberfische Markus Rogan und Mirna Juki sowie Triathlon-Heldin Kate Allen.

Für dicke Luft in den Logen sorgt das erstmals von Ballmutter und „Sacher“-Chefin Elisabeth Gürtler ausgesprochene Rauchverbot. Auch Mime Klaus Wildbolz ist angekratzt. Mit seinen Freunden Vita und Klaus Liebscher (Nationalbank) verbringt er Stunden auf der Raucherterrasse. Wildbolz: „Ich versteh das

Gerri Halliwell – sonst interview- und kamerascheu – im Gespräch mit Margit und Heinz Fischer

alles nicht. Das nächste Mal verbietet man vielleicht noch die Frauen.“ Rückendeckung bekommt er von Malerfürst Christian Ludwig Attersee. Der bekennende Raucher bläst ungeniert blauen Dunst in die Logen-Luft. Sein trockener Kommentar: „Vanillekipferl und faschierte Laberl sind auch ungesund.“

Während TV-Moderatorin Arabella Kiesbauer mit drei Fremdsprachen in nur einem Interview punktet, zeigt sich Kollege Alfons Haider von seiner sportlichen Seite. Er jagt für Interviews von Loge zu Loge, was einen Nobel-Nischen-Lauf von stolzen 12 Kilometern ergibt.

So ruhig wie seit Jahren nicht mehr geht es vor dem Haus am Ring zu. 500 Polizisten haben alles im Griff.

◀ Selbstinszenierung: Prinz „Foffy“ Ferfried von Hohenzollern erscheint mit Busenmacher-Witwe Tatjana Gsell.

▲ Walzer im berühmtesten Ballsaal der Welt: Elisabeth Gürtler im Arm des japanischen Dirigenten Seiji Ozawa.

Josephine Baker, die legendäre Tänzerin der goldenen 20er-Jahre, ist das Vorbild von Boris Beckers Freundin Caroline Rochers für eine verführerische Fotoserie im deutschen „Playboy"-Magazin. Der ehemalige deutsche Tennis-Star findet die Aufnahmen der 27-Jährigen – sie ist selbst Tänzerin – besonders gelungen.

„Neuer" Partner ist eigener Ehemann

Eine heiße Affäre im Internet endet in Jordanien mit einer Blitzscheidung. Denn wie sich für Sanaa Melhem beim ersten Treffen am Busbahnhof herausstellt, ist der vermeintlich „neue" Partner ihr Ehemann! Bakr wird darauf kreideweiß und ruft dreimal so laut er kann „Ich verstoße dich" – eine Blitzscheidung nach islamischer Tradition.

Gasvergiftung: 18 Freunde tot

Eine Tragödie erschüttert die ostspanische Region um Castellon. 18 Freunde einer Geburtstagsrunde sterben durch eine Gasvergiftung! Weil die Heizung einer Herberge im Bergdorf Todolella kaputt ist, stellen die Gäste der Feier im großen Schlafraum einen tragbaren Heizkörper auf. In der Nacht entweicht entweder Kohlenmonoxid oder Butangas, niemand wacht mehr auf.

Geiselnahme im Konsulat

Terror-Alarm in der Schweizer Hauptstadt Bern! Drei vermummte Männer dringen in das spanische Konsulat ein und nehmen mehrere Angestellte als Geiseln. Als eine Sondereinheit das Gebäude stürmt, sind die Verbrecher schon verschwunden. Den Konsulatsangestellten zufolge hatten sie es auf Pässe und Visamarken abgesehen, die am Schwarzmarkt viel Geld bringen.

„Krone"-Fußballerwahl-Gala im Magna Racino:

„Don Didi" Kühbauer mit dem 6. Sieg nun alleiniger König!

Unsere Leser haben entschieden: Mit knapp einer Million Stimmen gewinnt Didi Kühbauer seine schon sechste Siegestrophäe bei der „Krone"-Fußballerwahl. Damit überflügelt „Don Didi" seinen großen Vorgänger Hans Krankl – und ist nun alleiniger König.

Der Mittelfeldregisseur vom burgenländischen Fußballklub Mattersburg gewinnt mit Respektabstand. Er bekommt fast so viele Stimmen wie die nächsten drei zusammen – Steffan Hofmann von Rapid, Michael Mörz (Mattersburg) und Kärnten-Keeper Roland Goriupp. Trainer des Jahres ist der Betreuer von Didi Kühbauer, Franz Lederer. Und zur Fußballerin des Jahres küren die „Krone"-Leser Sabina Brand.

Die „Fußballer des Jahres": Didi Kühbauer und Sabine Brand

◄ *Sieger der Oscar-Gala: Regie-Altmeister Clint Eastwood und Hillary Swank.*

Regie-Altmeister Eastwood triumphiert

Boxer-Drama räumt bei der Oscar-Galanacht ab

Das Drama „Million Dollar Baby" um eine Boxerin ist der Gewinner der Oscar-Nacht. Der Streifen von Altmeister Clint Eastwood räumt die Preise für „Beste Regie" und „Bester Film" ab, Hillary Swank wird zur besten Hauptdarstellerin gekürt.

Wie unser Hollywood-Korrespondent Dierk Sindermann berichtet, ist der elfmal nominierte „Aviator" mit Leonardo Di Caprio der Verlierer des Abends. Denn der große Favorit bekommt außer den für die beste weibliche Nebenrolle (Cate Clanchett) nur Auszeichnungen in Nebenkategorien. Strahlender Sieger wird etwas überraschend der fast 75-jährige Regie-Altmeister Clint Eastwood mit seinem Streifen „Million Dollar Baby".

Einen Favoritensieg gibt es hingegen für Jamie Foxx als bester Hauptdarsteller. Er verkörpert in „Ray" den verstorbenen Sänger Ray Charles eindrucksvoll.

***Mit 99 Jahren** versagt das Herz der Sportlerlegende Max Schmeling. Deutschlands einziger Boxweltmeister aller Klassen ist tot. Die Popularität des Sohns eines Steuermanns und einer Bauerntochter ist bis zuletzt ungebrochen. Er war Sportidol und Vorbild für Generationen.*

16 Stunden Todesangst für 4-jähriges Mädchen:

Entführer in Österreich gejagt

Eine geladene Pistole zwischen den Beinen, eine scharfe Granate in der linken Hand und die eigene Tochter festgebunden auf dem Beifahrersitz – fast 1400 Kilometer entführt ein Bosnier die 4-jährige Melissa aus Deutschland über Österreich, Slowenien, Kroatien in sein Heimatland. Nach 16 Stunden Todesangst für das Kind gibt er schließlich auf. Bei der Fahrt durch unser Land zündet der nervöse Gewalttäter an einer Mautstelle beinahe seine Todesgranate.

***7500 Tore als „goldenes Dach"** ist das neue Kunstwerk von Christo und Jeanne-Claude im New Yorker Central Park. Das Ehepaar hat 26 Jahre auf sein Lebenswerk hingearbeitet. Etwa 200.000 Touristen reisen in die amerikanische Metropole, um unter den auf 37 Kilometer Länge stehenden Vinyl-Toren mit den safrangelben Stoffbahnen zu gehen. Die Kosten von 21 Millionen Dollar trägt allein das Künstler-Ehepaar.*

30 Jahre Gefängnis-Haft im Fall Jacqueline

Höchststrafe für die Wiener Folter-Eltern

Die Dreiecks-Form des Bügeleisens ist wie ein ewig mahnendes Mal in den Kinderkörper von Jacqueline „gemeißelt". „Die Gewalt gegen dieses Mädchen ist eines der abscheulichsten Verbrechen überhaupt", sagt Richter Jilke bei der Urteilsverkündung gegen die Folter-Eltern: Insgesamt 30 Jahre Haft - die Höchststrafe.

Jacquelines Stiefmutter Suzi

Im Vorjahr erschütterte das Martyrium des Mädchens ganz Österreich. Die Zehnjährige wurde gefoltert: vom Vater und der Stiefmutter. Was muss Jacquelines kleiner Körper ausgehalten haben? Was müssen für Gedanken in dem zehnjährigen Mädchen vorgegangen sein, als Stiefmutter und Vater sie entweder selbst gequält oder dem anderen zugesehen haben?

„Es sind nicht die nüchternen Worte von Gerichtsgutachter Christian Reiter, die einem den Schauer über den Rücken jagen", berichtet Redakteurin Susi Hauenstein. „Sondern die Vorstellung, was das Mädchen erduldet haben muss, um im Spital mit Serienrippen- und Schädelbruch, mit verbrannter Haut, Schnittverletzungen bis auf die Knochen, entjungfert und entwürdigt, eingeliefert zu werden. Eine tödlich verwundete Kinderseele."

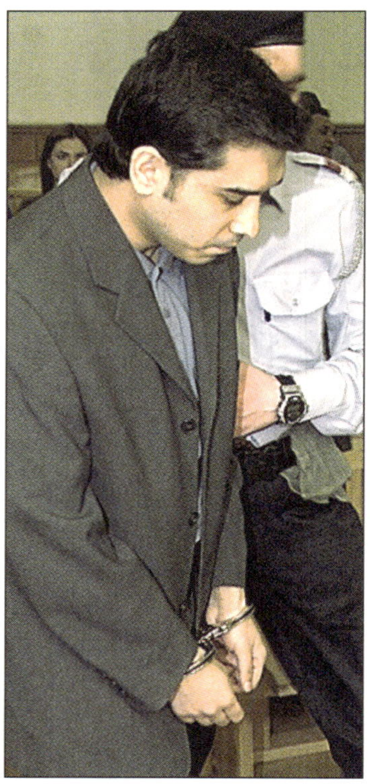

Keine Gefühlsregung des Vaters

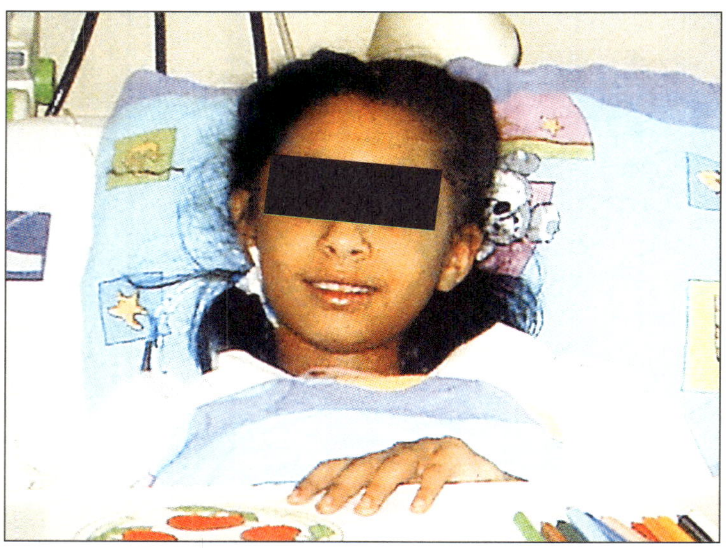

Folter-Opfer Jacqueline nach der Einlieferung ins Wiener AKH

***Die 1000. „Barbara Karlich Show".** Mitte Februar wird im ORF gefeiert. Die fesche Burgenländerin Barbara Karlich geht zum 1000. Mal auf Sendung. Als sie im Herbst 1999 startete, überwogen die Skeptiker und gaben der Talk-Show und der Gastgeberin keine Chance. Nur die „Krone" erkannte auf Anhieb Barbaras Talent.*

3 Milliarden leben schon in Städten

Schon knapp die Hälfte der Weltbevölkerung lebt in Städten. 3,2 Milliarden der insgesamt 6,5 Milliarden Menschen wohnen in Ballungsräumen. Dieser Anteil hatte 1950 noch 30 Prozent betragen. Bereits 20 Mega-Städte haben 20 Millionen oder mehr Einwohner. Die größte Stadt ist Tokio mit 35,3 Millionen Japanern. Ab 2007 lebt dann die Hälfte der Bevölkerung in Städten.

Pressburg als Gipfel-„Festung“ ● Strategie zur Nuklear-Abwehr wird vereinbart:

Bush & Putin gegen Atomterror!

Für einen Tag wird die slowakische Hauptstadt Pressburg russisch-amerikanische Besatzungszone. US-Präsident Bush und Kremlchef Putin treffen einander beim „Supergipfel“. Die beiden wollen einen wichtigen Beitrag zur Sicherheit der ganzen Welt liefern: Deshalb beschließen sie eine gemeinsame Strategie gegen Atomterror!

Konkret wird ein Plan zur Abwehr der nuklearen Terrorbedrohung ausgearbeitet. Das gemeinsame Aktionsprogramm umfasst folgende Hauptpunkte: verstärkte Sicherung des Atommaterials, besonders in den sowjetischen AKW und Atommülllagern. Aber auch das bisher wenig geschützte Atommaterial in Forschungsreaktoren auf der ganzen Welt soll besonderen Sicherheitsmaßnahmen unterstellt werden, um die Verwendung sowie den Bau geheimer Atomwaffen auszuschließen.

Zudem sollen bilaterale Notmaßnahmen für den Fall nuklearer oder radiologischer Terrorangriffe ergriffen werden. Putin antwortet auf kritische Fragen: „Wir bekennen uns zu den Prinzipien der Demokratie, aber unter den besonderen Bedingungen des Russlands der letzten Jahre.“ Bush vermeidet öffentliche Kritik und zeigt Verständnis. Ansonsten herrscht nahezu Volksfeststimmung.

▲ Putin skeptisch: Zusammenarbeit mit Bush beruht nicht auf Freundschaft, sondern auf Notwendigkeit.

Am Tag des Treffens wird Pressburg zur Gipfel-Festung: Auch zu Pferd sind Polizisten im Einsatz. ▼

Krone-Chronik Februar 2005

● Alarmierend: Jeder fünfte Österreicher fürchtet um seinen Job. Das sind 600.000 Menschen. Laut „Spectra“-Umfrage schätzen 50 Prozent die Jobsicherheit als mittel ein.

● Debut in Dubai: Beim ersten Opernball im Wüsten-Emirat verwandelt sich ein arabisches Luxushotel in einen Wiener Ballsaal. 80 Debütantenpärchen aus der Donaumetropole stehen im Blitzlichtgewitter.

● Der 22-jährige Vietnamese Danh Cuong Nguyen wird nach dem Raubmord an einer Wiener Diplomatenwitwe zu 17 Jahren Haft verurteilt.

● Knalleffekt bei RTL: Nach nur 100 Tagen feuert der Wiener Gerhard Zeiler seinen Geschäftsführer und übernimmt selbst die Macht.

FIS ALPINE WORLD SKI CHAMPIONSHIPS
BORMIO 2005
Lombardia

11 Medaillen – Wir

● Benni Raich mit 5 Stockerlplätzen der Star

● Pannen und leere Tribünen überschatten WM

● Große Wintersportnation Schweiz am Boden

◀ *Mit fünf Medaillen wird der „Blitz aus Pitz" zum erfolgreichsten Sportler dieser WM.*

Medaillenregen für Österreichs Winterstars bei den 38. alpinen Ski-Weltmeisterschaften im italienischen Bormio! Mit 11 Stockerlplätzen bleibt das rot-weiß-rote Team die Ski-Nation Nummer 1. Superstar dieser WM aus heimischer Sicht ist Benni Raich: Der 27-Jährige gewinnt fünf Medaillen.

MEDAILLENSPIEGEL

	G	S	B
Österreich	3	4	4
Kroatien	3	0	0
USA	2	1	3
Schweden	2	1	0
Deutschland	1	0	0
Italien	0	2	2
Finnland	0	2	0
Norwegen	0	1	0
Frankreich	0	0	1
Tschechien	0	0	1

Die Titelkämpfe in der Lombardei sind für das heimische Ski-Team eine der erfolgreichsten in den vergangenen 40 Jahren. Und das, obwohl die WM gar nicht gut beginnt. Denn der „Herminator" geht in seiner Paradedisziplin leer aus. US-Boy Bode Miller gewinnt vor den Österreichern Michael Walchhofer und Benni Raich.

Doch wir schlagen bei der Kombination zurück. Der 27-jährige „Blitz aus Pitz" holt sich nach Bronze diesmal die Goldene. Nun werden diese Weltmeister-

▲ *Auch das gibt es: Durch einen TV-Streik muss ein Herren-Rennen verschoben werden.*

„Geschwindigkeits-Königin" Renate Götschl holt die Bronzemedaille im Abfahrtslauf. ▶

sind Skination Nummer 1

schaften vor allem dank des bärenstarken Herren-Teams zu einem Fest in rot-weiß-rot. Denn die Damen bleiben mit zwei Bronzemedaillen durch Renate Götschl in der Abfahrt und Marlies Schild in der Kombination hinter den Erwartungen zurück.

Diesmal trumpfen die österreichischen Winterstars aber nicht in den so genannten Speed-Disziplinen Super-G und Abfahrt (Titelverteidiger Michael Walchhofer rettet trotz kaputten Ski wenigsten einen dritten Platz), sondern in den technischen Bewerben auf. So holt sich der von vielen schon abgeschriebene 32-jährige Hermann Maier im Riesentorlauf die Goldene. Zweiter wird Benni Raich – seine schon dritte Medaille. Doch der Erfolgshunger des jungen Tirolers ist noch lange nicht gestillt: Er triumphiert im Slalom vor seinem Teamkollegen Rainer Schönfelder. Mit der „Silbernen" im abschließenden, erstmals durchgeführten Teambewerb ist Benni Raich endgültig der Superstar dieser Ski-WM. Bei den Frauen ist das die Kroation Janica Kostelic. Sie startet in drei Bewerben – und gewinnt jedesmal.

Während in Bormio und Santa Catarina große sportliche Leistungen geboten werden, sorgen die schlechten Rahmenbedingungen der italienischen Veranstalter für einen faden Beigeschmack. Im Gegensatz zu St. Moritz in der Schweiz vor zwei Jahren gibt es diesmal durch hohe Ticketpreise leere Tribünen. Und erstmals muss durch einen Streik beim staatlichen italienischen Fernsehsender RAI ein Rennen verschoben werden. Die Verlierer dieser Weltmeisterschaften sind die Eidgenossen. Die große Skination bleibt erstmals seit 1966 ohne Medaille.

WM-Star Benni Raich bahnt sich auf dem Weg zu seiner zweiten Goldmedaille bei den alpinen Ski-Titelkämpfen im italienischen Bormio den Weg durch die Torstangen. Auch im technisch anspruchsvollen Slalom ist der junge Tiroler nicht zu schlagen. Er gewinnt vor seinem Landsmann Rainer Schönfelder und Lokalmatador Giorgio Rocca. ▶

Von Kritikern nach der Niederlage im Super-G schon abgeschrieben, feiert Hermann Maier wieder einmal ein fulminantes Comeback: Ausgerechnet im schwierigen Riesentorlauf lässt er die Konkurrenz hinter sich. Dieses Gold schmeckt dem „Herminator" besonders. ▶

▲ *Im Feiern sind die US-Boys Bode Miller (li.) und Daron Rahlves mindestens ebenso gut wie auf der Piste. Nach dem Doppelsieg durch die Amerikaner in der Abfahrt fließt der Champagner.*

__Als Verkehrssünder__ hilft Klausjürgen Wussow auch sein „gütiges Prof. Brinkmann-Lächeln" nichts. Wie Adabei-Lady Lisi Weichselbaumer berichtet, wird der Schauspieler – im Bild mit unserem Bühnenstar Otto Schenk – zum wiederholten Mal ohne Führerschein hinterm Steuer erwischt. Im August 2003 wurde ihm der rosa Schein wegen einer „Unfallflucht" entzogen.

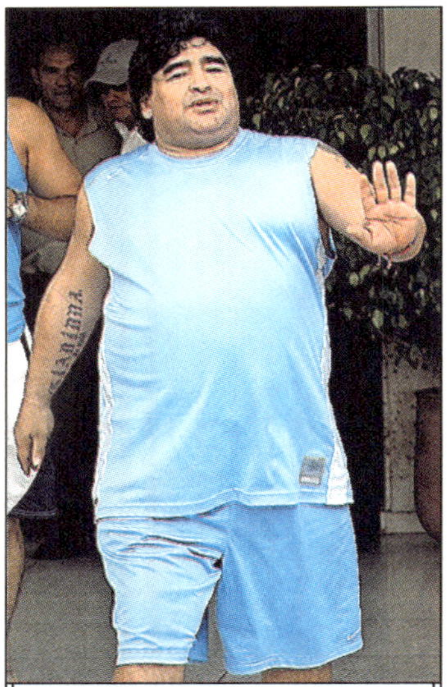

__Wieder dick da__ zeigt sich der einstige Fußballkönig Diego Maradona beim Urlaub im kolumbianischen Cartagena. Da der 44-jährige Argentinier Schauspieler in einer Fußballdokumentation werden möchte, nimmt er sich vor, gewaltig abzuspecken.

Justizministerin Miklautsch setzt auf Haftmittel der Zukunft:

„Elektronische Fußfessel" zur Entlastung voller Gefängnisse

Österreichs Gefängnisse sind mit 9000 Häftlingen übervoll. An Resozialisierung ist nur schwer zu denken. Deshalb setzt die Justizministerin auf ein neues Haftmittel: die elektronische Fußfessel. Häftlinge sollen vor-zeitig entlassen und rund um die Uhr durch eine satellitenüberwachte Fußmanchette kontrolliert werden.

Auf den ersten Blick sieht die Beinmanchette wie ein hochmodernes Pulsmessgerät aus. Doch dahinter versteckt sich eine High-Tech-Erfindung. Sie kann den Strafvollzug der Zukunft revolutionieren: Denn die „elektronische Fußfessel" gibt per Funk sogar an Handys den jeweiligen Standort eines Freigängers durch. Der Fußfessel-Träger darf sich sehr wohl frei bewegen. Aber: nur im vorgegebenen Bereich. Verlässt er die Zone, schrillen augenblicklich die Alarmglocken. Im niederösterreichischen Hirtenberg wird der erste Pilotversuch gestartet. Auch wenn es für manche ein komisches Gefühl sein mag, wie ein Roboter kontrolliert zu werden, so bringt der „freie Strafvollzug" soziale Vorteile. Die Rückfallsquote sinkt stark.

Frau und Herr Österreicher brauchen aber keine Angst zu haben, dass ihnen künftig Mörder, Sex-Verbrecher oder andere Gewalttäter im Supermarkt begegnen könnten. Schwerverbrecher sind von dem Programm ausgeschlossen!

◄ Justizministerin Karin Miklautsch beim Start des Pilotprojektes mit Major Alfred Steinacher, dem Leiter der Strafanstalt Hirtenberg (NÖ). Erster „Gehversuch" für Freigänger mit einer satellitenüberwachten Fußmanschette. ►

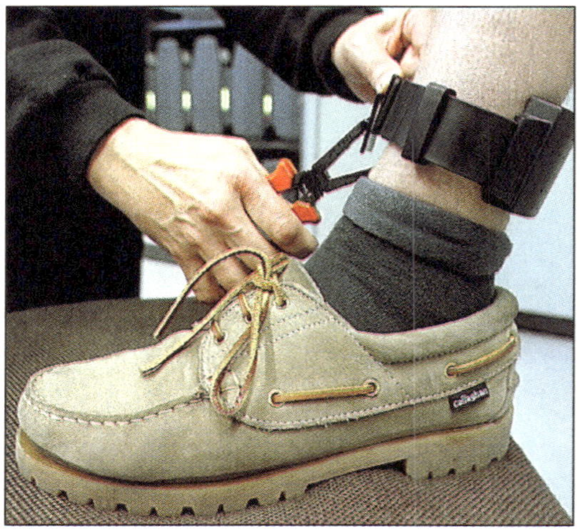

China: 203 Tote bei Gas-Explosion

Chinas folgenschwerstes Grubenunglück seit 40 Jahren fordert 203 Todesopfer. Die Kumpel werden rund 250 Meter unter Tag in der „Sujiawan"-Kohlengrube bei Fuxing getötet.

Große Eu-Skepsis der Österreicher

Die Österreicher stehen der EU weiterhin äußerst skeptisch gegenüber: Nur 46 Prozent sehen die Mitgliedschaft als „gute Sache". Mit diesem Wert liegen wir EU-weit an fünfter Stelle.

35 Millionen Schilling Beute ● 3 Verurteilungen

Raubmord bei Post-Überfall: Späte Sühne nach 15 Jahren

15 Jahre nach dem größten Geldtransporter-Raub in der österreichischen Kriminalgeschichte – mehr als 2,5 Millionen Euro – wird der Fall im Februar nun endgültig abgeschlossen. Die drei letzten lebenden Mittäter werden in der Slowakei zu 30 Jahren Haft verurteilt.

Drei Männer waren am 9. April 1990 auf der Westbahnstrecke in Niederösterreich in den Postwaggon eines Regionalzuges eingedrungen. Sie töteten den Beamten Herbert Fitz und raubten 35 Millionen Schilling. Nur Chefplaner Libor Oller wurde damals verurteilt. 15 Jahre nach der Tat späte Sühne für drei Komplizen: je 10 Jahre Haft. Für Chefinspektor Leopold Etz einerseits eine Genugtuung, andererseits ärgerlich, „dass noch nicht alle hinter Gitter sind."

Verurteil: Vladimir ...

... auch schuldig: Ladislav M...

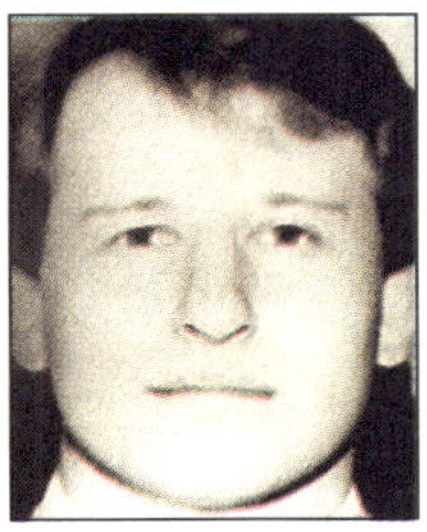

... dritter Täter: Marian S.

Basketball-König und Busen-Prinzessin. *US-Topstar Dennis Rodman gibt der Baywatch-Schönen Pamela Anderson keinen Korb. Er punktet bei der Oberweiten-Prinzessin indem er ihr mithilft, im Rain Nightclub von Las Vegas ihre neuen Modelle vorzustellen. Die sexy TV-Nixe findet den ehemaligen Liebhaber von Madonna so richtig schnuckelig. Stolz präsentiert sich der tätowierte Basketball-Feschak mit der erotischen „Bademeisterin".*

Die Skizze ▶ zeigt genau auf, wie die Slowaken bei dem spektakulären Coup in den Innenraum des Geldtransporter-Waggons eingedrungen waren. Eiskalt wurde der Beamte Herbert Fitz von einem der Räuber mit einer Pistole erschossen. Erst jetzt, nach 15 Jahren, kam die Verurteilung für drei Verbrecher.

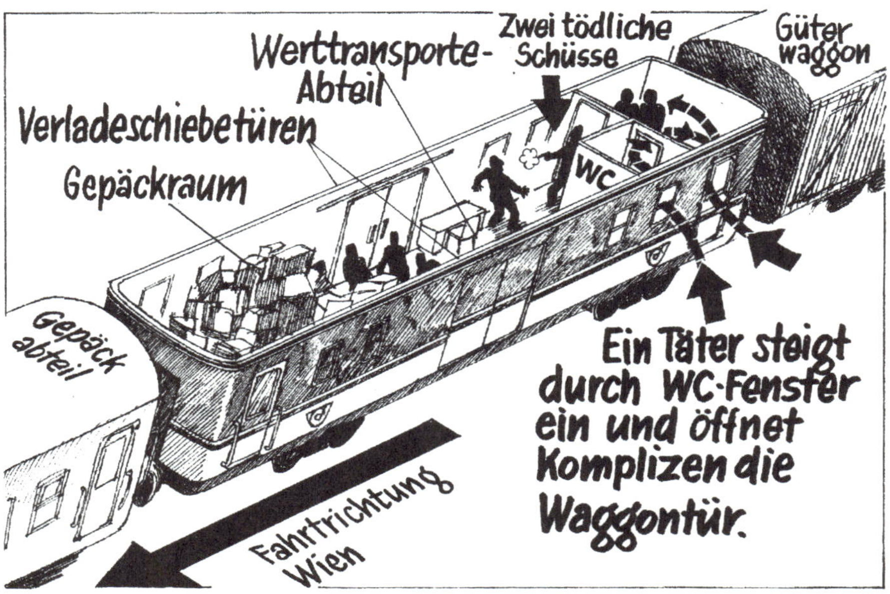

Ski-Lifte als Exportschlager

Während die Schlepplifte in Österreichs Skigebieten zum „alten Eisen" gehören und durch neue Anlagen ersetzt werden, finden diese Lifte im Osten reißenden Absatz. Vor allem wegen der EU-Richtlinien, die einen Weiterverkauf der alten Anlagen in der EU untersagen, viele steirische Schlepper gehen nach Russland. Auch Kroatien und Bulgarien zeigen Interesse.

Unser Quartett gewinnt das Mannschaftsspringen auf Normal- und Großschanze:

Adler fliegen zu Doppel-Gold!

Österreich hat eben doch das beste Springerteam der Welt! Nur knapp eine Woche nach dem Sieg auf der Normalschanze holt unsere Fliegerstaffel mit Wolfgang Loitzl, Andi Widhölzl, Thomas Morgenstern und Martin Höllwarth im Teamspringen das begehrte WM-Gold auch auf der Großschanze von Oberstdorf. Reisenjubel um das zweite Goldmärchen der fantastischen Vier!

Gold-Quartett von Oberstdorf: Höllwarth, Loitzl, Widhölzl und Morgenstern

„Es war vielleicht die schnellste Teambesprechung in der Adlergeschichte – Trainer und Springer sind sich sofort einig, dass Andi Widhölzl auch nach seinem Flop im Einzel einen Startplatz im Team verdient", berichtet Redakteur Norbert Niederacher von der Vorgeschichte des ersten WM-Titels.

Cheftrainer Alex Pointner beweist auch im Poker um die Startreihenfolge seiner Schützlinge ein „echtes Goldhändchen". Denn Startspringer Loitzl knallt in der ersten Runde einen famosen 97-Meter-Satz in den Aufsprunghügel.

Im Finale lassen sich unsere Flieger durch nichts vom Himmel holen: Nicht durch den immer stärker werdenden Schneefall, nicht durch Startverzögerung und auch nicht durch einen „Herzinfarktsprung" von Jungstar Morgenstern. Schließlich erobern sie zum dritten Mal den Team-Weltmeister-Titel auf der Normalschanze.

Und dann gelingt den fantastischen Vier auch noch ein zweites Goldmärchen: In einem packenden Dreikampf setzen sie sich auf der Großschanze gegen Finnland und Norwegen durch. Vor allem Überflieger Martin Höllwarth beweist, dass er der coolste Team-Springer der Welt ist.

Der 38-jährige Angestellter legt 29 Brände

Feuerteufel in Klagenfurt

Das so genannte „Klagenfurter Kellerphantom" hält die Kärnter Hauptstadt in Atem. Der vorerst unbekannte Feuerteufel verübt 29 Brandanschläge. Der Versicherungsangestellte schlägt vorwiegend im Stadtteil Fischl zu. Da der Mann sich auch als Bankomatkarten-Dieb betätigt, gelingt es der Polizei dennoch, den geschiedenen Familienvater auszuforschen. Er wird in der U-Haft psychologisch betreut. Ende Mai erhängt er sich in seiner Zelle.

Überflieger Höllwarth behält die Nerven bis zum Schluss

***Der Governator** als Werbe-Modell für seinen Bundesstaat. In einer Inseraten- und Plakatekampagne des Staates Kalifornien wirbt Arnold Schwarzenegger für Tourismus und Investition. Arnies eigene Popularität gerät bei aktuellen Umfragen ins Wanken (- 18 %). Sein Beliebtheitsgrad sinkt wegen des von ihm vorgeschlagenen Referendums.*

***Paragleiter-Weltrekord** für den Steirer Andreas Siebenhofer. Genau 871 Kilometer ohne Zwischenlandung schafft der Extremsportler mit dem motorisierten Schirm. Ohne Zwischen-Stopp fliegt er von Griechenland nach Ägypten. Bekannt wurde Siebenhofer durch den „Friedensflug", bei dem er auf dem Petersplatz in Rom landete.*

„The Sound of Music" – Richard Rodgers und Oscar Hammersteins Erfolgsmusical hat Ende Februar in der Volksoper Premiere. Begeisterung, Jubel und Bravogeschrei vor allem für „Maria" Sandra Pires. 40 Jahre nach dem berühmten Film viel Freude um die Trapp-Familie auf einer Wiener Bühne.

Er tötet 10 Menschen:

„Musterbürger" als Serienkiller

Ein musterhafter Regierungsbeamter, zweifacher Familienvater und Kirchenrats-Präsident seiner Lutherischen Gemeinde wird im US-Staat Kansas als Serienmörder verhaftet. Der 59-jährige Dennis Rader hat zehn Menschen – die meisten von ihnen Frauen – in deren eigenen Häusern zuerst gefoltert und dann getötet. Durch Botschaften an Medien kommt die Polizei 30 Jahre nach dem ersten Mord auf seine Spur und verhaftet den Killer.

● Wirtschaft befindet sich im Aufwind:

Im Standort-Vergleich ist Österreich Sieger

Die Ergebnisse eines brandaktuellen Standort-Vergleiches, den das deutsche „Manager Magazin" in Auftrag gab, sorgen bei vielen in den Nachbarländern für Nachdenklichkeit. Denn vier unserer 35 heimischen Regionen sind europaweit unter den zehn besten!

„Wir waren von den Ergebnissen überrascht", so Hennert Lüttich, Geschäftsführer der Standortberatungsfirma und Autor der Studie. Bei näherem Hinsehen habe sich jedoch gezeigt, „dass Österreich gerade anspruchsvollen Produktionsunternehmen ein exzellentes Preis-Leistungs-Verhältnis bietet".

„Unter den 1027 Regionen der EU hat Österreich vier (Rheintal-Bodensee, Steyr-Kirchdorf, Linz-Wels, Sankt Pölten) unter den Top Ten, was Standortvorteile für Unternehmen anlangt", berichtet Redakteur Torsten Weidnitzer exklusiv. Unsere Pluspunkte: längere Arbeitszeit, niedrige Steuern, wenig Korruption.

Ein Guru mit Handy. – *Für „Krone"-Außenpolitik-Redakteur Kurt Seinitz stellt der urige Inder samt Mobiltelefon die zwei Welten zwischen altem und modernem Indien dar. Seinitz, der Bundespräsident Heinz Fischer beim Staatsbesuch begleitet, berichtet, dass Indien mit Spitzenleistungen kreativer Talente daran ist China einzuholen.*

Freude vorm Altar: Kardinal Schönborn mit einer Gläubigen

84 Prozent der Befragten bekennen sich

Große Mehrheit der Leute glaubt an Gott

In Europa glauben 71 Prozent an Gott. Österreich liegt mit 84 Prozent weit über dem Schnitt und belegt in der Studie den dritten Platz hinter Polen und Russland. Erfreulich: Vermehrt gehen wieder junge Menschen in die Kirche. Das Leben nach dem Tod hat nur noch für die Hälfte der Befragten eine Bedeutung.

Wobei Polen mit 97 Prozent an Gläubigen katholische Hochburg bleibt. Mit mageren 37 Prozent bildet Nachbarland Tschechien das Schlusslicht. Das bei uns von linken Medien heraufbeschworene Ende der Kirche ist als ziemlicher Unfug zu bewerten. Schließlich sind in den Kirchen vermehrt junge Menschen zu sehen.

Immer wieder lassen sich auch Erwachsene taufen. Aus unterschiedlichen Motiven: Geburt eines Kindes, Lebenskrise oder wegen der kirchlichen Trauung. Die Hotelfachschülerin Gülten Yildirimer aus Schwechat will unbedingt Christin werden. Kardinal Schönborn überreicht ihr persönlich die Zulassungsurkunde für die Taufe.

Europa im Zangengriff der Grippe-Epidemie

Die Grippe hat im Februar Europa im Zangengriff. Diesmal gehen zwei Virus-Typen aus Spanien und der Slowakei um. In Graz ist sogar ein Todesopfer zu beklagen. Und: 250.000 Österreicher liegen krank im Bett. Eingeschleust wurden die Viren durch Flugpassagiere und Skiurlauber.

Staatsanwalt spritzte sich selbst Drogen!

Wenn es um Drogenvergehen ging, war keiner gnadenloser als Richard Roach. Der US-Staatsanwalt aus Austin forderte stets die Höchststrafe. Nun kann der 55-Jährige froh sein, dass er sich nicht selbst als Ankläger gegenübersteht. Denn Roach ist nicht nur süchtig, er stahl und spritzte sich selbst beschlagnahmte Drogen.

39-jähriger Wärter wird bei Training im

Kleiner „Abu“

Tragödie in Schönbrunn! – Bei einem dramatischen Kampf auf Leben und Tod wird am 20. Februar im Tiergarten ein Pfleger vom vierjährigen Elefanten Abu getötet. Während des Morgentrainings geht der Liebling der Besucher auf den 39-jährigen Cheftrainer los. Aus dem vorerst spielerischen Kräftemessen wird tödlicher Ernst: Der 1600 Kilo schwere Elefant erdrückt den Wärter mit dem Kopf.

Auch ein Kollege, der versuchte den 39-jährigen Gerd Kohl mit einer Mistgabel doch noch zu retten, scheitert.

„Obwohl er eigentlich dienstfrei hatte, wollte der Cheftrainer sich an diesem Sonntag um seinen Liebling kümmern“,

Tiergartendirektor Helmut Pechlaner: voller Trauer

berichtet „Krone“-Redakteur Erich Schönauer vom Beginn des Dramas. Nach dem „Morgensport“ geht der Pfleger mit Abu in eine 62 Quadratmeter große Bullen-Box.

Gerd Kohl möchte den Elefanten trainieren. Aber Abu befindet sich in einer schwierigen Entwicklungsphase: Er will sich gerade aus der Obhut seiner Mutter lösen und einen Platz in der Rangordnung der Herde suchen.

Plötzlich geht Abu in dem kahlen Raum auf den Tierpfleger los. Immer wieder versucht er mit seinen noch kleinen Stoßzähnen den Wärter zu rammen. Niemand ahnt zu diesem Zeitpunkt, dass aus dem anfänglichen Spiel wenig später bitterer Ernst werden sollte. „Es war ein Routine-Training“, erklärt der stellvertretende Tiergartendirektor Gerhard Kasbauer.

Geschockte Besucher bringen Blumen zum Unglücksort

Elefantenhaus von Jungtier erdrückt ● Kollege kann den Angriff nicht mehr stoppen

tötet Tierpfleger in Schönbrunn

Schließlich dürfte sich aus der spielerischen Rangelei für Abu ein Machtkampf entwickelt haben. Ein Kollege Kohls, der sich im Freigehege befindet, wird Augenzeuge des Angriffs. Er packt eine Mistgabel und will den Dickhäuter damit ablenken. Vergebens. Der Elefantenbulle erdrückt mit seinem Gewicht den Tierpfleger. Selbst als dieser schon am Boden liegt, stößt Abu noch mit dem Kopf auf ihn ein.

„Die Schädelverletzungen waren tödlich. Von den Stoßzähnen wurden dem Pfleger auch schwere Verletzungen im Brust- und Bauchbereich zugefügt", diagnostiziert Oberarzt Dr. Michael Zupancic von der Wiener Rettung.

Nach der Tier-Tragödie herrschen nicht nur im Elefantenhaus, sondern in ganz Österreich Bestürzung und Trauer. Viele Menschen fragen sich: Wie geht es jetzt mit Abu weiter?

Doch entgegen allen anderslautenden Ansagen bleibt der in Schönbrunn geborene Bulle in Wien. Er war übrigens das erste Elefantenjunge, das durch künstliche Besamung gezeugt worden ist.

Der erfahrene Pfleger sagte über den in Wien geborenen Bullen (li.): „Er ist wie ein Kind für mich"

„Wir haben nicht nur einen Mitarbeiter verloren, sondern einen sehr guten Freund", zeigt sich Schönbrunn-Direktor Helmut Pechlaner nach dem Drama geschockt: „Eine Tragödie, eine Katastrophe."

Im Gespräch mit Conny Bischofberger sagt Pechlaner, dass es „die schlimmste Woche seines Lebens war". Gleichzeitig dementiert er alle Vorwürfe, die von einem ehemaligen Pfleger kommen. „Für mich ist es ein schicksalhaftes Ereignis, an dem keiner Schuld hat."

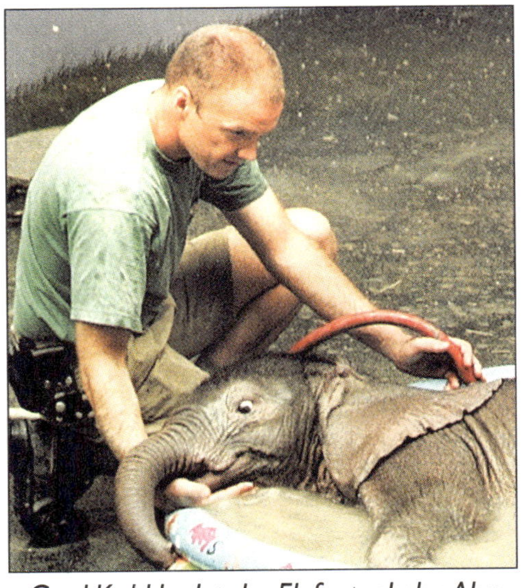

Gerd Kohl badet das Elefantenbaby Abu

Völlig verspielt: Abu mit einem Ball

Nach dem Drama: Abu im Schneegehege

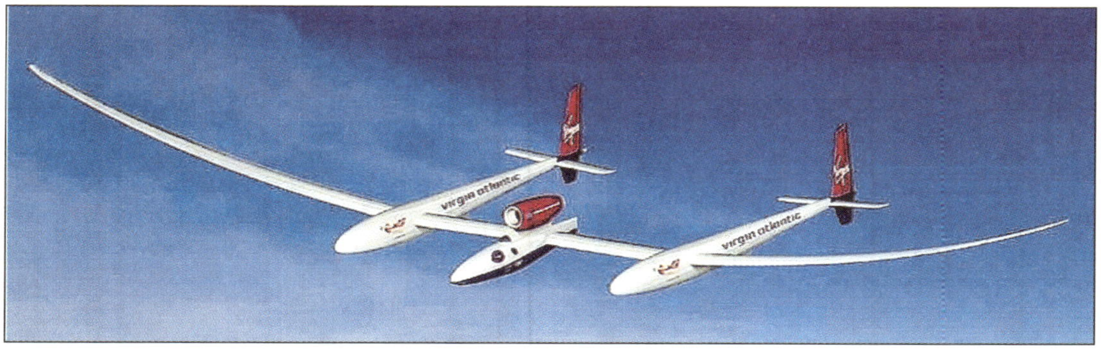

Spezialflugzeug „GlobalFlyer“ macht die spektakuläre Weltumrundung in 67 Stunden möglich

71% der Lehrer für neues Dienstrecht

Beachtlich: Gleich 71,3 Prozent der Pflichtschullehrer entscheiden sich Anfang März für ein neues Dienstrecht. Dieses sieht ein neues Jahresnorm-Modell vor und 70 Euro Anreiz für den Klassenvorstand.

US-Abenteurer legt 37.000 Kilometer ohne Stopp zurück

Fossett schreibt Fluggeschichte: „In 67 Stunden um die Welt . . .“

Der amerikanische Abenteurer Steve Fossett schreibt ein neues Kapitel in der Fliegergeschichte. Nachdem er 2002 bereits die Erde im Ballon umkreist hat, schafft er nun die Weltumrundung in einem Spezialflugzeug.

Dem Meister, der in den vergangenen Jahren bereits 20 Weltrekorde auf dem Wasser und in der Luft aufgestellt hat, gelingt mit seinem „GlobalFlyer“ ein Husarenstück. Ohne Zwischenstopp und ohne Auftanken umrundet er den Globus in exakt 67 Stunden und einer Minute. Obwohl er schon nach dem Start im US-Bundesstaat Kansas übermäßig viel Kerosin verliert, kommt er mit Hilfe des starken Rückenwindes und fast leerer Tanks bis an sein Ziel. Nach 37.000 Flugkilometern landet der amerikanische Milliardär unter dem Jubel Tausender in seiner Heimat.

Steve ▶ Fossett (60) am Ziel seiner Träume: Er schaffte die Solo-Weltumrundung.

Trotz klarer Nebel-Warnung: Horrorunfall auf der „West“

„Nebel“ – „Abstand halten“– „Tempo anpassen“! Trotz dieser leuchtenden Hinweise auf den Nebelwarnanlagen der Westautobahn im oberösterreichischen Seengebiet werden die Warnungen von vielen Lenkern oft ignoriert. Am 2. März krachen gleich 32 Fahrzeuge binnen weniger Minuten ineinander. Bei der Massenkarambolage in Schörfling kommen zwei Menschen ums Leben, 13 werden verletzt.

Erschüttert: Feuerwehrchef auf der A I inmitten der Trümmer

Nach 30 Jahren zieht Syrien Truppen ab:

Libanon-Rückzug, aber der Geheimdienst bleibt

Mitten in den österreichischen Vorbereitungen für den Besuch des syrischen Präsidenten Assad starten Israel und die USA eine politische Offensive gegen Syrien. Assad gerät außenpolitisch unter starken Druck. Aus Sorge, nicht mehr zurück kehren zu können, sagt Assad den Staatsbesuch ab. Nach 30 Jahren Militärpräsenz im Libanon will Damaskus Anfang März mit seinem Truppenabzug beginnen. Der Rückzug wird von Israel als erster und wichtiger Schritt erachtet. Gleichzeitig gilt eine Warnung, da der syrische Geheimdienst noch einen starken Arm im Libanon hat.

Krone-Chronik März 2005

- Mit 2,9 Prozent liegt die Preissteigerungsrate auf einem Vierjahres-Hoch. Ursachen des stärkeren Inflationsschubs: Wohnen, Mieten und Betriebskosten sowie die hohen Benzinpreise.
- Der Nestlé-Konzern baut sein Werk in Linz aus: Der Mitarbeiterstand soll aufgestockt werden. Jahresumsatz: rund 270 Millionen €.
- In den Vereinigten Arabischen Emiraten kommt das weltweit erste Retorten-Kamel zur Welt. Künstliche Befruchtung soll die Rennkamele verbessern.
- Der gebürtige Wiener, ehemalige „Time-Life"-Chefredakteur und US-Botschafter in Österreich, Henry Grunwald, stirbt im 83. Lebensjahr.
- Unternehmen sind in Österreich noch immer fest in Männerhand, so eine Studie der Arbeiterkammer. Unter 829 Geschäftsführern großer Firmen befinden sich nur 24 Frauen (2,9 Prozent).
- Auf Sizilien zeigt der Vulkan Ätna Aktivität: Rauch und Lava strömen aus dem Krater.

In Österreich reagieren viele mit Interesse nach „Feldhasen"-Kunstdrucken auf die Dürer-Affäre

Kunstwerk ohne Erlaubnis an das Prado in Madrid verliehen

Ärger über Albertina-Direktor: Dürers Hase als Staatsaffäre

In der Kunstszene herrscht große Aufregung über den Alleingang von Albertina-Direktor Klaus-Albrecht Schröder: Er verleiht ohne Erlaubnis des Bundesdenkmalamtes Dürers „Feldhasen" an das Prado in Madrid – und löst damit gleichsam eine Staatsaffäre aus.

„Syrien Raus!" – Libanesische Demonstranten fordern den Abzug der syrischen Militärs

Denn Dürers „Feldhase" ist ein sehr sensibles Exponat. Laut Generalkonservatorin Eva-Maria Höhle ist das Aquarell ein „Dauerpatient", der jahrelang vor Licht geschützt werden muss. Deshalb schickt das Bundesdenkmalamt sogar ein Expertenteam nach Spanien, um vor Ort Prüfungen anzustellen.

Für einen Knalleffekt in der Kunstaffäre sorgt schließlich Ministerin Elisabeth Gehrer: Die Spanier dürfen den „Feldhasen" und andere Dürer-Bilder über die gesamte Ausstellungsdauer von drei Monaten behalten, wenn diese maximal 700 Stunden bei einer Lichtstärke von nur 25 Lux gezeigt werden. Ministeriumsexperte Markus Amann: „Dann nehmen die unersetzlichen Kulturgüter keinen Schaden . . ."

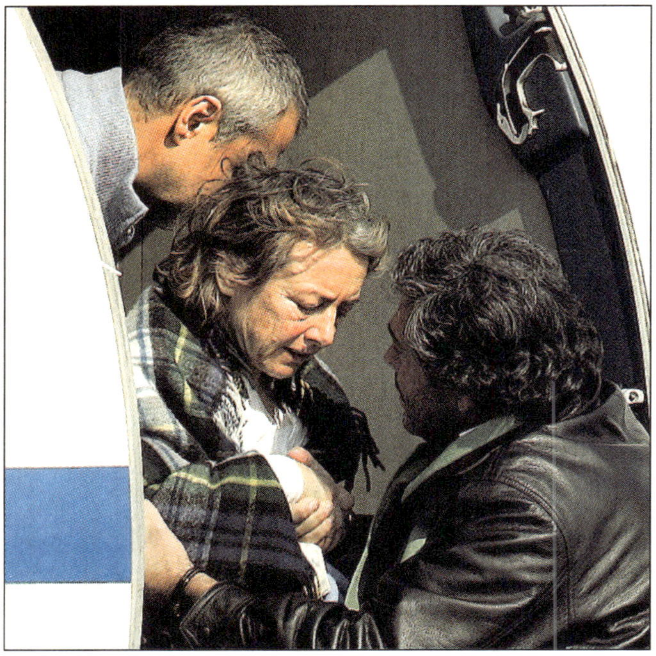

Trauriges Ende der Rettung: Giuliana S. verletzt, aber am Leben

Italienerin (56) kehrt aus dem Irak zurück

Geiselbefreiung

Nach ihrer Freilassung wird die vier Wochen im Irak festgehaltene Italienerin Giuliana Sgrena auf dem Weg zum Flughafen in Bagdad von US-Soldaten beschossen: Die Journalistin erleidet eine Schulterverletzung. Ein Geheimdienstoffizier – er wirft sich schützend über die Frau – bezahlt seinen Einsatz mit dem Leben.

Verletzt, auf ihren Lebensgefährten und Freunde gestützt, klettert die italienische Journalistin nach vier Wochen irakischer Geiselhaft in Rom aus einem Ambulanzflugzeug. Freuden-Kundgebungen gibt es dennoch keine. Denn ihre Befreiung hat einem italienischen Geheimdienstoffizier das Leben gekostet. Er wurde erschossen von US-Soldaten! Amerikas Präsident George Bush kündigt eine Untersuchung an.

Zwei Teams des italienischen Geheimdienstes hatten wochenlang an der Freilassung von Giuliana Sgrena (56) gearbeitet. Während ein Kommando von Bagdad aus mit den Entführern im Kontakt

***Die Millionärin** und Armin Assinger. – Riesenjubel in der 350. Ausgabe der „Millionenshow“: Der 48-jährigen Wienerin Elfriede Awadalla gelingt fast mühelos der Durchmarsch bis zur Millionenfrage, die sie dann mit Publikumsunterstützung auch noch beantworten kann. „Ich hab mir gesagt, dass ich nur einmal im Leben die Chance habe, eine Million zu gewinnen, und die wollte ich nützen“, gesteht die optimistische Siegerin im Interview mit TV-Redakteurin Susanne Heinrich ihren festen Vorsatz.*

Mit Härte gehen Beamte gegen Ökoaktivisten von Greenpeace vor

Polizei gegen Greenpeace: Gewalt vor dem Ministerium

Gewaltszenen vor dem Umweltministerium! Mit ungewöhnlicher Härte löst die Polizei eine Greenpeace-Protestaktion auf: Die Aktivisten demonstrierten gegen die Abschaffung der Umweltprüfung.

Den Gewaltszenen geht ein tagelanger Streit um die von der Regierung geplante Abschaffung der Umweltverträglichkeitsprüfung (UVP) voran. Das Gesetz soll geändert werden, um EM-Stadien, Rennstrecken und ähnliche Projekte schneller durchzupeitschen. Ohne Rücksicht auf die Natur.

Von Seiten aller großen Naturschutzorganisationen hagelt es Proteste gegen Minister Josef Pröll. „Ein schwarzer Tag für die Umwelt“, berichtet „Krone“-Redakteurin Doris Vettermann. Denn trotz aller Apelle wird die Aufweichung der Umweltprüfung durch das Plenum im Parlament gepeitscht.

US-Soldaten erschießen ihren Retter

endet tödlich!

◀ *Ein Bild, das die Fassungslosigkeit, die in Italien herrscht, widerspiegelt: Minutenlang verharrt Staatspräsident Carlo Ciampi in Trauer am Sarg des toten Offiziers.*

stand, hielt sich das zweite in einem arabischen Nachbarstaat mit einer nicht bekannten Summe Lösegeld bereit", beschreibt Politik-Redakteur Christian Hauenstein den Beginn der tödlichen Befreiung.

Held: Nicola Calipari

Schließlich kommt die Nachricht, dass die Journalistin von ihrem Versteck in die Hauptstadt gebracht worden sei.

Die Details des tragischen Fehlers: Nach etlichen Verzögerungen kommt es bei einer Moschee zum Austausch. Weil es schon dunkelt, entscheidet der Chef des Teams, Nicola Calipari, sofort zum Flughafen zu fahren.

Bei einer Straßensperre, auf die erst in der Vorwoche ein Anschlag verübt worden ist, eröffnen US-Soldaten plötzlich das Feuer auf die Italiener. Die Schützen sind unerfahren, erst vor kurzem in den Irak verlegt worden.

Calipari wirft sich geistesgegenwärtig über die Journalistin – und rettet ihr damit das Leben. Während der Geheimdienstmann stirbt, kommt die Frau mit einem Schulterschuss davon.

Europas schönste Frau *kommt diesmal aus Deutschland. Denn in Paris wird die 22-jährige Shermine Shahrivara zur schönsten Dame des Kontinents gewählt. Die 1,74 Meter große „Miss Europe 2005" ist attraktive Tochter einer deutschen Mutter und eines persischen Vaters.*

Neue Tunnelgefahr droht dem herrlichen Weltkulturerbe Semmering-Bahn

Umweltaufschrei: Hände weg vom Semmering!

Neuerlicher Riesenwirbel um den auf Eis gelegten Bau des Semmeringtunnels. Unverbesserliche Betonierer wollen abermals den Versuch starten, die Monsterröhre zu bauen.

Obwohl es eine Katastrophe für die Umwelt und eine Verschwendung von Millionen an Steuergeldern wäre, soll das überflüssige Projekt Semmering-Basistunnel in neuer Form weiterlaufen. Umweltschützer steigen auf die Barrikaden: „Dieses Vorhaben ist ein Murks." „Finger weg vom Semmering! Wertvolles Trinkwasser geht verloren", schlägt auch Umweltanwalt Harald Rossmann im Gespräch mit Harold Pearson, Ressortleiter der „Niederösterreich-Krone", Alarm.

Archäologe Koller stirbt am Ausgrabungsort

Archäologe stirbt bei Erdrutsch ● 3 Menschen in Graben verschüttet

Tödliche Ausgrabungen

Tragödie bei Ausgrabungsarbeiten in der Stadt Salzburg: Drei Archäologen, die nach einem römischen Gutshof graben, werden in einer drei Meter tiefen Grube verschüttet – ein 30-jähriger Mann stirbt hilflos.

Die Ausbaupläne einer Firma im Stadtteil Liefering bringen die Nachforschungen der Archäologen ins Rollen. „Denn unter dem Bauareal wird ein altrömischer Gutshof vermutet", berichtet „Krone"-Redakteur Ed Ricker.

„Bereits vor mehr als 20 Jahren hat man in dieser Gegend Reste eines Backofens aus der Römerzeit entdeckt", bestätigt auch Landesarchäologe Dr. Raimund Kastler.

Trotz der Warnung eines Baggerfahrers steigen Markus Koller (30), Susanne Guderna (27) und Ulrike Hampel in eine Grube hinab – und sie beginnen einen Quergang zu graben. Plötzlich geben die Erdmassen nach und begraben den Mann völlig und die Frauen teilweise unter sich. Susanne Guderna – übrigens die Verlobte Kollers, die beiden wollten in zwei Wochen heiraten – kann sich befreien und holt Hilfe.

Obwohl sofort nach dem völlig Verschütteten gesucht wird, kommt für den Archäologen Koller jede Hilfe zu spät: Er erstickt unter dem Geröll.

Feuerwehrmänner rücken an, um den verschütteten Archäologen aus dem Erdreich zu bergen

Horrorzahl bei Unfällen mit Snowboard – Helmpflicht!

Nicht weniger als 17.300 begeisterte Wintersportler landeten im Vorjahr nach Unfällen mit dem „Snowboard" im Spital. Häufigste Ursache: Kopfverletzungen. Laut Statistik liegt das Verletzungsrisiko um 20 Prozent höher als bei Skifahrern. Deshalb fordert Dr. Ruppert Kisser, Leiter des Institutes Sicher Leben, „Helmpflicht für Snowboarder" auf Österreichs Pisten. Primarius Dr. Harald Hertz unterstützt diese Sicherheits-Forderung.

Nur die geprüften Sicherheitshelme können dazu beitragen, dass Snowboarder sich nicht so stark verletzen.

Jeder 7. Mensch leidet, weil er keine Gefühle zeigen kann

Immer mehr Menschen gehen zu Therapeuten, weil sie weder tiefe Freude noch Trauer empfinden und keine Wut ausdrücken können: Sie leiden an Gefühlskälte, weil Emotionen ihnen unerklärlich sind und sie Herzklopfen und Magenschmerzen als Krankheit empfinden. Bereits jeder 7. Mensch ist laut Pariser Hirnforschern davon betroffen.

Knapp 50 Kilo *bringt das einen Tag alte Flusspferdbaby schon auf die Waage. Zärtlich schmiegt sich das Kleine, das gleich nach der Geburt laufen und schwimmen kann, an seine Mutter. Laut Wissenschafter sorgen diese riesigen Hippos mit ihrer Düngung in Afrikas Flüssen für den Fischreichtum.*

Geschäft mit Scheinehen!

Das Geschäft mit Scheinehen blüht: Die Polizei forscht ein türkisch-österreichisches Pärchen aus, das Dutzende heimische Frauen an Ausländer vermittelt hat. Pro Ehe wurden 7000 Euro kassiert. „Es waren vor allem türkische Männer, die sich in ganz Österreich Aufenthalts- und Arbeitsbewilligungen ergaunert haben", so Dr. Wilfried Kovarnik, Chef der Wiener Fremdenpolizei.

Polizisten und Banditen liefern einander wilde Schießerei

Banküberfall mit Geiselnahme: 9 Opfer sterben im Kugelhagel

Blutiges Ende eines Banküberfalls mit anschließender Geiselnahme in Costa Rica: Banditen bringen mehr als zwei Dutzend Menschen in ihre Gewalt. Bei der Erstürmung des Geldinstitutes durch die Polizei können zwar 15 von ihnen in Sicherheit gebracht werden, doch neun Menschen sterben im Kugelhagel.

Schauplatz des fatalen Geiseldramas ist eine kleine Filiale in der südamerikanischen Stadt Monteverde. Um die Verhandlungen mit den zu allem entschlossenen Geiselnehmern nicht zu gefährden, gelingt es der Polizei, den generalstabsmäßig geplanten Überfall zunächst geheim zu halten. Vor ihrem Angriff können die Uniformierten sogar 15 Menschen in Sicherheit bringen. Doch dann folgt ein blutiges Feuergefecht: Fünf Geiseln, drei Räuber und ein Polizist kommen im Kugelhagel ums Leben.

Zum Ehrenritter *wird Computerzar Bill Gates in London von Englands Königin ernannt. Als US-Bürger darf sich der 48-jährige reichste Mann der Welt zwar nicht Sir nennen. Für den Titel „Knight Commander of the Most Excellent Order of the British Empire" aber künftig die drei Buchstaben KBE hinter seinen Namen stellen.*

Ein Polizist bringt eine verletzte Geisel in Sicherheit

Unfalldrama in Wien ● Chauffeur missachtet den Vorrang ● 17 Insassen verletzt

Bus kracht in Bim: Zwei Tote!

Durch die Anprallwucht völlig ineinander verkeilt: Bus und Bim

Ein tödliches Verkehrsdrama in Wien-Floridsdorf schockt viele Benützer öffentlicher Verkehrsmittel: In Bahnhofsnähe kracht ein vollbesetzter Shuttle-Bus mit einer Straßenbahn zusammen. Die Horrorbilanz: Zwei tote und 17 zum Teil schwer verletzte Fahrgäste.

Die Rückfahrt von einem unbeschwerten Einkaufstag im Shopping-Center-Nord wird für die Insassen eines Shuttle-Busses zum Albtraum: Der Buslenker übersieht, dass er Nachrang hat, und kracht mit seinem 12 Tonnen schweren Fahrzeug in eine Straßenbahngarnitur der Linie 26. „Das Fahrzeug wird wie von einer Granate getroffen 20 Meter zurückkatapultiert", schildert ein entsetzter Fahrgast. Der 16-jährige Michael D. ist sofort tot, der vierjährige David H. wird ins Freie katapultiert, überrollt und stirbt. Oberst Josef Binder von der Wiener Verkehrspolizei: „Reine Unachtsamkeit des Buslenkers führte zu der Tragödie."

Nicht nur, dass er die Nachrangtafel übersah, gab der Chauffeur auch noch Vollgas. In einer Kurzschlussaktion trat er das Gaspedal durch und hoffte, so sich selbst und seine Passagiere retten zu können. Er wird wegen fahrlässiger Tötung angezeigt.

__Erstaunlich intelligent__ war unser Vorfahre, der Zwergurmensch. Laut Forschern stellte der auf der Insel Flores entdeckte „Homo floresiensis" mit einem Meter Körpergröße zwar einen kleinen, aber einen sehr klugen Menschen dar. Schon vor 18.000 Jahren erzeugte er Werkzeuge.

__Kritisch & couragiert.__ „ZiB"-Moderator Robert Hochner, er starb 2001 an Krebs, stand für kritischen und mutigen Journalismus. Deshalb ist er Namensgeber für einen Preis, der journalistische Arbeiten, die durch Courage hervorstechen, würdigen soll. ORF-Korrespondent Andreas Pfeifer ist erster Gewinner.

EU-Kandidat erneut als brutaler Polizeistaat

Weltfrauentag in der Türkei: Prügel für Demonstranten!

In schockierender Weise beweist die Türkei, dass sie – trotz EU-Anwärterschaft – ein brutaler Polizeistaat ist. Eine Demonstration zum Weltfrauentag wird auf blutige Weise aufgelöst. Denn just als die EU-Troika für vorbereitende Verhandlungen zu Beitrittsgesprächen in Ankara eintrifft, beweist die türkische Polizei in Istanbul, dass sie nach wie vor in alter Manier auf andersdenkende Demonstranten reagiert: mit Tränengas, Pfefferspray und Schlagstöcken. Die Demonstrantinnen sind bereits auf der Flucht, als die Exekutive die „Prügelstrafe" vollzieht. Die offiziele EU zeigt sich „schockiert".

Halbmond-Flut an der Außenfassade der Wiener Kunsthalle sorgt für Emotionen. Heftige Debatten über die Provokation folgen

Provokation gegen Integration auf Steuerzahlerkosten in der Wiener Kunsthalle:

Halbmond flattert an Kunsthalle

Die Ausstellung „KanakAttack", eine Provokation über islamistische Kultur in Wien, erregt die Gemüter. Aber nicht die Debatten in der Kunsthalle sorgen für Kritik, sondern das Fahnenmeer aus Halbmonden – viele sehen darin eine plumpe, geschmacklose Brüskierung.

Laut Plan sollen sich die Diskussionsveranstaltungen mit der Integration der Türkei beschäftigen. Wien hat damit plötzlich eine turbulente Diskussion. Das weder schöne, noch originelle Fahnenmeer, das die Kunsthalle im Wiener Museumsquartier einhüllt, halten viele für stillos und provokant – so der Tenor der Österreicher aber auch der meisten Touristen. Etliche fühlen sich brüskiert.

Der Künstler Feridun Zaimoglu, ein Deutsch-Türke, will mit dem Halbmond eine „offensive Gegenattacke" gegen den „Integrationsdruck der deutschen und österreichischen Sitten" starten. Mit der Verhüllung der Fassade will Zaimoglu rebellieren", so Redakteurin Martina Münzer.

Heftige Attacken kommen von Wiens Freiheitlichen-Chef Heinz-Christian Strache: „Was wäre in der Türkei los, wenn etwa die Hagia Sophia mit österreichischen Fahnen eingepackt wird? Dieses Skandalprojekt kostet den Steuerzahler immerhin 40.000 Euro."

Mit Schlagstöcken geht die türkische Polizei auf die Demonstranten los.

Plassnik lehnt Prügelpolizei in der EU ab

Nur wenn die Einhaltung der europäischen Werte garantiert sei, könne auch die Türkei der EU beitreten. Das erklärt Außenministerin Ursula Plassnik als eindeutige Reaktion auf brutale Polizei-Ausschreitungen bei einer Frauen-Demonstration in Istanbul.

Einer der sechs Beutzüge der Bankomatsprenger-Bande – diesmal in Salzburg. Mit Gas jagen die Kriminellen Geldschränke in die Luft.

***Lebensechte** Computer-Animation bietet das moderne Filmmärchen „Monster AG“ aus dem Unterhaltungsstudio Disney-Pixar. Trotz des schaurigen Titels ist der erstmals auch im ORF gezeigte Kinohit über die liebenswerten „Monster-Haustiere“ auch im TV ein voller Erfolg. 656.000 Fernseh-Zuseher sind dabei.*

Ein Gas-Luft-Gemisch wird in Foyers zur Explosion gebracht:

Bankomat-Bande jagt in halb Österreich Banken in die Luft

Sicherheits-Alarm in Österreich! Eine maskierte Verbrecher-Bande sprengt mit Gas sechs Bankomaten im halben Land in die Luft. Bei ihrer Flucht in PS-starken Autos werfen die Täter Teufelskrallen auf die Straße. Nach monatelangen Ermittlungen werden vier Italiener festgenommen.

„Sechs Bankomaten in Kärnten, der Steiermark und Salzburg werden von der Bande, die zwischen Bibione und Udine lebt, gesprengt. Der Schaden übersteigt 800.000 Euro“, so „Krone“-Redakteurin Kerstin Amentisch. In ihrem Heimatland sollen schon 100 derartige Coups auf ihr Konto gehen. Die Täter ziehen bei ihren Beutezügen eine Spur der Verwüstung durchs Land. Bei der Sprengung der Geldschränke jagen sie auch gleich die halbe Bank in die Luft.

Die Bande geht immer mit dem gleichen Trick vor. Jeweils zwei mit Wollhauben samt Sehschlitzen maskierte Verdächtige schleppen Gasflaschen ins Gebäude. Eine ist mit Sauerstoff gefüllt, die andere mit leicht entzündlichem Schweißgas. Dann werden die Flaschen geöffnet – bei der Vermischung, die zuvor mit Silikon abgedichteten Bankomaten werden mit Glühbirnen in die Luft gejagt.

Das heimische Bundeskriminalamt und italienische Ermittler können schließlich die berüchtigte Bankomatsprenger-Bande ausforschen. Unter den vier Verdächtigen ist auch eine Frau. Sie war bei den Coups immer mit einer Kalaschnikow-Maschinenpistole bewaffnet.

Gorbach ist dafür, sein Staatssekretär aber dagegen

Tempo 160 entzweit die Regierung

Kontroverse zwischen den Koalitionspartnern ÖVP und BZÖ um Tempo 160 auf Österreichs Autobahnen: Während Vizekanzler Hubert Gorbach von seiner USA-Reise ausrichten lässt, dass er an der Einführung der Geschwindigkeit festhalten wolle, ist sein ÖVP-Staatssekretär Helmut Kukacka dagegen. Auch die Lenker sind geteilter Meinung.

110 Euro Strafe für Schulschwänzerei

Für zwei Tage Schulschwänzen ihrer Kinder bekommt eine Tiroler Mutter 110 Euro Strafe aufgebrummt – oder sie muss einen Tag hinter Gittern verbringen. Die Frau hat ihre Kinder wegen eines bereits gebuchten Urlaubs ohne Erlaubnis der Direktorin aus der Schule genommen . . .

Der Kanzler bei Jubiläum

„10 Jahre Vera" – zu diesem Jubiläum gratuliert sogar der Kanzler. Wolfgang Schüssel, der sonst einen weiten Bogen um Talkshows macht, ist einer der Gäste bei der großen Fernseh-Gala. Er erzählt über seine Kindheit in der Kriegszeit und dem zerstörten Wien. In ihren exakt 365 Sendungen plauderte Vera Russwurm schon mit 1825 Menschen. Unter ihnen so interessante Gesprächspartner wie Pop-Superstar Robbie Williams, die deutsche Ulknudel Otto und Bischof Kurt Krenn.

Kuscheln im Liebesnest – doch es muss, so eine neue Studie, nicht immer das Schlafzimmer sein

Salzburger sind laut Studie „Bettmuffel"

Beichte der Nation: So liebt Österreich

Rechtzeitig zum Frühlingserwachen liegt eine neue Studie über das Liebesleben der Österreicher auf dem Nachtkasterl. In dieser intimen Beichte zeigt sich, in welchen Bundesländern es besonders und wo es weniger heiß hergeht, was wir am anderen begehrenswert und sexy finden oder wo man einander näher kommt.

Die interessanten Details des jährlichen Durex-Reports recherchiert „Krone"-Redakteur Roland Kopt. So gehen die Landsleute 104-mal im Jahr zur Sache. Am häufigsten mögen es die Kärntner (116-mal), „Bettmuffel" der Nation sind die Salzburger. Weitere intime Einblicke: Wenn's um Abwechslung geht, machen wir's am liebsten im Bad, im Wohnzimmer oder in der Küche. Bevorzugte Haarfarbe: Blond bei Frauen, die Augen und Lächeln des Gegenübers verzaubert; Schwarz bei Männern, die mehr auf Po und Busen sehen. Eine neue Liebe – mehr als jeder Zweite – finden wir am häufigsten in der Diskothek oder im Freundeskreis . . .

Krone-Chronik März 2005

- Familientragödie an der nordenglischen Küste bei Scarborough. Beim Versuch, ihren von einer hohen Welle ins Meer gerissenen 11-jährigen Sohn zu retten, ertrinken die Mutter, der Bub und seine Schwester (13).
- Bei der blutigen Niederschlagung eines von der islamischen Terrorgruppe Abu Sayaf angezettelten Gefängnisaufstandes in der philippinischen Hauptstadt Manila sterben 23 Menschen.
- Ein 45-jähriger Herzensbrecher aus Bosnien, der sich in Wien von Frauen aushalten lässt, wird nach dem Hinweis einer verflossenen Liebschaft als mutmaßlicher Bankräuber verhaftet.
- Um mit einer 80-köpfigen Entourage in Ruhe Skifahren zu können, mietet der Chef des Elektronikkonzerns Samsung, Lee Kun-Hee, gleich drei Pisten im französischen Wintersportgebiet Courchevel.

US-Magazin „Premiere“ kürt Leinwandhelden

Liste der 50 größten Filmstars

Auf einen Oscar wartet Tom Cruise bisher vergeblich. Doch die Liste der 50 größten Filmstars aller Zeiten im US-Magazin „Premiere“ wird ihn trösten: Der 42-Jährige landet sensationell auf dem dritten Platz. Hinter Frauenschwarm Cary Grant und Sexbombe Marilyn Monroe, aber vor Westernheld John Wayne. Die Liste der besten 10 komplettieren Ingrid Bergman, Paul Newman, Julia Roberts, Greta Garbo, James Stewart und Henry Fonda.

***Ein Volksaufstand stürzt** Kirgisiens Präsident Askar Akajew. Der Staatschef noch aus Sowjetzeit und enger Freund von Kremlchef Vladimir Putin flieht nach einem blutigen Sturm auf den Regierungssitz in der Hauptstadt Bischkek, Oppositionsführer Kurmanbek Bakiew übernimmt interimistisch die Regierung.*

Unfall bei Jagd nach Dieb: Drei Kinder getötet!

Mit einem Unfall-Drama endet die Verfolgungsjagd der Polizei auf mehrere Autodiebe in Südafrika. Als ein Komplize der Täter versucht, mit seinem Wagen die Kriminalisten an der Verfolgung zu hindern, verliert er die Kontrolle und kommt ins Schleudern. Wie ein Geschoß rast der Wagen in eine Gruppe von fünf Kindern. Drei sind auf der Stelle tot, zwei werden mit lebensgefährlichen Verletzungen ins Krankenhaus eingeliefert.

***Ja zu Miniröcken sagt das Höchstgericht** bei einem kuriosen Rechtsstreit in der Steiermark. „Miniröcke sind sozial anerkannte Kleidungsstücke für Frauen, so dass eine Bank einer Mitarbeiterin etwas das Tragen solcher nicht verbieten darf“, zitiert der Leiter der AK-Abteilung Arbeitsrecht, Wolfgang Nagelschmied, aus der Entscheidung.*

Wiens Kaffeehauslegende Josefine Hawelka (im Bild mit ihrem Ehemann Leopold) ist tot.

Wiens Kaffeehauslegende Josefine Hawelka ist tot

Wien trauert um seine wohl berühmteste Kaffeehauslegende! Josefine Hawelka, Besitzerin des weltbekannten „Hawelka“ in der City, verstirbt im 92. Lebensjahr. Bis zuletzt stand die resolute Geschäftsfrau in ihrem Lokal. An die Pension hat sie nie gedacht.

„Hart arbeiten und nichts dem Zufall überlassen – das war Josefine Hawelkas Motto“, so „Krone“-Redakteurin Martina Münzer in ihrem Nachruf für die Kaffeehauslegende. Ans Aufhören hat Frau Hawelka nie gedacht. Im Café gab einander die Welt-Prominenz die Türschnalle in die Hand. Im Gästebuch finden sich Eintragungen von Elias Canetti bis Andy Warhol, von Heimito von Doderer bis Tony Blair. Schon längst vor dem „Nackerten“ war das Hawelka mit seinen Buchteln eine Institution.

Räuber-Duo prügelt Opfer mit Eisenstange ● 2 Afrikaner als Verdächtige in Haft:

Überfalls-Serie auf Briefträger

Wiens Briefträger in Angst! Ein Räuber-Duo macht regelrecht Jagd auf Postzusteller. Drei Beamte werden mit einer Eisenstange brutal niedergeprügelt. Nach wochenlanger Fahndung können zwei verdächtige Afrikaner verhaftet werden.

Aufgrund der brutalen Überfalls-Serie auf Briefträger in Wien gibt es Polizeischutz für die Zusteller

Seit Jahresbeginn schlagen die „Eisenstangen-Räuber" in der Bundeshauptstadt jeden Monat zu. Dabei schleichen sie sich immer feige von hinten an ihre Opfer heran. Ein 59-jähriger Postler und seine junge Kollegin (29) erleiden durch brutale Schläge sogar einen Schädelbasisbruch! Auch ein weiterer Briefträger wird spitalsreif geprügelt. Die Beute: jeweils eine Hand voll Euro . . .

Aufgrund der Überfallserie wird der Polizeischutz verstärkt. „Schließlich können Wiens Briefträger endlich aufatmen", so „Krone"-Redakteur Erich Schönauer. Die Ermittler (Gruppe Pripfl) unter der Leitung von Kriminalamtsdirektor Roland Horngacher verhaften einen 35-jährigen Asylwerber aus Liberia. Er wird schlafend im Doppelbett seiner Ex-Freundin überrascht. Die 35-jährige Wienerin hatte auch früher bei der Post als Zustellerin gearbeitet – aus Angst vor Überfällen aber gekündigt . . .

Im Keller der Wohnung finden die Fahnder die Eisenstange sowie ein geraubtes Handy. Der Afrikaner befindet sich seit 1997 trotz eines rechtskräftigen Aufenthaltverbotes in Österreich! Er hat mit einer Österreicherin ein dreijähriges Kind. Auch sein Komplize, ein Asylwerber aus Nigeria (17), wird gefasst.

◀ Ein Kriminalist mit der Tatwaffe, eine 40 Zentimeter lange Eisenstange. Der Afrikaner soll damit drei Briefträger spitalsreif geschlagen haben. ▶

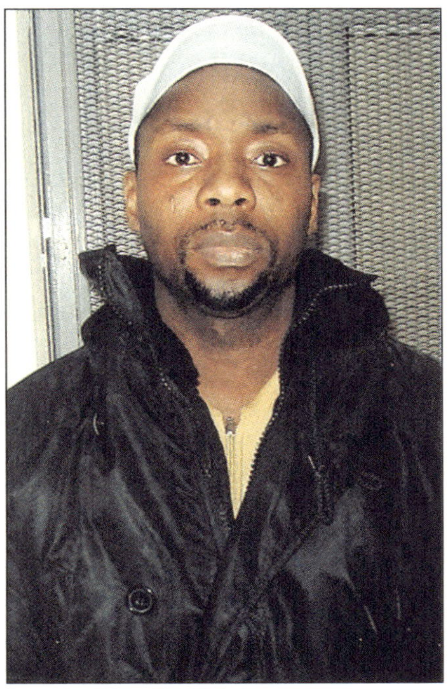

Tsunami-Panik nach Erdbeben

Wieder Seebeben vor Indonesien! Nach schweren Erdstößen der Stärke 8,7 in den Tiefen des Indischen Ozeans herrscht in der Region drei Monate nach dem verheerenden Tsunami erneut Panik. Eine Flutwelle bleibt diesmal zwar aus, trotzdem gibt es auf mehreren Inseln bis zu 3000 Tote.

Öl-Bohrungen in Alaska genehmigt

Umweltskandal in Amerika! Was Naturschützer seit Jahrzehnten verhindern wollen, hat jetzt US-Präsident George W. Bush durchgesetzt: Im Naturschutzgebiet „Arctic National Wildlife Refuge" im Nordosten Alaskas darf künftig nach Erdöl und Erdgas gebohrt werden.

◀ *Hoffen bis zuletzt und bangen um das Leben von Terri: Die Eltern und ihre Schwester Suzanne.*

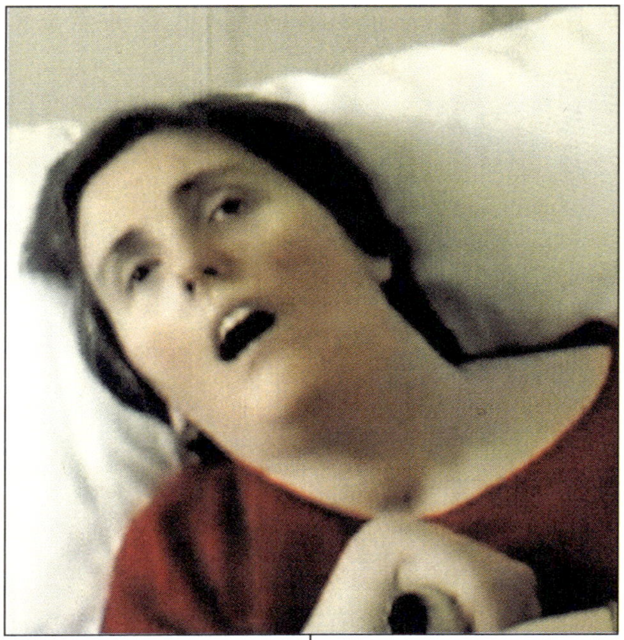

▲ *Nach 15 Jahren im Wachkoma stirbt Terri Schiavo, nachdem ihre Ernährung eingestellt wird.*

Ehemann fordert „Lasst sie sterben" ● Eltern wollen Leben ihrer Tochter erhalten:

Tauziehen um Koma-Patientin

Der dramatische Wettlauf um Leben und Tod der amerikanischen Wachkoma-Patientin Terri Schiavo bewegt die Weltöffentlichkeit! Während Ehemann Michael vor Gericht fordert „Lasst sie sterben", kämpfen die Eltern sogar mit Hilfe des US-Präsidenten dagegen an. Schließlich wird doch ein Stopp der Nahrungszufuhr verfügt, Terri stirbt 13 Tage später . . .

Deutsche Airline Lufthansa kauft Schweizer Swiss

Neue Mega-Fusion am hart umkämpften europäischen Flugmarkt: Die deutsche Lufthansa übernimmt die Schweizer Swiss! Für die AUA ergibt sich daraus laut ihrem Chef Vagn Soerensen keinerlei Gefahr. Erstens habe die Lufthansa kein Interesse an einem Kauf der österreichischen Fluglinie. Zweitens gibt es keinen Privatisierungsauftrag für die AUA.

Ehemann Michael Schiavo zu Gast bei Larry King

1990 bricht die 26-jährige Terri Schiavo aus Florida nach einem Herzinfarkt zusammen. Durch eine Sauerstoffunterversorgung erleidet das Gehirn der einst hübschen jungen Frau (das bestätigt später die Autopsie) irreperable Schäden. Terri liegt seitdem im Wachkoma. Sie kann nichts verstehen oder aktiv am Leben teilhaben.

Ehemann Michael will vor Gericht erreichen, dass die Magensonde seiner Frau entfernt wird. Doch das akzeptieren die streng religiösen Eltern von Terri Schiavo, Bob Schindler und seine Ehefrau Mary, nicht. Sie wollen, dass ihre Tochter am Leben erhalten wird. Und werfen dem Schwiegersohn, der mittlerweile mit einer anderen Frau Kinder hat, vor, Terri loswerden zu wollen . . .

Nach 15 Jahren Wachkoma und sieben Jahren erbittertem Gerichtsstreit scheint das Tauziehen um das Schicksal Terri Schiavos' zu enden. Doch als ein Gericht in Florida den Nahrungsmittel-Stopp verfügt, mischt sich die Politik ein! Im Rekordtempo verabschieden US-Senat und Repräsentantenhaus ein Sondergesetz „zur Rettung des Lebens" der heute 41-Jährigen. Damit soll den Eltern das Recht eingeräumt werden, vor ein Bundesgericht zu gehen. Präsident George W. Bush unterbricht für die Unterzeichnung sogar seinen Osterurlaub.

Im Wettlauf um Leben und Tod der Wachkoma-Patientin verfügt die Justiz schließlich doch den Stopp der künstlichen Ernährung. Terri Schiavo hört am 31. März zum Atmen auf.

Serien-Star trennt sich von Brad Pitt

Nach fünf Jahren steht die Ehe von Hollywoods-Traumpaar vor dem Aus! „Friends"-Serienstar Jennifer Aniston reicht beim Gericht in Los Angeles die Scheidung von ihrem Mann, Schauspiel-Star und Frauenschwarm Brad Pitt, ein. Die beiden hatten zuvor schon einige Zeit getrennt gelebt. Nach der Trennung wird Brad immer wieder mit seiner schönen Filmkollegin Angelina Jolie gesehen. Beide dementieren vorerst aber hartnäckig, ein Paar zu sein . . .

Schul-Amoklauf in Indianer-Reservat

„Er war auf dem Kriegspfad", so eine geschockte Mitschülerin nur Minuten nach dem Amoklauf des 15-jährigen Jeff Weise in der Red Lake Highschool in Minnesota. Der Bub hat gerade neun Menschen und sich selbst erschossen. Die Wortwahl passt: Jeff, der unter dem Namen „Todesengel" in rechtsextremen Internet-Foren verkehrte, richtet das Blutbad in der Schule eines Indianer-Reservates an. Auch Orville Whites Nichte Karen (kl. Foto) wird getötet.

OMV entdeckt bei Strasshof größtes Feld seit 20 Jahren

Dallas-Fieber im Weinviertel: Riesiger Öl- und Erdgasfund

Im Weinviertel in Niederösterreich ist das Dallas-Fieber ausgebrochen! Bei Stockerau vermutet die OMV einen riesigen Ölsee unter der Erde – und bei Strasshof wird das größte Erdgasfeld seit mehr als 20 Jahren entdeckt. Der kleine Ort vor den Toren Wiens ist jedenfalls im „Goldrausch", der Fund im Milliardenwert hält alle im Bann.

Die Arbeiten bei der Erdgas-Quelle sind schon angelaufen

Das Weinviertel scheint zur „Goldquelle" für die OMV zu werden. Schon vor zwei Jahren wurde dort nämlich die größte heimische Ölquelle seit 25 Jahren entdeckt. Und jetzt wird nach seismologischen Untersuchungen in der Gegend um den „Waschberg" der nächste Riesen-See aus schwarzem Gold vermutet. Die Bohrungen sollen nächstes Jahr beginnen.

Längst begonnen haben die Bohrungen nach einem Erdgas-Schatz bei Strasshof. „Wir haben zwei getrennte Lagerstätten entdeckt. Eine in 3200 Meter und die andere in 4300 Meter Tiefe", so Gerhard Nocker von der OMV. Ein örtlicher Bauer stolz zu „Krone"-Redakteur Michael Pommer: „Die ganze Zeit haben wir auf einer Art Goldgrube gelebt!"

Millionen-Einbruch in deutsches Museum

„Modellbahn-Bande“ in Wien ausgeforscht

Modelleisenbahn-Liebhaber können aufatmen: Zwei Monate nach dem Einbruch im weltbekannten Märklin-Museum werden die Täter in Wien und Italien gefasst! Die Bande will geraubte Exponate ausgerechnet an verdeckte Ermittler verkaufen. Fünf Männer und eine Frau aus Ex-Jugoslawien werden verhaftet.

Sogar die TV-Sendung „Aktenzeichen XY“ berichtet über den Coup im deutschen Göppingen. Jetzt hat der führende Modellbauer seine 150 gestohlenen Stücke im Wert von rund 1,5 Millionen Euro und somit seine Geschichte wieder!

Auf die Spur der Einbrecher-Bande kommen Ermittler des heimischen Bundeskriminalamtes. „Zeugen haben einen verdächtigen BMW mit Wiener Kennzeichen gesehen“, so Brigadier Gerhard Lang. Verdeckte Fahnder legten sich im Internet, auf dem Flohmarkt oder in der Antiquitätenszene auf die Lauer – und tasteten sich so an die Hehler der Sammlung heran. In einer Kommando-Aktion wird die Bande aus Ex-Jugoslawien im italienischen Treviso sowie in einer Wiener Wohnung und einem Lokal geschnappt.

27 Männer von Hausfrau getötet

Hausfrau als Serien-Killerin! Sherin Gul aus Afghanistan wird beschuldigt, 27 Männer ermordet zu haben. Die Frau machte mit einer Autodiebs-Bande Jagd vor allem auf Taxifahrer. Sie soll ihre Opfer mit Schlafmittel im Tee betäubt und dann mit einem Seil erdrosselt haben. Die Leichen werden in ihren Häusern in Jalabad und Kabul gefunden.

▲ Märklin-Züge aus Deutschland sind bei Modelleisenbahn-Liebhabern weltweit bekannt und äußerst nachgefragt. Manche Exponate sind bis zu 150.000 Euro wert.

***Über das Eis** mit einem Drachen gleiten ist die Trend-Sportart des heurigen Winters. Während viele Österreicher der für März ungewöhnlichen Kälte nichts abgewinnen können, freuen sich diese Wintersportler auf dem 30 Zentimeter tief gefrorenen Neusiedler See über den anhaltenden Frost.*

Krone-Chronik März 2005

- Die österreichische XXXLutz-Gruppe übernimmt die Domäne-Kette in Deutschland und wird dadurch die Nr. 1 im konventionellen Möbelhandel im deutschsprachigen Raum.
- Das amerikanische Schachgenie Bobby Fischer wird Isländer. Er entgeht so seiner Auslieferung in die Heimat, wo er gesucht wird, weil er trotz Sanktionen gegen Jugoslawien dort ein Turnier gespielt hat.
- Drei Beziehungsdramen innerhalb weniger Tage in Österreich! Nachdem in Wien ein Serbe die Ex-Freundin und ein Türke die Frau getötet hat, ersticht ein Ungar in Graz seine 27-jährige Verlobte.

Der putzige Nachwuchs *im Eisbären-Gehege im Tiergarten Schönbrunn in Wien sorgt für einen Besucheransturm. „Christine" ist der erklärte Liebling des Publikums. Während Mama „Olinka" nicht weit weg ist, tobt sich das kleine Eisbären-Baby bei einem Ausflug ins Freie so richtig aus.*

Zwei Kinder und Mutter sterben nach Herzfehler

Familiendrama kurz vor Ostern! Als Tanja Schöfbenker aus Laakirchen in Oberösterreich mit ihrem neuen Rad fährt, bricht sie zusammen. Trotz Wiederbelebungsversuche stirbt die 10-jährige Schülerin im Spital: Herzversagen. Der Tod des Mädchen ist ein erneuter Schicksalsschlag für den ohnehin leidgeprüften Vater. Er hat 1997 schon seine 35-jährige Ehefrau Karin und vor drei Jahren die zweite Tochter Isabella (9) zu Grabe getragen – beide starben ebenfalls durch Herzfehler.

Neun Jahre lebt Serien-Kinderschänder unerkannt unter uns:

Sex-Phantom von Wien verhaftet Mädchen und Buben missbraucht

Die Wiener Polizei verhaftet einen der wohl größten Kinderschänder in der jüngeren österreichischen Kriminalgeschichte! Der 31-jährige Elektriker Alexander Thomas S. (für ihn gilt die Unschuldsvermutung) soll mindestens 15 Mädchen und Buben nach Hause verfolgt und dann missbraucht haben.

▲ Hofrat Dr. Ernst Geiger von der Wiener Kriminaldirektion mit dem alten Phantombild des Serien-Kinderschänders.

Alexander Thomas S. sah sich gerne als starker Mann. Als Opfer wählte der Muskelprotz kleine Mädchen und Buben. ▶

Seit 1996 macht der Verdächtige regelrecht Jagd auf Kinder, die zwischen sieben und elf Jahre alt sind. Misshandelt, sexuell missbraucht und quält seine Opfer. Immer wieder kann er nach der Tat unerkannt verschwinden. Wie ein Phantom. Neun Jahre lang lebt der Serien-Kinderschänder unerkannt unter uns. Bis zu seiner Festnahme wegen Mordversuchs an einer jungen Frau in Wien führt der 31-jährige Elektriker ein Doppelleben. Erst dann legt er eine „Lebensbeichte" ab . . .

Der durchtrainierte Muskelprotz gibt Schwierigkeiten mit Frauen als Motiv für seine Verbrechen an. Um seine perversen sexuellen Phantasien befriedigen zu können, sucht er sich kleine Kinder. „Weil sie mir unterlegen waren und dabei mein vermindertes Selbstwertgefühl keine Rolle spielte", so das schockierende Geständnis im Verhör bei den ermittelnden Beamten der Gruppe Jandl.

● Plädoyers für Österreichs Neutralität

Zum großen Jubiläum Staatsvertrag in Wien

Das Obere Belvedere in Wien atmet Geschichte. Mit einem großen Festakt denkt Österreich daran, dass hier vor 50 Jahren der Staatsvertrag unterzeichnet worden ist. Als Überraschung überbringt Russlands Botschafter Ossadtschij Bundeskanzler Schüssel sogar das Original-Dokument für die Gedenkausstellung.

Mitte April, also genau ein Monat vor dem großen Jubiläum am 15. Mai, nimmt Schüssel das 238 Seiten dicke, mit Siegeln versehene und in vier Sprachen verfasste Dokument entgegen. In Erinnerung an den großen Leopold Figl. Er hat den Vertrag vor genau 50 Jahren auf dem Balkon des Belvederes präsentiert. Mit tief in unsere Herzen eingegrabenen Worten: „Österreich ist frei!"

Zum großen Festakt entsenden alle vier Signatarstaaten Repräsentanten. Anlässlich der Feierlichkeit legen sowohl Kanzler Wolfgang Schüssel als auch SPÖ-Chef Alfred Gusenbauer ein Bekenntnis zur Beibehaltung der österreichischen Neutralität ab.

Eine riesige Menschenmenge wohnt dem Festakt bei und bekundet stolz, dass die Menschen an dieses Österreich glauben . . .

Russlands Botschafter Stanislaw Ossadtschij überbringt Kanzler Schüssel den Original-Staatsvertrag. Im „Krone Wissen"-Buch beschreibt Dieter Kindermann die Hintergründe zum Vertrag.

▲ Symbol der Befreiung: „Die Vier im Jeep". – Leider zählten auch Plünderungen und Übergriffe zur Tagesordnung. ▼

„Krone" deckt vertuschte Brutal-Übergriffe fremder Soldaten auf

Archiv der ungeklärten Morde: 140 Opfer der alliierten Mächte

Auch wenn im 60. Gedenkjahr die Freude über das Kriegsende groß ist, so wird die Besatzungszeit auch von dunklen Seiten überschattet. Die „Krone" erhält Einblick in das „Archiv der ungeklärten Mordfälle" – und berichtet exklusiv über tödliche Übergriffe der Besatzungsmächte in Uniform.

Im Jubiläumsjahr des Staatsvertrages und der Befreiung wird bei Feierlichkeiten der historischen Verdienste gedacht. Als Geschichte der Politik, der Wirtschaft, der Kultur und der Persönlichkeiten. Aber auch die Alltagsgeschichte der vielen kleinen Leute, deren Ängste und Hoffnungen bewegt Österreich 60 Jahre nach Kriegsende. Weil für Betroffene war der Nachkriegsalltag mit den Militärs ein ständiger Überlebenskampf.

Weitere Probleme stellten Kriminalität und Übergriffe von Soldaten dar. So wurden von 1945 bis 1955 mehr als 300 Menschen Opfer von Gewaltverbrechen. Jeder zweite Mörder trug eine Uniform!

Den ‚Krone'-Reportern Christoph Matzl und Christoph Budin gelingt es, sich Einblick ins „Polizei-Archiv der ungeklärten Mordfälle" zu verschaffen und darüber zu berichten. Hunderte penibel katalogisierte Seiten über die Schatten der Besatzungszeit. Als stumme Polizeiakte erzählen sie von der Schicksalsgeschichte oft nie geklärter Morde . . .

Tod des Heiligen Vaters

Am 2. April stirbt Johannes Paul II. Egal ob Christ, Atheist oder Andersgläubiger: Für alle steht fest, dieser Papst war ein großer Mann. Ein Konservativer und dennoch ein Revolutionär. Dieser Karol Wojtyla, der das Gesicht der Welt verändert hat. Als „eiliger Vater“ hat er Millionen begeistert. Als Papst des Dialogs baute er Brücken zum Judentum und Islam. Und als Papst der Rekorde erhält auch er ein Begräbnis der Superlative: 200 Regierungs- und Staatschefs sowie Millionen Gläubige trauern um ihn.

Montag, 4. April 2005 / Nr. 16.130, € 0,90

Wien Krone

Kronen Zeitung

UNABHÄNGIG

www.krone.at

Wien 19, Muthgasse 2, ☎ 01/36 011-0

ABO-SERVICE: ☎ 05 7060-600

Johannes Paul II.: Sein letztes Wort war „Amen“

Der tote Papst wurde im Apostolischen Palast des Vatikans aufgebahrt.

→

Was dahinter steckt

VON ERNST TROST

Trauer und Tränen

Seine letzten Worte, wohl mehr gehaucht als gesprochen, waren ein Dank an die Jungen, die gekommen waren, um ihm bei seinem Sterben beizustehen – so wie sie ihn bejubelt haben, zuerst als strahlenden Heilsverkünder, dann als greisen Schmerzensmann. „Als Kind hat er mich einmal gestreichelt", sagte eine blonde Römerin mit nassen Augen vor der Kamera. Mindestens 50.000 harrten am Petersplatz aus, beteten, zündeten Kerzen an und schauten immer wieder hinauf zu den drei erleuchteten Fenstern des Vatikanpalastes. Und nach der Todesnachricht strömten von allen Seiten noch mehr Menschen herbei, um ihre Trauer öffentlich zu bekunden.

Und wie in Rom, so ist es fast überall auf der Welt. Auch die Angehörigen anderer Religionen und viele, die nicht glauben, empfinden den Verlust dieses einzigartigen Mannes. Viel wurde und wird noch debattiert werden über die Bilanz dieses so langen Pontifikates. Niemand kann jedoch leugnen, dass Johannes Paul II. eine Persönlichkeit war, die alle Rahmen sprengte und Zeichen gesetzt hat. Dieser Papst hatte den Mut, den Mächtigen auch unangenehme Wahrheiten ins Gesicht zu sagen. Er geiselte das Unrecht in der Gesellschaft und stellte sich gegen Krieg und Gewalt. Und er scheute es nicht, für manches Fehlverhalten der Kirche um Vergebung zu bitten.

Die Tränen, die um den Papst aus Polen geweint werden, sind echt. Die Menschen haben ihn geliebt, so wie er die Menschen . . .

Die ganze Welt trauert

● Der lange Leidensweg des Heiligen Vaters
● Ergreifende Szenen bei der Gedenkmesse
● Applaus brandet bei letztem Abschied auf

▲ Zwei im Gebet versunkene Nonnen halten vor dem Petersdom gleichsam „Totenwache" für den Pontifex.

Kondolenz: US-Präsident Bush, First Lady, Vater Bush, Ex-Präsident Clinton. Dahinter Kardinal Schönborn. ▼

Dumpf dröhnen die Glocken über den Petersplatz. Sie verkünden den Tod: Johannes Paul II. ist erlöst von seinem Leiden! Der unbeugsame Papst ist heimgekehrt. Zehntausende Gläubige brechen am Abend des 2. April in Tränen aus. Beim Begräbnis im Vatikan nimmt dann auch die politische Spitze Abschied – die Welt trauert um einen charismatischen Papst.

Applaus erfüllt den Petersplatz. Noch nie zuvor hat die Welt am Sterben eins Menschen so großen Anteil genommen. Quer durch alle Religionen. Quer durch alle Kontinente. „Wir können ihm nicht helfen", bedauern die Ärzte kurz vor seinem Tod. Tatsächlich ist der Papst nur noch eine „Ikone des Schmerzes": Kanüle in der Luftröhre, um das Atmen zu ermöglichen, künstliche Ernährung durch eine Sonde, Parkinson-Krankheit. Noch vom Sterbebett aus lässt er eine Botschaft ausrichten: an die Jugend, die er so liebte.

Dieser Pontifex war immer für Überraschungen gut. Und so ist es auch nach

um Papst Johannes Paul II.

seinem Tod. Seit 1958 war es strikt verboten, sterbende oder tote Päpste zu fotografieren. Johannes Paul II. hinterlässt die Anweisung, dass bei seiner Aufbahrung in der Sala Cementina gefilmt werden darf. Und so gehen die Bilder um die Welt: Entspannte Gesichtszüge, eine weiße Mitra auf dem Kopf, die sterblichen Überreste in einer weißen Soutane, ein Rosenkranz in den Händen und ein silberner Bischofstab im linken Arm. Schließlich wird bekannt, wie der Heilige Vater Abschied nahm: „Als das Rosenkranzgebet zu Ende war, hat der Papst die Hand wie zum Segen gehoben und ‚Amen' gesagt", so schildert der polnische Priester Jarek Cielecki die letzten Minuten des HeiligenVaters.

Knapp ein halbes Jahr später dementiert der Vatikan und gibt bekannt, dass „Lasst mich ins Haus des Vaters gehen" die letzten Worte gewesen sind.

In einer der größten Trauerfeiern der Weltgeschichte wird der Pontifex verabschiedet. Vier Millionen Gläubige allein in der Ewigen Stadt. Eine Milliarde Menschen weltweit vor den Fernsehgeräten – außer in China und Russland.

Nicht nur Kardinäle und Politiker aus aller Welt erweisen dem Papst die letzte Ehre, auch Kirchenfürsten fast aller Religionsgemeinschaften. Kardinal Joseph Ratzinger, von vielen als „papabile" bezeichnet, hält eine berührende Abschiedspredigt. Er erinnert daran, wie unvergesslich der Pontifex am Ostersonntag – vom Leiden schwer gezeichnet – noch ein letztes Mal den Segen „urbi et orbi" erteilte.

Kirchliche Symbolkraft: Karol Wojtyla wird nur wenige Meter vom Petrusgrab entfernt beigesetzt.

BITTE BLÄTTERN SIE UM

▲ Die Kardinäle beten vor dem schlichten Zypressenholz-Sarg. Darauf liegt eine Bibel. Staatsmänner aus aller Welt nehmen an der Trauerfeier teil.

◀ Rosen für den Papst. Tausende stellen sich stundenlang an, um Abschied vom Papst zu nehmen. Die Trauer ist ehrlich.

Gebeugte Gestalt in Weiß

● Nach Anschlag besuchte er sogar Attentäter im Gefängnis
● Trotz Krankheit ist Johannes Paul II. unbeugsam bis zuletzt
● 100 apostolische Reisen machen ihn zum „eiligen Vater"

Vom polnischen Priester zum Jahrhundert-Papst. Nur zuletzt muss sich der Unbeugsame dem Kreuz, das ihm auferlegt war, beugen: Parkinson und Athrose. Johannes Paul II. stirbt im Vatikan. Er war ein Papst zum Anfassen. Er hat aber auch die Welt verändert und mitgewirkt, dass der Eiserne Vorhang gefallen ist. In einem berührenden Nachruf von Dieter Kindermann gedenkt die „Krone" dem charismatischen Pontifex.

Auch als der Heilige Vater wusste, dass der Augenblick, vor Gott zu treten, nahe ist, wollte er nicht zurücktreten. „Jesus ist auch nicht vom Kreuz gestiegen", sagte er. „Solange ich eine Stimme habe, verkünde ich seine Botschaft." Der Papst wollte seinen Kreuzweg bis zu Ende gehen.

Johannes Paul II. hat in den mehr als 26 Jahren seines Pontifikates – bisher das drittlängste – Kirchengeschichte geschrieben. Am 16. Oktober 1978 steigt aus dem Schornstein der Sixtinischen Kapelle weißer Rauch auf. Habemus Papam. Als der Name Karol Wojtyla fällt, ebbt der Beifall ab. Der neue Papst weiß die Klippe gut zu umschiffen. „Ich komme aus einem fernen Land", ruft er in passablem Italienisch. „Wenn ich einen Fehler mache, in eurer, unserer Sprache, verbessert mich." Die Herzen der Römer fliegen ihm zu.

Karol Wojtyla ist der erste Nicht-Italiener auf Petri Stuhl seit 455 Jahren, der erste Slawe und der erste Geistliche aus einem kommunistischen Staat. Alle Glocken läuten in seiner polnischen Heimat Sturm. Ein Donnergrollen für das KP-Regime. „Den Papst ja nicht einreisen lassen. Das gibt Ärger", warnt Kremlchef Breschnew. Er kann es allerdings nicht verhindern.

Der erste Polenbesuch Wojtylas löst 1979 ein gewaltiges politisches Erdbeben aus. Die unabhängige Gewerkschaft Solidarność, geführt von Lech Walesa, demonstriert in der Danziger Lenin-Werft. Kommunistische Regime stürzen wie Kartenhäuser zusammen, der Eiserne Vorhang fällt. „Ohne Papst wäre das nicht so rasch und unblutig verlaufen", urteilt der Ex-Kremlchef Michael Gorbatschow später.

Schicksalstag 13. Mai 1981: Johannes Paul II. hält auf dem Petersplatz Generalaudienz ab. Als er mit dem Papamobil durch die Reihen der Gläubigen fährt, ertönen plötzlich

▲ 1981 schockiert das Attentat am Petersplatz die Welt. Der Papst erholt sich von den Schussverletzungen und besucht nach der Genesung sogar den Attentäter, Ali Agca, im Gefängnis – und verzeiht ihm! ▶

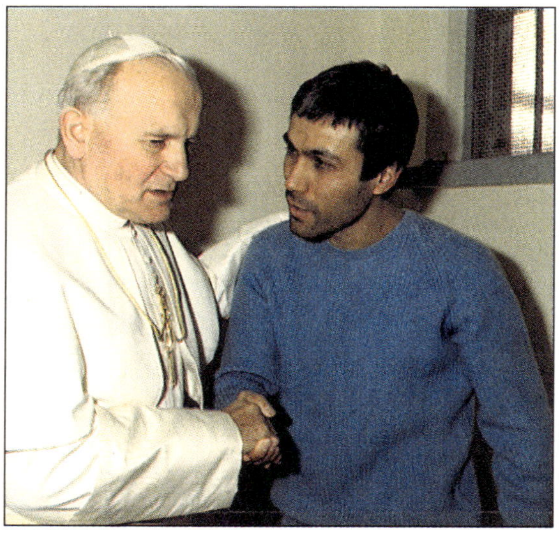

Gemeinsam haben sie viel erreicht: Der polnische Papst Karol Wojtyla und der ebenfalls charismatische Führer der Gewerkschaft „Solidarność", Lech Walesa. Später wurde er erster nach-kommunistischer Präsident. ▶

– der Kreuzweg!

Johannes Paul II., in den letzten Jahren gestützt auf den Bischofsstab: ein charismatischer Papst, ein Unbeugsamer. ▼

zwei Schüsse. Der Papst bricht blutüberströmt zusammen. Als Täter wird der Türke Ali Agca verhaftet, aber seine Hintermänner können nicht identifiziert werden. Nach der Genesung besucht Wojtyla den Attentäter sogar im Gefängnis.

In seinem „Pontifikat der Superlative" setzt Johannes Paul II. Gesten von historischer Bedeutung: Er vereint 1986 die Führer der Weltreligionen in Assisi zum Gebet. Er spricht 2000 die Vergebungsbitte für die Verfehlungen der Kirche in der Geschichte aus, wie Glaubenskriege, Inquisition und Judenverfolgung.

Der Papst reist auch in das Heilige Land und besucht die Omajaden-Moschee in Damaskus. Er ruft zu Toleranz, Verständigung und Zusammenarbeit auf.

Wojtyla, unbeugsamer Kämpfer für Menschenrechte, geht als „Papst der Rekorde" in die Geschichte ein. Er hat 105 Reisen in 135 Länder unternommen. Dreimal besuchte er Österreich: 1983, 1988 und 1998.

Im Laufe seines Pontifikates promulgiert der Pontifex Maximus 456 Heilige, 1282 Selige und 201 Kardinäle. Johannes Paul II. empfängt im Vatikan 650 Staats- und 212 Ministerpräsidenten. Zudem verfasst er 13 Enzykliken und 65 sonstige apostolische Dokumente.

Und der Papst aus Polen war eiserner Anti-Kommunist, wie Kolumnist Günther Nenning schreibt: „Mit der Theologie der Befreiung ging er hart um, deren Umgang mit dem Maschinengewehr und Marx – sei's auch begreiflich durch die Zustände in Lateinamerika – duldete Wojtyla nicht."

Lange hat der 296. Papst Geschichte gemacht, er hat Trost verströmt und Optimismus. Lange hat sie uns begleitet, die gebeugte Gestalt in Weiß, hängend am Kreuz ihrer Hinfälligkeit. Das ist die Weise, auf die er uns Kraft gegeben hat.

BITTE BLÄTTERN SIE UM

Zwei Männer, die die Geschichte des 20. Jahrhunderts geprägt haben: Der ehemalige russische Präsident Michael Gorbatschow und Papst Johannes Paul II. Beide trugen maßgeblich zum Fall des Eisernen Vorhanges bei. ▶

„Der Engel der Armen", Mutter Teresa, trifft kurz vor ihrem Tod noch den Papst. Sechs Jahre später, 2003, spricht er sie selig. „Santo subito": Nach seinem Tod fordern viele auch die Heiligsprechung des Papstes. ▶

„Viva il Papa!“ – Jubel im

Nach nur 26 Stunden Favoriten Joseph Ratzinger gewählt
Kardinal-Dekan ist der erste deutsche Papst seit 1523
Sein Kurs: Konservative Kirchenpolitik mit neuen Akzenten

Atemlose Spannung herrscht vor dem Petersdom, nachdem aus dem Schornstein der Sixtinischen Kapelle weißer Rauch aufgestiegen ist. Alle Augen sind auf die Mittelloggia gerichtet, als Kardinal Estévez im Scheinwerferlicht verkündet: „Habemus papam“. Schließlich gibt er den Namen preis: Zum neuen Papst wurde kein Italiener, kein Lateinamerikaner oder Reformer gewählt, sondern der konservative deutsche Joseph Ratzinger (78) – Benedikt XVI.

◀ *Hinter den mächtigen Türen der Sixtinischen Kapelle küren 115 Kardinäle aus 52 Ländern den neuen Papst.*

Am 20. April um 17.49 Uhr steigt weißer Rauch auf: Das Konklave ist zu Ende. Der neue Papst ist gewählt. ▶

Im Petersdom beten die Kardinäle vor dem Konklave um den Beistand des Heiligen Geistes.

Nach dem feierlichen Requiem von Johannes Paul II. sind die Blicke der Welt auf die Sixtinische Kapelle gerichtet. Am 18. April wird das Konklave eröffnet. Es beginnt das Warten auf den weißen Rauch und die Worte „habemus papam“. Vorerst sieht es aus, als ob die Kardinäle in ein konservatives und ein progressives Lager gespalten wären.

Auftakt des Konklaves unter den Deckenfresken Michelangelos: Rituale, Symbolik, Mystik. Im Petersdom beten die 115 Kardinäle darum, dass der Heilige Geist sie erleuchten möge. Dann ziehen sie in die Sixtinische Kapelle ein. Wobei sich zu Beginn ein Richtungsstreit zwischen den konservativen Glaubenshütern um Kardinal-Dekan Joseph Ratzinger und den reformfreudigen Kardinälen um den Alterzbischof von Mailand, Carlo Martini, nur schwer verheimlichen lässt.

Schließlich geht es um viel: um den künftigen Kurs für 1,2 Milliarden Katholiken. Die Kardinäle schreiben Kirchengeschichte! Denn die Wahl des Papstes ist eng verbunden mit den Fragen, welchen Kurs die Weltkirche einschlägt. Erschwert wird dieser Richtungsstreit dadurch, dass die Kirche auf jedem Kontinent andere Probleme hat.

Vatikan über Benedikt XVI.

Benedikt XVI., enger Vertrauter des verstorbenen Papstes, tritt erstmals vor das Kirchenvolk

In Europa: Priestermangel, Kirchenaustritte. In Südamerika, wo schon die Hälfte der Katholiken der Welt lebt: eine Inflation an Sekten, erdrückende Armut. In Afrika: die Geißel AIDS, Armut, Vertreibung, Bürgerkriege. In Asien: teilweise Unterdrückung der Katholiken, Verfolgung.

So leistet jeder der Kardinäle in der Kapelle einen Eid, über das Konklave eisern zu schweigen. „Extra Omnes" („Alles hinaus") ordnet der Zeremonienmeister an. Die Kardinäle bleiben unter sich.

Dann die Überraschung. Nach nur 26 Stunden Konklave steigt weißer Rauch auf. Im nur vierten Wahlgang hat einer der Kandidaten die erforderliche Zwei-Drittel-Mehrheit von 72 Stimmen erlangt: Kardinal-Dekan Joseph Ratzinger (78) wurde gewählt. Und als Benedikt XVI. nimmt er die Papstwahl an.

Nach 482 Jahren besteigt nach Hadrian VI. wieder ein Deutscher den Stuhl Petri. Der Papstname ist immer auch Programm: Ratzinger hat sich offenbar Benedikt XV. (1914 – 1922) als Vorbild genommen. Da er 1917 einen dramatischen Friedensappell an die Welt gerichtet hatte, ging er als „Friedenspapst" in die Geschichte ein.

Mit Kardinal Joseph Ratzinger wird aber auch der vielleicht engste Vertraute des verstorbenen Papstes gewählt. Seine große Karriere beginnt 1981, als ihn Johannes Paul II. nach Rom beruft. In Glaubensfragen sind die konservativen Männer auf einer Wellenlänge: ob Verdammung künstlicher Geburtenregelung, Verbot weiblicher Priester oder Befreiungstheologie in Lateinamerika.

So ist der Posten des Präfekten der Glaubenskongregation dem kühlen und strengen Denker aus Deutschland wie auf den Leib geschnitten. Schon als Bub hegte der im bayrischen Marktl am Inn geborene Sohn eines Gendarmeriebeamten den Wunsch, einmal Kardinal zu werden . . .

Während Deutschland euphorisch auf „seinen Papst" reagiert, gibt es in den Medien Englands und der USA bissige und vor allem ungerechte Angriffe.

◀ *Mit Riesenfreude begrüßen viele Gläubige den neuen Papst.*

▲ *Benedikt übernimmt das Kreuz. Papst für 1,2 Milliarden Gläubige*

Bundeskanzler besucht China

Vor dem Hintergrund der Krise zwischen Tokio und Peking – in japanischen Schulbüchern werden Kriegsgreuel an Chinas Volk nicht erwähnt – besucht Österreichs Bundeskanzler das Reich der Mitte. Premier Wen Jiabao heißt Wolfgang Schüssel willkommen: „Was für eine Freude, wenn man einen Freund aus der Ferne begrüßen kann!" In Gesprächen geht es neben Menschenrechten auch um die Sorgen in Europa, wie jene der Gewerkschaften um den Erhalt von Arbeitsplätzen.

Weil die Fälscher immer besser arbeiten:

Neue Euro-Banknoten sind schon in Planung

Österreich bekommt neue Euro-Scheine! Wegen der immer besseren Fälschungen von Ost-Banden soll zwar nicht das Design, aber die Sicherheitsmerkmale verbessert werden.

Dr. Stefan Augustin von der Österreichischen Nationalbank: „Unser Appell an die Bevölkerung muss besonders dann lauten: ‚Fühlen, sehen, kippen.'" Die neuen Sicherheitsmerkmale sollen jedem ermöglichen, Fälschungen zu erkennen. So ist geplant, bis 2010 den Farbwechsel noch kräftiger und den so genannten Stichtiefdruck noch besser ertastbar zu machen.

▲ Bei größeren Banknoten soll der Farbwechsel beim Kippeffekt noch besser erkennbar sein. Weil besonders Banden aus dem Osten immer professioneller (im Bild eine in Bulgarien beschlagnahmte Druckermaschine) fälschen, sind neue Euro-Scheine schon in Planung. ▶

Krone-Chronik April 2005

- Schock bei der Frühjahrs-Fahrt des Oldtimer-MG-Clubs im Bezirk Baden in Niederösterreich: Bei dem Überholmanöver einer Kolonne mit einem „Triumph TR3" überschlägt sich das Fahrzeug, der Lenker und seine Ehefrau werden getötet.
- Getrennte Wege gehen künftig die EU-Abgeordneten Hans-Peter Martin und Karin Resetarits. Der Haussegen hängt seit gegenseitigen Vorwürfen wegen Spesen schief. Resetarits hat ein Angebot, ins liberale Lager des Europa-Parlaments zu wechseln.
- Erika Fuchs, die erste Chefredakteurin der deutschen „Mickymaus"-Hefte und geniale Übersetzerin, stirbt im Alter von 98 Jahren in München. Sie schuf Ausdrücke wie „seufz", „grübel, grübel und studier!" oder den Kult gewordenen Spruch: „Dem Ingeniör ist nichts zu schwör."

Jugendliche töten Pensionist mit Axt

Aus Geldgier sollen zwei jugendliche Türken in Steyr (Oberösterreich) zu Mördern geworden sein! Der 18-Jährige und sein sogar erst 16-jähriger Freund stehen unter Verdacht, den Pensionist Richard Schwarzlmüller (67) mit einer Axt niedergeschlagen und dem Sterbenden die Bankomatkarte geraubt zu haben.

Oma schlägt Räuber mit Gartenzwerg k.o.

Mit der mutigen Gegenwehr einer resoluten Großmutter im britischen Cornwall hat ein Einbrecher nicht gerechnet. Als die 69-jährige Jean Collop nachts ein Geräusch in ihrem Garten hört, schnappt sich die allein lebende Pensionistin Gartenzwerg „Fred" – und schlägt damit den 20-jährigen Eindringling k.o.

Verzweifelte Hausfrauen („Desperate Housewifes") ist die neue Erfolgsserie aus den USA. Die fünf sexy Darstellerinnen – hier auf der Titelseite eines Hochglanzmagazins – spielen Hausfrauen in einer typischen amerikanischen Vorstadtsiedlung. Die vermeintliche Idylle ist aber gespickt von Intrigen, Eitelkeiten und sogar Verbrechen . . .

Mann den Löwen vorgeworfen: Farmer und Arbeiter verurteilt

In einem Aufsehen erregenden Mordprozess um einen von Löwen zerfleischten Mann werden der weiße südafrikanische Farmer Mark Scott-Crossley und sein Arbeiter Simon Mathebula schuldig gesprochen. Das Strafmaß wird zu einem späteren Zeitpunkt verkündet. Die beiden hatten den 41-jährigen schwarzen Farmarbeiter Nelson Chisale in ein Raubtiergehege geworfen. Ob das zuvor mit Macheten schwer misshandelte Opfer noch lebte, kann in dem Verfahren nicht geklärt werden. Von dem Opfer bleiben nur der Schädel, ein Finger sowie ein Stück Kleidung übrig.

Die Vergangenheit Österreichs – von der Befreiung über den steinigen Weg hin zum Staatsvertrag – wird von Dr. Hugo Portisch in einer ORF-Dokumentation penibel aufgearbeitet. Ein Millionenpublikum vor dem Fernseher verfolgt die mit Spannung erwarteten Folgen. „Die Zweite Republik – Eine unglaubliche Geschichte" wird ein Erfolg.

20 Todesopfer bei Brand in Billighotel

Feuer-Inferno in einer Pariser Pension! Bei einem der bisher schlimmsten Hotelbrände Frankreichs kommen 20 Menschen ums Leben, Dutzende werden verletzt. Die billige Ein-Stern-Pension „Paris-Opéra" beherbergt hauptsächlich kinderreiche Familien aus Afrika. Weil offensichtlich die Sicherheitsbestimmungen missachtet worden sind, wird die Einwanderer-Pension zur Todesfalle.

Wiener Landesgericht

„Anwalt“ hilft Fälscher-Boss bei der Flucht

Hochnotpeinliche Panne im Wiener Landesgericht: Zwei Wochen vor seinem Prozess kann ein in Untersuchungs-Haft sitzender mutmaßlicher Geldfälscher-Boss aus Russland mit Hilfe eines falschen Anwalts entkommen! Wie sich herausstellt, ist der „Jurist“ mit einem offensichtlich gefälschten Ausweis ins Justizgebäude gelangt. Dort wird er zu seinem „Mandanten“ ins so genannte Halbgesperre vorgelassen. In einem mitgebrachten Pilotenkoffer hat der Fluchthelfer unauffällige Zivilkleidung und vermutlich auch einen neuen Pass für den angeklagten Ivan Ivanov mit. Der Häftling zieht sich um, fährt mit dem Aufzug nach unten – und spaziert am hellichten Tag seelenruhig in die Freiheit . . .

Grassers Liebesleben erregt Österreicher

Es ist die Liebesliaison des Frühlings: Finanzminister Karl-Heinz Grasser turtelt mit der schönen Kristall-Milliardenerbin Fiona Swarovski (Foto re.) am Strand von Capri! Der 36-jährige Polit-Jungstar trennt sich für die zweimal geschiedene Mutter dreier Kinder (40) von seiner Verlobten Natalia Corrales-Diez. Die 29-jährige Ex-Praktikantin im Finanzministerium rammt wenige Tage vor dem Ende der Beziehung in Wien mit einem Porsche einen Baum.

***Väterlich** kümmert sich Golden Retriever „Kipper“ im britischen Knowsley-Safaripark um „Mi-Lu“, einen von seiner Mutter gleich nach der Geburt verstoßenen kleinen Davidshirsch. Wärter, die das von seiner Art erstmals in einem Zoo zur Welt gekommene Junge mit dem Fläschchen aufziehen, sind glücklich, dass der Hund spontan liebevoll das verwaiste Kitz – wie am Foto mit einem Küsschen – umsorgt.*

Zartrosa Wäsche als Schikane für Häftlinge

Joe Arpaio aus Phoenix im US-Bundesstaat Arizona bezeichnet sich selbst als gemeinster Sheriff Amerikas. Ein Beleg dafür: Vor laufenden TV-Kameras lässt er 700 Häftlinge in Unterhosen, Badeschlapfen und Handschellen – alles in Zartrosa – durch die Straßen in ein neues Gefängnis marschieren! Die Demütigung gilt als Sicherheitsmaßnahme . . .

20-Meter-Monsterwelle erfasst Kreuzfahrtschiff

Dramatische Szenen an Bord des mit 2500 Passagieren besetzten Kreuzfahrtschiffes „Norwegian Dawn“ vor der Küste Floridas. Auf dem Weg von den Bahamas nach New York trifft plötzlich eine 20 Meter hohe Monsterwelle – eine „Freak Wave“ – den 292 Meter langen Luxusliner. Vier Reisende werden verletzt, 62 Kabinen stehen unter Wasser.

Wahnsinnstat eines Facharbeiters (45) in einer kleinen burgenländischen Gemeinde

Erbstreit: Mann tötete 3 Frauen

Dreifachmord wegen einer Millionenerbschaft im Burgenland! Weil ihn seine Mutter im Testament übergangen hat, läuft der 45-jährige Franz Zelesnyak in der kleinen Gemeinde Potzneusiedl Amok. Mit mehr als 20 Pistolenschüssen richtet der Wahnsinnstäter seine Schwester, die Heimpflegerin und die Sachwalterin seiner Mutter hin.

Wie „Krone"-Redakteur Florian Hitz recherchiert, randaliert der Facharbeiter (für ihn gilt die Unschuldsvermutung) nur drei Stunden vor dem Blutbad betrunken in Wien. Die Polizei nimmt den späteren Killer sogar kurz fest, lässt ihn aber wieder frei. Dann nimmt die Wahnsinnstat ihren Lauf . . .

Franz Zelesnyak entführt einen mit ihm befreundeten Taxler und zwingt ihn, in sein Heimatdorf zu fahren. Als beim Elternhaus seine Schwester Henriette Sch. öffnet, zielt er sofort mit einer illegal besorgten tschechischen „CZ"-Pistole auf die 47-Jährige und drückt ab!

Die slowakische Heimhilfe seiner bettlägrigen Mutter wirft sich todesmutig vor das Opfer und fängt die ersten Projektile ab. Als die 49-Jährige sterbend zu Boden sinkt, feuert der irre Mörder kaltblütig weiter auf seine Schwester. Bis sie tot ist.

Noch immer im Blutrausch, rennt der 45-Jährige hinaus zum Taxler. Und zwingt seine Geisel, ihn zu einem nahen Haus zu fahren. Dort richtet er Gemeindesekretärin Elfriede K., die Sachwalterin seiner Mutter, hin. Inzwischen gelingt dem Taxifahrer (53) die Flucht.

Wenige Stunden nach dem Dreifachmord wird der Todesschütze in Wien-Favoriten von WEGA-Beamten überwältigt. Sein zynischer Kommentar nach der Festnahme: „Meine Waffe ist ein Goldstück. Die Kugeln hätten auch eure Schutzwesten durchschlagen . . ."

▲ Der Dreifachmörder (li.) beim Lokalaugenschein. Als Geisel musste der Taxler (re.) das Blutbad mit ansehen.

▲ Die Gemeindesekretärin Elfriede K. (48) wird an ihrem Geburtstag von dem Facharbeiter eiskalt erschossen.

Erster Schauplatz des Grauens: das Elternhaus des Amokläufers in der kleinen burgenländischen Gemeinde. ▼

◀ Auch die Schwester (47) – hier auf ihrem Hochzeitsfoto – muss sterben, weil sich der Wahnsinnstäter beim Erbe übergangen fühlt.

Vienna Capitals gewinnen die Finalserie:

Eishockey-Titel nach 1962 wieder in Wien

Eishockey-Wien im Freudentaumel! Erstmals nach 43 Jahren holen die Schlittschuh-Cracks der Vienna Capitals wieder den Meistertitel in die Bundeshauptstadt. In einer hochspannenden Finalserie wird Titelverteidiger KAC aus Kärnten im siebenten und entscheidenden Spiel in der Heimhalle mit 6:2 entthront.

Es ist der erste und einzige Heimsieg in dieser spannenden und hochklassigen Finalserie. Die Vienna Capitals machen den ersten Meistertitel seit 1962 mit drei Toren in knapp fünf Minuten im zweiten Drittel perfekt. Nach der Schlusssirene liegen sich die Spieler und Trainerfuchs Jim Boni in den Armen. Mit ihnen jubeln tausende Fans in der Schultz-Halle. Der Italo-Kanadier hat die Wiener Meistertruppe aus dem Tabellen-Keller in nur 18 Monaten zum Titel geführt. Einziger Wermutstropfen im Freudentaumel: Der Vater des Sieges, Kapitän Dieter Kalt, wechselt nach Vertragsstreitigkeiten zu Red Bull Salzburg.

▲ Riesen-Jubel bei Trainer Jim Boni. Der Meistermacher führt sein Team in nur 18 Monaten aus dem Tabellen-Keller an die Spitze.

◀ Ein großer Schluck aus der Champagner-Flasche auf den Sieg. Spieler und Fans in der Wiener Schultz-Halle sind im Freudentaumel.

Albaner (29) rammt Gendarmeriebus mit geraubtem Fahrzeug:

Amokfahrt wegen Asyl-Absage!

Nach einem negativen Asylbescheid rastet ein Albaner im oberösterreichischen St. Georgen im Attergau aus. Der 29-jährige Mann raubt eine Arbeitsmaschine und rammt bei seiner Amokfahrt einen Polizeibus.

Der Albaner wirft zuerst eine Auslagenscheibe ein und bedroht dann einen Gemeindearbeiter in dessen Mehrzweckmobil mit einem Stein. Im geraubten Fahrzeug beginnt die Wahnsinnsfahrt des Asylwerbers. Er rammt einen Gendarmeriebus vor dem örtlichen Dienstposten (!) und drückt das Fahrzeug mit quietschenden Reifen gegen die Wand. Der 29-jährige Mann hat den Amoklauf quasi inszeniert, um gefasst zu werden und länger in unserem Land zu bleiben – doch der Albaner kommt in Schubhaft . . .

Krone-Chronik April 2005

- Schon zwei Millionen Österreicher, also jeder Vierte, hat Rheuma! Dadurch fallen 8,4 Millionen Krankenstandstage pro Jahr an – doch es gibt nur 100 Fachärzte.
- Die seit Jahren in Frankreich ihr Unwesen treibende „Gartenzwerg-Befreiungsfront“ schlägt wieder zu. Unbekannte „befreien“ 100 in der Stadt Lyon und bringen sie in einen Park.
- Vier Tonnen Haschisch verkauft eine Dealerbande in eigens dafür gepachteten Lokalen in Wien. Beamte der Kriminaldirektion nehmen 72 Verdächtige fest.
- Angesichts des akuten Mangels an Spenderorganen in Deutschland schlägt Internist Manfred Weber eine radikale Lösung vor: Nur wer selbst bereit ist, Organe zu spenden, sollte im Notfall welche erhalten.

Ehefrau Susanne: „Er ist eingeschlafen“

Der große Entertainer Harald Juhnke ist tot

Tiefe Trauer um einen der größten Entertainer und Schauspieler im deutschsprachigen Raum! Harald Juhnke stirbt im Alter von 75 Jahren in Berlin. Triumph und Absturz liegen im Leben Juhnkes stets eng beisammen. Nach unzähligen Alkoholexzessen hatte er die letzten Jahre in einem Pflegeheim verbracht.

Am 10. Juni 1929 als Polizisten-Sohn in Berlin geboren, beginnt die unvergleichliche Karriere 1950 in der deutschen Nachkriegszeit. In zahlreichen Theater-, Film- und Fernsehrollen begeistert er sein Publikum. Der Alkohol hält den „deutschen Frank Sinatra“ aber fest im Griff. Auf der Bühne stets ein Lebemann und Charmeur wird der private Juhnke immer mehr zur tragischen Figur.

2001 dann das traurige Ende des „Stehaufmännchens“: Geistig verwirrt, von der Demenz-Krankheit gezeichnet, kommt er in das Pflegeheim „Katharinenhof“. Mit einer schweren Lungenentzündung in ein Spital eingeliefert, hört Harald Juhnkes Herz zu schlagen auf. Ehefrau Susanne, die alle Höhen und Tiefen an seiner Seite verbrachte: „Mein Mann ist eingeschlafen.“

▲ *Ein Leben für die Show: Harald Juhnke, Berliner Charmeur und Frauenliebling.*

Warnweste gilt selbst für Kaiser

Selbst der Kaiser müsste eine Warnweste im Auto mitführen! Denn ab sofort gilt beim Aussteigen beispielsweise nach Pannen Tragepflicht für die knallorangen- oder gelben Plastiküberzüge. Mit einer Informationskampagne in 25 Staaten informiert der Autofahrerklub ARBÖ und die „Österreich Werbung“ 28 Millionen Gäste, von denen 75 Prozent mit dem Auto anreisen, über die neue Sicherheitsmaßnahme. Nach der dreimonatigen Schonfrist für Touristen und heimische Lenker beträgt die Geldstrafe 14 Euro.

Sektsteuer gefallen: Kampf gegen den Billig-Prosecco

Es ist kein Aprilscherz: Ab sofort ist die Sektsteuer (1,44 Euro pro Liter) Geschichte! Nach langem zähem Ringen hoffen die heimischen Weinhersteller wieder auf mehr Marktanteile, die sie zuvor etwa an den Prosecco verloren hatten. Denn wegen des geringeren Innendrucks waren ausländische Schaumwein-Produkte nicht sektsteuerpflichtig und daher meistens günstiger.

„Staasfeind Nummer 1“ der Finanz in Brasilien verhaftet

Österreichs schillerndster und wohl auch meist gesuchter Steuerflüchtling ist gefasst! Zielfahnder des Bundeskriminalamtes in Wien spüren den „Staatsfeind Nummer 1“ der heimischen Finanz in seiner neuen Heimat Brasilien auf. Er soll mit Umsatzsteuer-Betrug vom österreichischen Staat 73 Millionen Euro erschwindelt haben.

Hochzeit des Briten-Thronfolgers besiegelt 35 Jahre einer lange unmöglichen Liebe

Happy End für Prinz und Camilla: Endlich „Ja"!

Nach vielen Hindernissen und Pannen sagen Prinz Charles und Camilla Parker Bowles endlich „Ja"! Die Hochzeit zwischen dem 57-jährigen britischen Thronfolger und seiner – auch während der Ehe mit Prinzessin Diana – langjährigen heimlichen Freundin (58) besiegelt nach 35 Jahren das Happy End für eine lange unmögliche Liebe . . .

Sichtlich erleichtert strahlt das frischgebackene alte Paar nach der Hochzeit in Windsor seine Fans an

Wie britische Journalisten pointiert aufmerken, ist das das Ende einer Affäre. „Trotz einiger Proteste von Diana-Fans gönnen die meisten der etwa 15.000 Zaungäste dem Paar sichtlich sein spätes Glück", so „Krone"-Auslandsredakteurin Brigitte Egger. Die oft wenig charmant als „Rottweiler" bezeichnete Camilla wirkt in einem elfenbeinfarbenen Ensemble mit wahrhaft königlichem Hut erstmals modisch perfekt gekleidet. Nach den vielen Pannen verläuft der Hochzeitstag für beide wie im Bilderbuch.

Auch die Kinder der Beteiligten, die jahrelang unter der Beziehung gelitten hatten, sind versöhnt. Prinz William und Tom Parker Bowles fungieren als Trauzeugen, Laura Parker Bowles lächelt und Prinz Harry bewahrt Haltung.

Media-Analyse weiteres Kapitel der Erfolgsgeschichte:

Neuer „Krone"-Rekord mit täglich 2,967.000 Lesern!

Nächstes Kapitel einer unglaublichen Erfolgsgeschichte: Laut unabhängiger Media-Analyse 2004 greifen täglich 2,967.000 Leser zur „Krone" als ihrer Lieblingszeitung. Sowohl bei den Frauen als auch bei Männern gab es mit 26.000 bzw. 16.000 neuen Lesern starke Zuwächse. Ein Dankeschön gebührt unseren 648.616 Abonnenten, die die „Krone" auch wegen des morgendlichen Service vor die Wohnungstür zu schätzen wissen. Laut Österreichischer Auflagenkontrolle ein noch nie erreichter Höchststand.

Und weil schon von Rekorden die Rede ist: Allein zur Sonntags-„Krone" greifen jetzt schon 3,6 Millionen Österreicherinnen und Österreicher. Mit einer Reichweite von insgesamt 43,7 Prozent der Gesamtbevölkerung ist die „Krone" auch für die Werbewirtschaft interessant.

Zur „Krone"-Familie kamen 26.000 neue LeserInnen dazu

Passend *zum Titel ihres neuen Films „Sahara" bringt Penélope Cruz zur Premiere in Los Angeles ein Kamel mit. Als das Tier die schöne Schauspielerin auch noch zum Abbusseln findet, haben die Fotografen ihr Motiv. Das Herz der Ex-Freundin von Tom Cruise gehört aber seit den Dreharbeiten in Marokko auch privat Filmpartner Matthew McConaughey.*

Goldenes Ehrenzeichen zum 95. Geburtstag für Franz Olah

Er galt als „Unbequemer" und wurde von der SPÖ 1964 aus der Partei ausgeschlossen: der ehemalige Innenminister und ÖGB-Präsident Franz Olah. Zu seinem 95. Geburstag wird der Alt-Politiker von Bundespräsident Heinz Fischer mit dem Großen Goldenen Ehrenzeichen für Verdienste um die Republik ausgezeichnet.

Der Bundespräsident ehrt Franz Olah

Erste polizeiliche Videoüberwachung in Wien ● Weitere Städte in Österreich folgen

Drogenszene im Kameravisier

Das Auge des Gesetzes sieht alles! Seit Mitte April prangen neun Hinweisschilder auf dem Wiener Schwedenplatz, die auf die neue polizeiliche Videoüberwachung hinweisen. Damit soll die ausufernde Drogen- und Raubkriminalität in die Schranken gewiesen werden. Nach dem großen Süchtigen-Treff am Karlsplatz folgen weitere Standorte in Österreich.

Vorsicht, versteckte Kameras, heißt es nun erstmals in der Bundeshauptstadt Wien. Die vom Parlament beschlossene digitale Überwachung soll bei der Bekämpfung der ausufernden Drogenszene zu einem wichtigen Hilfsmittel für die Polizei werden.

„Die Überwachung soll Kriminelle abschrecken und Straftaten aufdecken. Im Bedarfsfall können dann Beamte hindirigiert werden", erklärt Innenministerin Liese Prokop. Unverfängliche Videobänder mit unbescholtenen Bürgern müssen übrigens nach 48 Stunden aus Datenschutzgründen gelöscht werden.

Bevor die Kameras losfilmen, muss eine Bewilligung eingeholt werden. „Erst wenn der Rechtschutzbeauftragte zustimmt, wird das verlängerte Auge des Gesetzes installiert", so Wiens stellvertretender Landespolizeikommandant, Brigadier Karl Mahrer, zur „Krone".

Nach dem Schwedenplatz, dem Karlsplatz, dem Mega-Einkaufszentrum SCS in Vösendorf (Niederösterreich) stehen auch Graz und weitere Städte in Österreich auf der Einsatzliste für Polizei-Kameras.

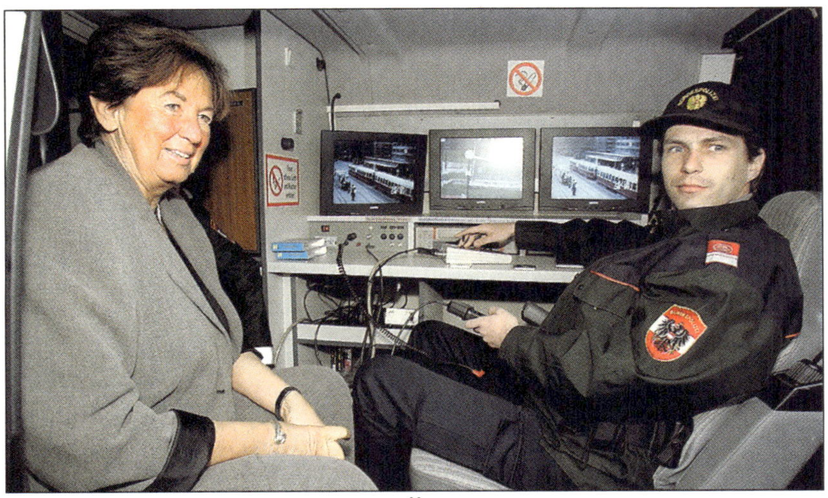

Innenministerin Prokop im Polizei-Überwachungsbus am Schwedenplatz

Peitschenhiebe für Fußball-Foul

Drakonische Strafe eines Gerichts in Saudi-Arabien: Weil sie bei einem Fußballspiel gegen einen Kairoer Verein Gegner verprügelt haben, werden Marzuk al-Oteibi und sein Mitspieler Said al-Wadani zu zehn, beziehungsweise 20 Peitschenschlägen und bis zu drei Wochen Haft verurteilt.

Neuer FPÖ-Chef: H.-C. Strache

Die Geschwister Jörg Haider und Ursula Haubner gründen das orange „Bündnis Zukunft Österreich"

Politischer Knalleffekt ● Neue, orange Partei heißt „Bündnis Zukunft Österreich"

Jörg Haider gründet FPÖ neu

Politischer Knalleffekt um die im Frühjahr in schwere Turbulenzen geratene FPÖ: Kärntens Landeshauptmann Jörg Haider und die amtierende FPÖ-Chefin Ursula Haubner machen mit der angedrohten Neugründung der Partei im Blitztempo ernst. Die neue Bewegung heißt ab nun „Bündnis Zukunft Österreich".

Neuer Haider? So sieht Karikaturist Behrendt den „Parteiwechsel"

Jörg Haider, der Obmann der neu gegründeten Partei wird, sagt zu „Krone"-Redakteur Peter Gnam: „Die neue Bewegung wird ‚Bündnis Zukunft Österreich' heißen." Gestartet wird mit allen Regierungsmitgliedern und dem Parlamentsklub.

Den von Haider & Co. als „destruktive Kräfte" bezeichneten Personen wie Strache, Mölzer und Stadler werde, so der Landeshauptmann, „die alte FPÖ gehören". Was die Nationalratswahl betrifft, so gibt sich Haider optimistisch, dass seine neue „BZÖ" zehn bis fünfzehn Prozent schaffen könnte. Rechtlich wird das Bündnis als Partei angemeldet.

Die von der FPÖ abgesprungene orange Bewegung nimmt eine wichtige Hürde: Weil Kanzler Schüssel dem Staatsoberhaupt eine Garantie gibt, dass die nunmehrige schwarz-orange Koalition im Parlament eine klare Mehrheit haben würde, „erlaubt" Bundespräsident Fischer Schwarz-Orange.

Die blaue FPÖ unter Interims-Chef Hilmar Kabas reagiert und schließt Haider wegen „parteischädigendem Verhalten" aus. Bei den Gemeinderatswahlen in Vorarlberg büßt die FPÖ für die Spaltung: minus 6,1 %! Für die Wien-Wahl kündigt der neue FPÖ-Chef, H.-C. Strache, eine Trendumkehr an.

Frau spritzt 12-jährigem Wiener Buben Heroin!

Heroin-Drama inmitten von Wien. Wie „Krone"-Mitarbeiter Klaus Loibnegger berichtet, spritzt eine Drogensüchtige (22) einem erst 12-jährigen Buben eine große Dosis Heroin in den Arm. Danach lässt die Frau den Burschen auf dem Boden liegen. Dank eines Rettungseinsatzes überlebt das Kind.

Scheidung führt zu einem Berufsverbot für Lehrerin!

Weil sie sich von ihrem Mann getrennt hat und in einer neuen Beziehung lebt, darf eine beliebte Osttiroler Religionslehrerin (36) nicht mehr unterrichten. Das „Berufsverbot" galt zunächst nur für ein Jahr, wird jetzt aber auf drei Jahre verlängert. Laut bischöflichem Schulamt gibt es dafür „gewichtige Gründe".

Pensionistenschreck von Wien nun in Handschellen

Schlag gegen einen berüchtigten Serienräuber und Trickbetrüger, der über Monate Wiener Pensionisten in Angst und Schrecken versetzt hat. Der 39-jährige Milan T. hatte sich auf betagte Frauen und Männer „spezialisiert" und diese brutal überfallen. Kriminalisten aus der Donaustadt fassen den Täter.

Gala für Schauspielerin

50 rote Rosen zu Hörbigers Bühnenjubiläum

„Sie hat Charme, Stil, Witz und Hirn", meint Moderator Reinhold Beckmann und spricht damit den Gästen bei Christiane Hörbigers 50-Jahre-Bühnenjubiläum in Hamburg aus dem Herzen. 200 Kollegen kommen aus Wien, Berlin und Los Angeles angereist – gilt es doch eine der ganz großen unter ihnen zu feiern. Als Überraschungsgast beim Leinwandmuseum stellt sich Lieblingspartner Götz George mit 50 roten Roten und Champagner ein. Hörbiger debütierte 1955 in dem Film „Der Major und die Sterne".

▲ *Lieblingspartner Götz George überrascht Christiane Hörbiger mit Rosen.*

***Märchen in Gold** als finale Krönung der Europameisterschaft im Tischtennis in Aarhus (Deutschland). Werner Schlager und Karl Jindrak im Herren-Doppel sowie Liu Jia (Foto) im Damen-Einzel holen am Finaltag gleich zwei EM-Titel. Österreichs Star Schlager kehrt damit von dieser Meisterschaft mit drei Medaillen – Gold, Silber und Bronze – nach Hause. Eine sensationelle Bilanz, auf die er stolz sein kann.*

Viele Schulkinder sind unter den Opfern

Entgleister Zug rast in Haus: Dutzende Tote!

Verheerendes Zugsunglück in Japan: Mindestens 54 Menschen sterben und mehr als 400 werden verletzt, als in Amagasaki (Japan) fünf von sieben Waggons eines Expresszuges in einer Kurve entgleisen: Die vordere Zugsgarnitur rast im Höllentempo in ein Wohnhaus: Unter den Opfern sind Dutzende Kinder zu beklagen.

Der vordere Waggon wird durch den Aufprall auf die Hälfte seiner ursprünglichen Größe zusammengeschoben. Augenzeugen berichten, dass der 23-jährige Zugführer viel zu schnell unterwegs gewesen sei. Wegen eines ungeplanten Aufenthalts dürfte er versucht haben, die Verspätung einzuholen.

Die Höchstgeschwindigkeit an der Schienenkurfe beträgt 70 Stundenkilometer. Das Tempo des Unglückszuges dürfte aber weit höher gewesen sein. Der Lokführer des Todeszuges war bereits im Vorjahr auf einer anderen Strecke 100 Meter zu weit an einem Bahnhof vorbeigefahren.

◀ *Bild der Verwüstung: zertrümmerte Waggons*

Zwei schiffbrüchige Buben nach sechs Tagen gerettet!

Fast eine Woche gelten zwei amerikanische Teenager aus South Carolina auf dem Atlantik für verschollen. Da Troy Driscoll (15) und Josh Lang (18) – im Bild oben als Haijäger – ohne Trinkwasser und Proviant unterwegs sind, geben die Retter die Hoffnung schon auf. Doch dann geschieht das „Wunder“: 180 Kilometer nördlich von der Stelle, wo eine Armada von Küstenwachbooten das Meer durchkämmte, entdecken Matrosen eines Container-Schiffs das winzige Boot „Sunfish“ und retten die Buben.

Der Schilderwald auch oft irreführend

Alarmierende Studie Jeder 2. Geisterfahrer

Eine erschreckende Geisterfahrer-Statistik präsentiert das „Kuratorium für Verkehrssicherheit“: Mehr als 50 Prozent aller Wahnsinnslenker sind betrunken auf den österreichischen Autobahnen unterwegs. Und: Fast 30 Prozent aller Geisterfahrer sind Senioren. Schuld daran ist der oft verwirrende Schilderwald.

Die Kritik, die auch von den Autofahrerklubs unterstrichen wird, bewahrheitet sich einmal mehr Anfang Mai: Die Gendarmerie muss auf der Flughafenautobahn bei Schwechat (Niederösterreich) gleich zweimal ausrücken, weil zwei betagte Lenker – ein 81- und ein 79-jähriger Mann – in die falsche Richtung unterwegs sind. Einmal mehr überforderten viele ungenaue Schilder die Senioren.

„Leider sind die Bodenmarkierungen und Beschilderungen noch immer nicht überall flächendeckend und einheitlich“, fasst ÖAMTC-

Südkoreaner ist der Bergsteiger-König

Als erster Mensch schafft der Südkoreaner Park Young Seok den „Grand Slam der Alpinisten“: Der 42-Jährige bewältigt alle 14 über 8000 Meter hohen Gipfel des Himalaya-Gebirges, die höchsten Gipfel auf allen Kontinenten und einen Fußmarsch zum Süd- sowie zum Nordpol! Auch Südtirols Extrembergsteiger Reinhold Messner bezwang alle Achttausender, er musste bei seinem Rekordversuch 1995 die Nordpolexpedition abbrechen.

„Simpsons“-Jubiläum in den Fox-Studios in Los Angeles. Denn 350 Folgen können TV-Serien nicht oft feiern. So wird denn auch in den Comic-Studios des amerikanischen Filmzentrums ausgiebig gefeiert. Es gibt ein Riesenfest für die Bildschirm-Familie und ihren Schöpfer Matt Groening (im Bild zwischen Margie und Bart). Ein Ende ist zur Freude von Millionen Fans nicht in Sicht, für 2006 ist die 17. Staffel geplant.

Senioren irritiert

deckt auf: betrunken

Verkehrsexperte Roman Michalek die Problematik zusammen. Für betagte Lenker will die Europäische Union übrigens in einigen Jahren Gesundenuntersuchungen einführen.

Doch die traurige „Rangliste der Geisterfahrer" führen nach wie vor die betrunkenen Lenker an. Wie die Ermittlungen bei den Behörden ergeben, stand jeder zweite ertappte „Falschfahrer" auf Österreichs Autobahnen unter starkem Alkoholeinfluss.

Leider auch anno 2005 noch nicht überall aufgestellt: Klar erkennbare Geisterfahrer-Warnschilder.

Letzter Applaus am offenen Grab für Österreichs große Schauspielerin in Kärnten:

Abschied von Maria Schell

So kannte die Welt Maria Schell. In Preitenegg, wo sie begraben wurde, verbrachte sie ihre letzten Jahre. Ein Blumenstrauß von Bruder Maximilian ziert den schlichten Sarg.

Unter Anteilnahme der Bevölkerung und großem Medieninteresse, aber dennoch in aller Stille haben Familienangehörige und Freunde Abschied von Maria Schell genommen. Bruder Maximilian tröstete die Tochter der großen Schauspielerin auf dem Kärntner Friedhof.

„Das Begräbnis in Preitenegg, wo Maria Schell die letzten zwölf Jahre verbracht hatte, erfolgte auf Wunsch ihres Bruders Maximilian in traditioneller Form", berichtet „Krone"-Redakteur Johann Palmisano vom Trauergottesdienst. Der Sarg der mit 79 Jahren verstorbenen Schauspielerin wird von der Aufbahrungshalle durch den ganzen Ort geleitet. Dann zelebriert Pfarrer Karl Woschitz in der Kirche von Preitenegg das Requiem. Auf dem kleinen Ortsfriedhof wird Maria Schell neben dem Grab ihrer Mutter Margarethe beerdigt. Als dieser zu Boden gelassen wird, ersucht der Weltstar Maximilian Schell die Trauergäste um einen letzten Applaus, wie das bei Schauspielern üblich ist.

Am Friedhof: Tochter Marie Theres und Bruder Max

Obwohl in Österreich fast alle dafür stimmten, erhält Brüssel Abrechnung präsentiert

Triumph der EU-Gegner: Verfassung abgelehnt!

◀ *Als einzige Mandatarin bleibt Barbara Rosenkranz (FPÖ) bei der Abstimmung sitzen. Sie forderte eine Volksabstimmung.*

Auch wenn in Österreich fast alle Abgeordneten außer Barbara Rosenkranz für die Ratifikation der EU-Verfassung abstimmten, gibt es zwei Wochen später in Frankreich den „Aufstand des Volkes“: 55 Prozent der Befragten schmettern diese Verfassung ab.

Mit riesiger Mehrheit stimmt der Nationalrat am 11. Mai in Österreich der Ratifikation der EU-Verfassung zu. Ein Rückschlag für die direkte Demokratie. Kanzler Schüssel, Vizekanzler Gorbach und Grünen-Chef Van der Bellen bedauern erneut, dass es nicht zu einer EU-weiten Volksabstimmung über die Verfassung gekommen sei.

Kurz darauf folgt allerdings der Triumph der Gegner: Zuerst sagt Frankreich NEIN zu dieser EU! Staatspräsident Chirac ist schwer angeschlagen und die Zentrale in Brüssel reagiert bestürzt und ratlos. Die EU stürzt noch tiefer in die Krise, als sich Tage später auch Holland gegen die Verfassung ausspricht. Eine Nachdenkpause ist angesagt.

Auftritt der weißen Hengste im Jubiläumsjahr:

„Weiße Botschafter“ zu Besuch in Washington

Im Jubiläumsjahr haben auch die Lipizzaner allen Grund zum Feiern: Denn es ist genau 60 Jahre her, dass der legendäre US-General George Patton das 425 Jahre alte Gestüt gerettet hat. Ihm zu Ehren überfliegen daher 30 ausgewählte weiße Hengste den Atlantik, um in sechs amerikanischen Großstädten aufzutreten.

Wobei es erst zum dritten Mal in der Geschichte ist, dass die Lipizzaner außerhalb Wiens auftreten. Unter dem Noch-Chef der Spanischen Reitschule, Werner Pohl, soll es dann über Columbus und Philadelphia bis nach Texas gehen.

Überall gibt es eine Gedenkminute für Patton, der die nach Oberösterreich evakuierten Vorfahren der heutigen Pferde im Jahr 1945 vor dem sicheren Tod bewahrt hat. Als die Lipizzaner aus Österreich schließlich auf dem Time Square tanzen, steht dieser Teil von Manhattan für zwei Stunden still.

Besuch vor der Botschaft: Bereiter Hans Riegler und Rubina

***Als Neo-Winzer** versucht sich Thomas Muster in der steirischen Heimat. Gemeinsam mit Freundin Kathi Wenusch präsentiert das ehemalige Tennis-Ass „Toms Hochkittenberg“. Es ist dies der erste Tropfen, den der neue Weinbauer vorstellt. Für die Arbeit im Keller trägt Topwinzer Manfred Tement die Verantwortung.*

Einfacher „Papst-Golf“ gleich teuer wie neuer Luxuswagen

„Papst-Spektakel“ im Internet! Sieben Millionen Besucher verfolgen über Computer die Verkaufshysterie rund um den ehemaligen, top-gepflegten VW-Golf von Papst Benedikt XVI. Sieger der Auktion wird ein US-Internet-Casino, das für den Durchschnittswagen satte 190.000 Euro bezahlt.

Krone-Chronik Mai 2005

● In Zwettl (NÖ) stoppt die Gendarmerie einen 64-jährigen Pensionisten, der 47 Jahre ohne Führerschein unterwegs war. Drei Autos und ein Traktor stehen in der Garage des Führerscheinmuffels.

● In Kairo gerät eine 44-köpfige Reisegruppe aus Oberösterreich ins Visier von Terroristen. Obwohl verschleierte Frauen den Bus beschießen, überleben die Touristen. Während des Feuergefechts mit der Polizei begehen die Attentäterinnen Selbstmord.

● Verbotene Liebe zwischen einem Lehrer und einer Schülerin an einem Gymnasium im Waldviertel (NÖ). Da er ein erst 12-jähriges Mädchen verführt haben soll, wird ein Oberstudienrat (61) verhaftet.

● Bob Hunter, Mitbegründer der Umweltschutzorganisation Greenpeace, stirbt in Kanada im Alter von 64 Jahren. Seine erste große Aktion erfolgte 1971: Protest gegen geplante US-Atomtests.

Paradiesvögel bei den Festwochen. *Schon bei der Eröffnung des Wiener Kultur-Events auf dem Rathausplatz geht es bunt und schillernd zu. Gleich vier weibliche Paradiesvögel und Stimmwunder heizen den Tausenden Besuchern so richtig ein. Neben der Punk-Legende Nina Hagen – hier im Bild – sorgen Marianne Faithful, Chaka Khan und Omara Portuondo für Stimmung an diesem so kühlen Maitag.*

Humanitäts-Preis für Hans Dichand. – *Das österreichische Rote Kreuz verleiht dem Herausgeber der Kronen Zeitung einstimmig diese Auszeichnung für den persönlichen Einsatz im Dienste der Menschlichkeit. Ehrenpräsident Heinrich Treichl (rechts) überreicht Dichand die Anerkennung. Der Herausgeber versichert weitere Unterstützung.*

Osteuropäer zu Schwarzarbeit gezwungen

Schlepper der Ostmafia als „Sklavenhändler"

Riesenschlag der österreichischen Kriminalisten gegen die brutale Schlepper-Mafia. Fahnder heben eine 64-köpfige Bande aus, die mehr als 5000 Moldawier und Ukrainer in den Westen geschleust hat. Zumeist in lebensgefährlich kleinen Verstecken über die Grenze geschmuggelt.

Sie müssen dafür auch noch 4000 Euro bezahlen. Da die Eingeschleusten aber nicht über so viel Geld verfügen, müssen sie in den Zielländern ihre Schulden abarbeiten. Oft als Schwarzarbeiter in Italien oder Spanien.

„Viele bedauernswerte Mädchen, die sich in die Hände der Sklavenhändler begeben haben, wurden vergewaltigt", schildert Major Gerald Tatzgern vom Bundeskriminalamt. Den Fahndern gelingt es zudem nachzuweisen, dass sich die Geschleppten im Westen zu Verbrecherbanden organisieren, um so das Geld für die Schleusung auftreiben zu können.

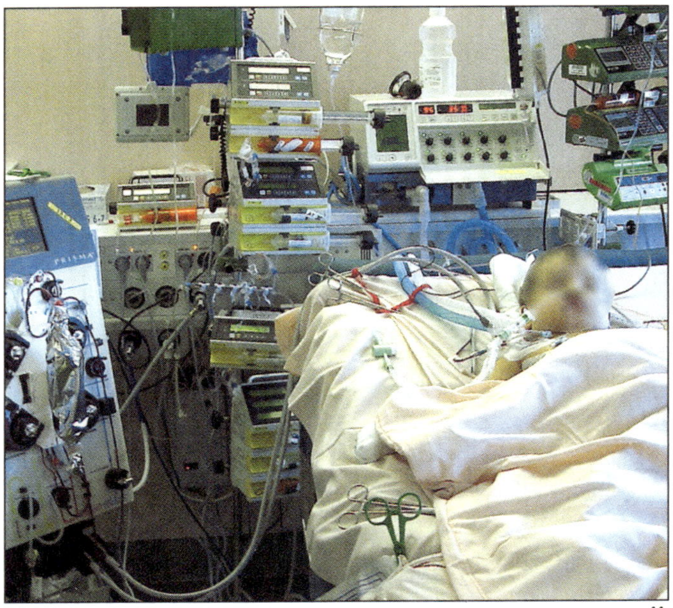

Die Ärzte um Professor Pollak (kl. Bild) kämpfen um das Überleben des Kindes

Zivildiener „nervt" das Weinen der Tochter

Junger Vater prügelt kleines Baby halbtot

Unfassbarer Fall von Kindesmisshandlung: Weil ihn das Weinen seiner drei Monate alten Tochter „nervt", prügelt der Vater das Baby halbtot! Iris-Maria erleidet Höllenqualen. Ärzte im Wiener AKH kämpfen um das Leben des Säuglings.

Schon ab dem Tag, als es aus der Geburtsklinik entlassen wird, muss das Baby in der Obhut seines Vaters entsetzliche Qualen erleiden. Immer dann, wenn Iris-Maria mit dem Vater, einem Zivildiener aus Gmünd im Waldviertel (NÖ), alleine ist.

Er habe das Geheule des Säuglings nicht ausgehalten, versucht der 20-Jährige, der sogar bei der Rettung tätig war, den Wahnsinn zu erklären. Erst als ein Notarzt das Baby ins Wiener AKH fliegen lässt, hat das Martyrium ein Ende. Professor Dr. Arnold Pollak und sein Team kümmern sich rührend um die kleine Iris-Maria. Zur Therapie wird das Baby dann nach Bayern überstellt.

Alarmierende Gesundheitszahlen

1 Million Malaria-Tote

Der erste Welt-Malariabericht nennt alarmierende Zahlen: Jährlich sterben weltweit eine Million Menschen, die meisten von ihnen in Afrika, an Malaria. Dennoch gibt es Fortschritte: Der Gebrauch schützender Moskito-Netze hat sich binnen drei Jahren verzehnfacht.

Kampf gegen Gurtenmuffel

Mit Schockbildern versucht Verkehrsminister Hubert Gorbach, Gurtenmuffel aufzurütteln und ihnen zu zeigen, was geschieht, wenn man nicht angeschnallt ist. Schließlich wird der Körper mit bis zu seinem 30fachen Gewicht nach vorne geschleudert. Vor allem schockierende Fernsehbilder von einem Kind, das durch die Frontscheibe fliegt, lösen große Diskussionen aus.

***Roboter** wie dieser lösen bei den in den Vereinigten Arabischen Emiraten überaus beliebten Dromedarrennen die Jockeys ab. Bisher wurden Kinder – viele nicht älter als vier – als Reiter eingesetzt. Nun tritt aber ein Gesetz in Kraft, das den Einsatz von Jockeys unter 16 Jahren und unter 45 Kilogramm verbietet.*

● Rechnungshof:

Eurofighter von Kritik getroffen!

Neue Polit-Turbulenzen um den höchst umstrittenen Ankauf von 18 Abfangjägern für das Bundesheer: SPÖ und Grüne fühlen sich durch den Rechnungshofbericht in ihrer Kritik bestätigt. Denn laut Bericht sei die Luftraumüberwachung mit diesem Jet nur eingeschränkt möglich. Durchgehende Einsatzbereitschaft sei nicht gegeben und auch die Luftraumaufklärung könne nicht wahrgenommen werden. Generalmajor Erich Wolf, Chef der Luftstreitkräfte, weist die Vorwürfe zurück.

„Krone-Sexpertin“ und Psychotherapeutin Dr. Gerti Senger wird von Ministerin Elisabeth Gehrer der Professoren-Titel verliehen. Somit darf sich Österreichs Expertin in Sachen Sex künftig zu Recht auch „Frau Professor“ nennen. Die „Krone“-Kolumnistin zeigt sich beim Festakt sehr gerührt.

Venusfalle (25) lenkt betagte Männer vor dem Überfall ab:

Blondine als Lockvogel - mit Sex-Masche auf Raubzügen!

Mit großen unschuldigen Augen und viel Sexappeal macht sich eine bildhübsche Rumänin in ganz Österreich an ältere Herren heran. Während sie als Lockvogel ihre Opfer ablenkt, stehlen ihre Komplizen die Geldtaschen. Anfang Mai wird das Trio verhaftet.

Mit ihren großen, unschuldigen Augen pirscht sich die 25-jährige Michaela O. an ihre Opfer heran. „In 14 Tagen hat sie gemeinsam mit zwei Profidieben nachweislich 20 Männer bestohlen und zehntausende Euro erbeutet“, schildert ein Ermittler von der erfolgreichen NÖ-Kriminalabteilung in Sollenau.

Die raffinierte Ost-Bande ist nicht nur vom Bodensee bis zum Neusiedler See unterwegs, sondern quer durch Europa. Meistens lauert das Trio seinen Opfern vor Diskontmärkten

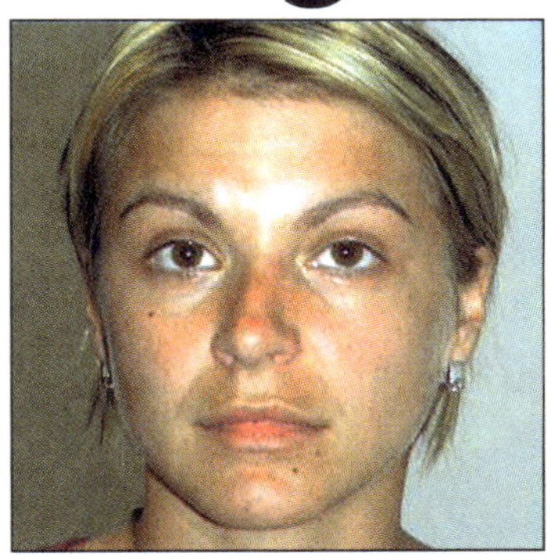

Lockvogel Michaela O. (25)

auf. Da die Überfälle wie am Schnürchen laufen, erhält „Venusfalle“ Michaela einen schicken Privatwagen als Geschenk. Zu spät. Aufgrund des Leihwagens, mit dm das Trio zuvor unterwegs war, gelingt es, die drei Verdächtigen auszuforschen und zu verhaften.

Stolz und Glorie aus der alten Sowjetunion bei der großen Parade auf dem Roten Platz in Moskau

Militärparade zur Feier des Sieges im „Vaterländischen Krieg"

„Tag des Sieges" wird zu Putins russischer Machtdemonstration

Der Aufmarsch zur Feier des Sieges vor 60 Jahren im „Großen Vaterländischen Krieg" ist eine eindrucksvolle Mischung aus Militärmacht und Volksfest, eine Machtdemonstration Putins. 7000 Soldaten und Veteranen ziehen an der Kremlführung und mehr als fünfzig ausländischen Staats- und Regierungschefs vorbei.

Bei Militärparaden sind die Russen nach wie vor Weltspitze. Präsident Putin nennt den 9. Mai als den „heiligen Tag" Russlands, der in dem Land der 25 Millionen Kriegsopfer Freude mit Schmerz verbinde. Die imposante Parade wird aber auch eine Machtdemonstration Russlands. Nicht nur Putin nimmt das Gedenken zum Anlass, die Welt zu erinnern, dass sie Russland zum Dank verpflichtet sei.

Ex-Kremlchef Michael Gorbatschow scheut sich dennoch nicht, den Mahner zu spielen. Er warnt vor einer neuen Heldenverehrung Stalins. Die 60-Jahre-Feier dürfe nicht zu seiner Rehabilitierung missbraucht werden. „Eindringlich warnt Gorbatschow, den Sieg über Nazi-Deutschland Stalin zuzuschreiben", berichtet „Krone"-Politik-Redakteur Kurt Seinitz.

Zu einem ganz anderen, ehrlichen Gedenken kommt es bei der Befreiungsfeier in Mauthausen (OÖ). KZ-Überlebende und Retter umarmen einander, als das Lagertor wie vor 60 Jahren geöffnet wird. „Die Erinnerung gibt Hoffnung, die Schatten von gestern zu besiegen", sagt Kardinal Christoph Schönborn bei einer bewegenden Rede.

Krone-Chronik Mai 2005

- Eine grausige Erfahrung müssen eine entführte Mutter und ihre beiden Kinder in Kolumbien machen. Ohne es zu wissen, bekommen die drei menschliches Fleisch einer von Satanisten ausgegrabenen Leiche zu essen.
- Neue brutale Form der Bandenkriminalität in Wien: Verbrecher reißen an Kreuzungen Türen von Autos weiblicher Lenker auf, schnappen alles, was auf dem Beifahrersitz liegt, und flüchten blitzschnell.
- Im Irak sind rund 100 Millionen Dollar Aufbauhilfe der USA durch Betrug, Verschwendung oder Missbrauch verloren gegangen.
- Schock für zwei Kriminalbeamte: Bei der Festnahme eines Drogendealers attackiert der Asylant die Beamten und beißt sie! Die Hiobsbotschaft: Der 19-jährige Nigerianer hat AIDS. Seither leben die beiden Polizisten in Todesangst.
- Späte Bestätigung: Frank Sinatra hatte nicht nur Mafiakontakte. Laut Biographen Jerry Lewis war „Frankieboy" auch Geldbote der Mafia.

__Mit viel Liebe__ und vereinigten Kräften befördern 250 Helfer in der Delfinbucht bei Busselton (Westaustralien) 74 gestrandete Kleine Schwertwale in den Indischen Ozean zurück. So retten sie ihnen das Leben, nur für einen Meeressäuger kommt jede Hilfe zu spät.

300 € Anerkennung

„Dank“ an die Trümmerfrauen

„Es ist eine symbolhafte Geste, eine Anerkennung für die Frauen, die Österreich nach 1945 wieder aufgebaut haben: Für die so genannten Trümmerfrauen, die nun 60 Jahre nach Kriegsende 300 Euro als Einmalzahlung bekommen“, so Sozialministerin Ursula Haubner. Diese Trümmerfrauen mussten für ihre Kinder, Familien und den Wiederaufbau sorgen. Es gibt etwa 50.000 Anspruchsberechtigte; Gesamtkosten: 15 Millionen Euro.

***Letzte Klappe** für „Sabrina“ beim Bullen. Die Schauspielerin Katerina Jacob fühlt sich von SAT 1 lieblos behandelt und verlässt den „Bullen von Tölz“. Satte 5500 Euro pro Drehtag sind der 47-Jährigen zu wenig. Doch es ist nicht nur das Geld. „Frauen zwischen 40 und 60 passen nicht ins Programm“, klagt Jacob in einer Talkshow. Am meisten stört sie, dass man ihr außerhalb des Bullen keine Rollen anbieten wollte. „Zu alt, zu mollig, zu wenig Geld . . .“*

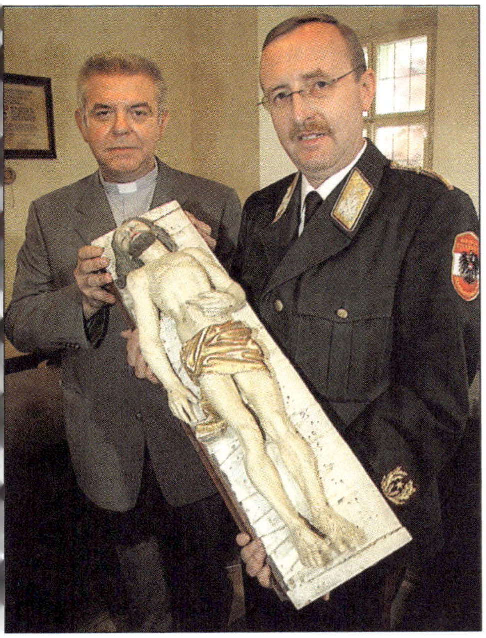

NÖ-Sicherheitsdirektor Dr. Franz Prucher präsentiert Pater Konrad die Jesus-Statue

Wertvolle Jesus-Statue wird sichergestellt

Kunstdiebe erstechen Verräter mit Messer !

Schlag gegen Kunstdiebe. In Niederösterreich wird eine Bande ausgehoben, die aus Gotteshäusern Kunstgegenstände erbeutet und verscherbelt hat. Bei ihren Geschäften waren die Täter keinswegs fromm: Ein „Verräter“, der bei der Polizei auspacken will, wird erstochen.

Die dreiköpfige Slowaken-Bande hat sich bei ihren Raubzügen auf Kirchen, Kapellen und Marterln spezialisiert. Unter anderem reißen sie die gotische Jesusfigur aus einer Schnitzerei-Gruppe der Pfarrkirche Gumpoldskirchen brutal heraus.

Die Fahnder forschen die Verdächtigen aus und stellen die Antiquität sicher. „Ein Bandenmitglied, das mit der Polizei zusammenarbeiten wollte, wurde erstochen“, so Franz Zadrazil, Chef der erfolgreichen NÖ-Diebstahlsermittler.

Taus & Co kaufen Serben-Handyfirma

Geschätzte eine Milliarde Euro lässt sich eine Gruppe um den ehemaligen Vize-Kanzler Josef Taus und den Osthändler Schlaff die Mehrheit am serbischen Handybetreiber Mobtel kosten. Und die restlichen 49 % des Mega-Deals sollen mit Hilfe von Minister Hubert Gorbach an die Telekom Austria gehen.

Moped-Verbot soll Mafia einbremsen

Im Kampf gegen das organisierte Verbrechen greift die Polizei in Neapel zu einem ungewöhnlichen Mittel: In der Altstadt der süditalienischen Metropole wird ein absolutes Mopedverbot ausgesprochen. Straßenräuber sollen nach Überfällen nicht mehr im Verkehrsgewühl per „motorino“ entkommen.

Mann in Ehekrise löscht Familie aus!

Erschütternder Amoklauf eines deutschen Familienvaters aus Baden-Württemberg, der sich in einer Ehekrise befindet: Weil seine Frau die Scheidung will, ermordet der 41-jährige Angestellte seine Familie. Er tötet seine Frau, die beiden Töchter (4 und 7), seine Eltern und sich selbst mit Kopfschüssen.

Militär feuert wahllos in Menschenmenge

Blutbad bei Revolution in Usbekistan: 600 Tote

Mit einem grauenvollen Blutbad schlägt das Militär den Aufstand gegen Usbekistans Diktator Islam Karimow nieder! Hunderte werden massakriert, Grenzsoldaten schießen nach Kirgisien flüchtenden Menschen nach: „Entkommene Häftlinge aus den gestürmten Gefängnissen."

„Die Straßen sind voller Blut!" – „Überall liegen Tote oder Verletzte!" – „Vor der Schule sind viele, viele Leichen aufgestabelt!" Nur nach und nach sickern die furchtbaren Informationen aus der abgeriegelten Stadt Andischan nach draußen.

Erst Tage später werden erste Details durch Menschenrechtsorganisationen bekannt: Die Soldaten haben wahllos in die unbewaffnete Menge gefeuert. Bei der Niederschlagung des Volksaufstandes werden 600 Menschen massakriert.

Die usbekische Revolution erstickt im Blut – Angehörige trauern um Opfer

***Neue Königin** beim traditionellen Narzissenfest im steirischen Bad Aussee wird eine Oberösterreicherin. Die bildhübsche 23-jährige Manuela Unterberger aus Bad Goisern regiert nun mit ihren beiden Prinzessinnen Anja Bechter und Anita Meier für ein Jahr das Ausseerland. Ihr erster großer Auftritt: beim Auto- und Bootskorso.*

Blackout durch Rebellen-Sabotage?

Strom-Chaos in Moskau

Ein Stromausfall legt Moskau zwei Tage lahm. In der russischen Hauptstadt bricht auch die Trinkwasser-Versorgung zusammen. Ursache des Blackouts ist eine Explosion in einem Umspannwerk. Schaden: 800 Millionen Euro! Der tschetschenische Rebellenführer Schamil Bassajew übernimmt die Verantwortung für die „Sabotageoperation".

***„Star-Wars"-Fieber** auch in Österreich. Das letzte Gefecht von Regisseur George Lucas rund um Filmbösewicht „Darth Vader" (im Bild mit Klonkriegern) füllt die Kinosäle. „Ein rasant auf Leinwand gebanntes Videospiel", so die „Krone"-Kritik von Stefan Weinberger zu „Episode III – Die Rache der Sith".*

Mathe-Tests für Tausende Schüler

Als Konsequenz aus dem PISA-Schock wird der größte Schultest, den es je gab, durchgeführt! Das Wissen von 6700 Mädchen und Buben der 4. Klasse AHS und Hauptschule in Mathematik wird geprüft. Bildungsministerin Elisabeth Gehrer kündigt weitere Tests in Lesen, Fremdsprachen usw. an. „Das Ganze dient der Qualitätsverbesserung", so Gehrer.

Krone-Chronik Mai 2005

● Zwei Familientragödien erschüttern Deutschland: In Mecklenburg erdrosselt ein 27-Jähriger seine getrennt lebende Frau und die vierjährige Tochter. Und bei Aachen tötet ein Mann (34) seine beiden Kleinkinder, weil seine Frau sich von ihm trennen will.

● Jetzt ist endgültig Schluss mit dem Tierleid für Schönheit! Ab 2013 sind Versuche für Kosmetika an Kätzchen, Kaninchen, Mäusen und anderen Vierbeinern in der EU verboten.

● Atom-Skandal in der britischen Wiederaufbereitungsanlage Sellafield: Ein Untersuchungsbericht deckt auf, dass aus einem neun Monate unentdeckten Plutonium-Leck 83.000 Tonnen radioaktive Flüssigkeit ausgeflossen sind.

● Oliver Stone kann es nicht lassen. Der US-Star-Regisseur wird von der Polizei in Los Angeles mit Drogen erwischt. Ein Gericht verurteilt ihn zu 100 Dollar Strafe.

Im Wiener Ernst-Happel-Stadion jubelt Rapid-Kapitän Steffen Hoffmann mit dem Meisterteller

Vereine aus der Bundeshauptstadt dominieren Saison 2004/05

Fußball-Titel gehen nach Wien: Rapid Meister, Austria Cupsieger

„Hier regiert der SCR!" – mit Sprechchören bejubeln Zehntausende Fans im Happel-Stadion Rapids ersten Meistertitel seit 1996. Auch im Cup holt mit der Austria ein Wiener Verein den Titel. Trotzdem greift Mäzen Stronach erneut durch: Die Trainer und General-Manager Toni Polster müssen gehen.

Der grün-weiße Weg unter dem Klubpräsidenten und ehemaligen Finanzminister Rudolf Edlinger scheint richtig zu sein. Meistermacher Josef Hickersberger bekommt genug Zeit, rund um die Mittelfeld-Stars Andi Ivanschitz sowie dem Neo-Österreicher Steffen Hofmann ein schlagkräftiges Team aufzubauen. Der Titel in der T-Mobile-Bundesliga steht dann schon drei Runden vor Schluss fest.

Und die Erfolgsgeschichte vom SK Rapid geht auch im Europacup weiter. In der Qualifikation zur Champions-League setzt sich der österreichische Meister gegen den russischen Titelträger Lok Moskau dank eines Auswärtssieges sensationell durch. Damit spielt Rapid im Konzert der Großen im europäischen Fußball mit.

Weil Austria „nur" den ÖFC-Cup holt, in der Meisterschaft aber Dritter hinter dem GAK wird, reagiert der austro-kanadische Milliardär und Klubbesitzer Frank Stronach: Das Trainer-Duo Günter Kronsteiner und Lars Söndergard wird durch die Ex-Spieler Peter Stöger sowie Frenkie Schinkels ersetzt. Auch das violette „Urgestein" Toni Polster muss seinen Platz als General-Manager räumen.

◀ *Nach dem Cupsieg ein Händedruck zum Abschied: „Urgestein" Toni Polster und der Präsident des FK Austria, Magna-Milliardär Frank Stronach.*

Österreich-Erfolg bei Festspielen in Frankreich:

Regiepreis für Filmemacher Michael Haneke in Cannes

Die Filmfestspiele im französischen Cannes feiern auch einen Österreicher! Der 63-jährige Michael Haneke erhält für seinem Film „Caché" den Preis für die beste Regie. Die Goldene Palme geht nach 1999 auch diesmal an die Brüder Luc und Jean-Pierre Dardenne.

Bei den 58. internationalen Filmfestspielen ist das Staraufgebot aus Hollywood so groß wie selten zuvor. Mitten drin auch der heimische Filmemacher Michael Haneke. Und der österreichische Regisseur feiert auch vor den Augen von „Krone"-Filmkritikerin Christina Krisch einen Riesen-Erfolg! Mit dem verstörenden Psychodrama „Caché" (Versteckt) liefert er an der Côte d' Azur perfektes Kino für den Kopf. Die Darsteller Juliette Binoche und Daniel Auteuil spielen in der französischen Produktion ein Paar, das sich durch anonyme Videos zunehmend bedroht fühlt.

◀ Filmemacher Haneke erhält den Preis von Kristin Scott Thomas.

Die ganze Welt rätselt mehr als vier Monate über Unbekannten ohne Gedächtnis:

„Piano-Mann" ein Bauernsohn

Mehr als vier Monate rätselt die ganze Welt über den geheimnisvollen „Piano-Mann" – erst dann bricht der klitschnass in einer englischen Kleinstadt gefundene Unbekannte sein Schweigen: Er heißt Andreas Grassl, ein 20-jähriger Bauernsohn aus Bayern. Ist er ein Hochstapler oder tatsächlich psychisch krank?

Der „stumme", verängstigt wirkende Blonde taucht im April mit nassem Anzug am Strand der britischen Ortschaft Sheerness in der Grafschaft Kent auf. Er schweigt beharrlich und wird darauf in die Psychiatrie des Little Brook Hospitals eingeliefert. Monatelang artikuliert er sich nur durch sein Klavierspiel. Gibt man ihm Block und Bleistift, zeichnet der junge Mann ein Piano. Das Rätsel um die Herkunft und Person des „Piano-Mannes" beschäftigt Menschen auf der ganzen Welt. Doch die Hunderten Hinweise verlaufen sich alle im Sand.

Als eine Krankenschwester eines Morgens fragt: „Na, werden Sie heute mit uns sprechen?", antwortet der bisher Unbekannte überraschend: „Ja, ich glaube schon!" Es stellt sich dann heraus, dass der „Piano-Mann" eigentlich Andreas Grassl heißt, Sohn einer Bauernfamilie ist und aus der Oberpfalz in Deutschland stammt.

Angeblich wollte sich Andreas Grassl, nachdem er seinen Job in Paris verloren hatte, umbringen. Während die britischen Medien von Schwindel und Schauspielerei sprechen, ist der junge Mann laut Angaben seiner Familie und Anwälten tatsächlich psychisch krank. Der 20-jährige Bayer, der sich mehr als vier Monate lang vor britischen Ärzten und der Weltöffentlichkeit als sprachloser Klavierspieler präsentiert hatte, sei erst im Laufe der Behandlung wieder genesen ...

◀ Das Rätsel um den stummen blonden „Piano-Mann" beschäftigt Menschen auf der ganzen Welt. Der junge Mann spricht monatelang nichts, spielt nur Klavier und zeichnet Pianos. ▶

Österreich ist nicht im Finale des 50. Eurovision-Songcontest! *Mit der undankbaren Startnummer 1 bleiben die Global.Kryner um Sängerin Sabine Stieger in Kiew mit „Y Asi“ auf*

Songcontest ohne Austria

der Strecke. ORF-Unterhaltungschef Edgar Böhm vielsagend zum Songcontest: „Um Musik geht es ja offensichtlich nicht.“ Den Sieg holt die Griechin Helena Paparizou.

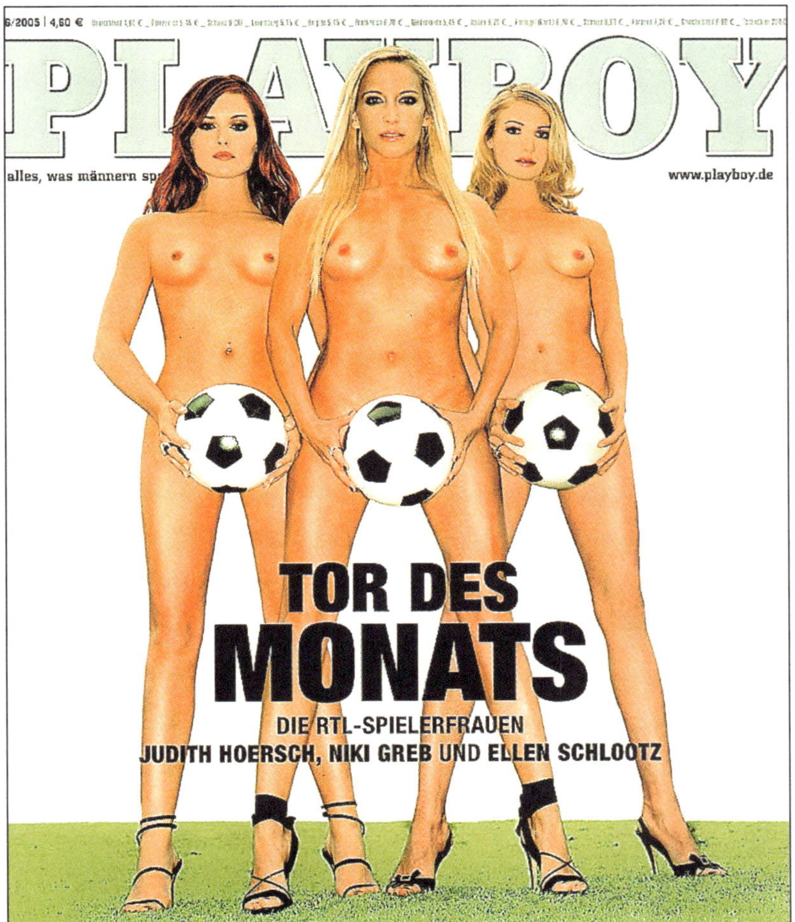

***Fußballbräute** sind die Hauptpersonen der (wenig erfolgreichen) RTL-Serie „Das geheime Leben der Spielerfrauen“. Die hübschen Darstellerinnen dribbeln sich freilich auf die Titelseite des „Playboy“. Ellen Schlootz (re.) verrät ihren Hang zu Hausfrauen-Tugenden: „Eine Spielerfrau muss Trikots bügeln können!“*

Neues Rekordtief an Krankenstandstagen!

Die Angst um den Arbeitsplatz geht offenbar auch in Österreich um: Noch nie gingen so viele Arbeitnehmer so wenig in den Krankenstand wie derzeit. Nämlich nur 12,2 Tage im Schnitt bei einer Arbeitslosenquote von 7,1 Prozent.

Die Zahlen der aktuellsten Jahresstudie bestätigen, dass es da ein Wechselspiel gibt: Je höher die Arbeitslosigkeit, desto niedriger die Krankenstandstage. Wobei der höchste Schnitt an Krankenstandstagen in den Jahren 1978 bis 1981 verzeichnet wurden. Damals waren die Arbeitnehmer durchschnittlich 16,8 Tage krank gemeldet. Der Vorstand des Hauptverbandes hingegen vermutet, dass die medikamentöse Versorgung ausschlaggebend sei.

42 Soldaten in Chile erfroren

Soldaten-Drama in Chile! Bei der schwersten Tragödie der Streitkräfte zu Friedenszeiten erfrieren in den Anden 42 Soldaten. Angehörige werfen dem Militär vor, die unerfahrenen Rekruten trotz vorhergesagten Schneesturms bei minus 25 Grad auf einen Übungsmarsch geschickt zu haben.

Sturz in Gehege: Bären töten Frau

Tödlicher Leichtsinn im Tiergarten der südpolnischen Stadt Chorzow: Beim Versuch, auf der Brüstung des Bärengeheges zu balancieren, verliert eine Zoobesucherin das Gleichgewicht und stürzt mehrere Meter ins Gehege. Die Frau wird sofort von fünf Bären angegriffen und zerfleischt.

Darryl Hannah auf der Motorhaube – auch die bekannte Schauspielerin fährt bei „Gumball" mit

Zigtausende bei Parade der „Nobelraser" in der Wiener City

Illegales Promi-Rennen: Mit Tempo 210 durch Österreich

Das berüchtigte „Gumball3000"-Rennen geht heuer auch durch Österreich! 120 Teilnehmer der illegalen Promi-Rallye treffen sich bei der Parade der „Nobelraser" in der Wiener Innenstadt. Ihren Weg säumen 10.000 Schaulustige! Auf der wahnwitzigen Tempojagd werden sechs PS-Flitzer mit 210 km/h geblitzt.

Mustafa el Hassan aus Dubai fährt als Führender des illegalen Autorennens (Startgeld 15.000 Euro) mit seinem Ferrari über unsere Staatsgrenze. Treffpunkt der Tempobolzer in ihren Maseratis, Lamborghinis, Aston Martins & Co. ist der Josefsplatz in Wiens City.

Zigtausende Schaulustige wollen entlang der Ringstraße und beim Zeitnehmungspunkt einen Blick auf die Luxusschlitten erhaschen. Jedes Gasgeben wird mit Beifall begrüßt. Proteste einer Bürgerbewegung gegen die Raser gehen im Lärm unter . . .

Während sich die Hobby-Rennfahrer ab der Stadtgrenze diszipliniert verhalten, ist die Situation in Niederösterreich anders: Ein Rolls-Royce mit Tempo 170 auf der Bundesstraße ist da noch eine der niedrigeren Geschwindigkeiten. Den traurigen Rekord bei Radarmessungen erreichen sechs „Gumball"-Teilnehmer mit 210 km/h auf der Ostautobahn bei Schwechat.

Ertappte „Nobelraser" lassen sich mit Polizisten filmen und prahlen mit den Strafen. ▶

Krone-Chronik Mai 2005

- Schock für einen Autobesitzer im deutschen Bonn: Er findet seinen gerade gekauften Gebrauchtwagen komplett zersägt vor. Die Feuerwehr hat das Fahrzeug irrtümlich für ein Übungsobjekt gehalten.
- Weil Ross Hopkins, Angestellter des Bier-Lieferanten American Eagle Distributing, sich ein Gebräu der Konkurrenz schmecken lässt, wird er gefeuert.
- Tragödie beim Wanderausflug einer 20-köpfigen Großfamilie am Pfingstsonntag bei Kleinsölk (Steiermark): Ein 7-jähriger Bub wird von einem rollenden Baumstamm getötet.
- Nach sechs Tagen wird der vermisste deutsche Alpinist Thomas Straub (43) im unwegsamen Vorarlberger Berggebiet gerettet.
- Innerhalb von wenigen Tagen sinken in Bangladesch bei heftigem Sturm zwei Fähren. Mehr als 200 Menschen sterben. Die Fähren in Bangladesch sind meistens völlig überladen.

Irak: US-Skandal und unschuldige Opfer...

US-Skandale ohne Ende im Irak: Der gefangene Saddam Hussein in Unterhosen ziert die Titelseite einer britischen Zeitung! Diese und andere Fotos der öffentlichen Demütigung wurden heimlich von einem amerikanischen Soldaten aufgenommen und verkauft. Auch die anfänglich von der Bush-Regierung als Lüge abgetane Geschichte eines US-Magazins über Koran-Schändungen im berüchtigten Gefangenenlager Guantanamo stellt sich als wahr heraus. Auch der fast tagtägliche Terror-Wahnsinn im Irak nimmt kein Ende. Mittendrin die Kinder als unschuldigste Opfer eines nicht enden wollenden Krieges.

Statt Suchtgift erschnüffeln Drogenhunde nur Babypuder

Peinliche Panne bei der australischen Polizei in Victoria: Sieben Drogenhunde werden irrtümlich so ausgebildet, dass sie statt Kokain das in Babypuder enthaltene harmlose Talkumpulver erschnüffeln. Das Problem wird schließlich bekannt, weil die Spürnasen monatelang kein einziges Gramm Kokain finden. Ein Test bestätigt dann: Die Drogenhunde lassen große Mengen Rauschgift liegen und schlagen stattdessen bei Babypuder an . . .

Drama weil die Spenderin ein Hamster-Virus in sich trägt:

Transplantationsorgane töten in Amerika sechs Patienten!

Die Organe einer Spenderin, die eigentlich Leben retten sollen, bringen sechs Patienten in Amerika den Tod. Schuld an der Tragödie ist der Hamster der Organspenderin aus dem US-Bundesstaat Rhode Island, der ein Virus in sich trägt.

Die Ärzte setzen Glendas Organe und ihre Hornhäute insgesamt neun Patienten ein. Sechs sterben drei Wochen später am lymphozytären Choriomeningitis-Virus, einer Nagetier-Seuche. Ermittler kontaktieren die Familie von Glenda und finden heraus: Die Frau hat sich kurz vor ihrem Tod einen Hamster gekauft, der das für die Organempfänger tödliche LCM-Virus in sich trägt.

__Das Eheversprechen mit Maske__ geben sich einander Isabella (re.) und Stefan in der „Little White Chapel" in Las Vegas. Die Suche nach einem Bräutigam für die fesche brünette Unbekannte läuft bei KRONEHIT als eine der heißesten Nummern, die je im Radio gespielt worden ist. Erst nach der verrücktesten Hochzeit des Jahres fallen die Masken – und Isabella fällt ein Stein vom Herzen: „Er ist ja total süß."

◀ *Ein gut gelaunter Pop-Star Elton John blickt durch seine rosarote Sonnenbrille.*

Die Benefiz-Party im Kampf gegen AIDS vor und im Wiener

Life Ball: das Fest des

Der Life Ball 2005 von Organisator Gery Keszler ist wieder die angesagteste und schrillste Benefiz-Party des Jahres im Kampf gegen AIDS. Vor und im Wiener Rathaus kommt es zu einem regelrechten Aufmarsch von Prominenten aus dem In- und Ausland. Show, Sex und Stimmung heizen den Stars, Paradiesvögeln und Latexkörpern ordentlich ein. Bei dem opulenten Fest herrscht Riesen-Stimmung bis in den nächsten Morgen hinein.

Der 13. Life Ball bietet eine Kulisse, als wären alle Federico-Fellini-Filme gleichzeitig nachgestellt worden: dekadente Rokoko-Puppen, surreale Robenträger mit Gartengewächsen auf dem Kopf, Klorollen und -besen, dick bemalte Gesichter, aber auch Kostüme, die niemand alleine tragen kann . . .

Fetisch-Göttin Dita von Teese, Verlobte des Schockrockers Marilyn Manson, ist auf dem Red-Ribbon-Laufsteg vor dem Wiener Rathaus zu keinem einzigen Schritt fähig. Acht wie von Michelangelo gemeißelte Männer müssen beim Tragen ihres 150 Kilo schweren Kleides helfen. Die Schleppe: 6 Meter lang, bestückt mit mehr als 8000 Rosen.

Pop-Star Elton John („Hier fällt man nur auf, wenn man unauffällig ist") kommt schon zum fünften Mal. Er fährt mit Moderatorin Nova Meierheinrich im Fiaker durch die Straßen. Auch das schwangere Top-Model Heidi Klum lässt sich mit Töchterchen Leni, Mama Erna und Papa Günther in einer Kutsche chauffieren.

Im Promi-Aufmarsch mit dabei Hollywood-Diva Liza Minelli. Sie übergibt nicht nur den „Kristall der Hoffnung", bei ihrem legendären „Cabaret"-Song liegen ihr alle zu Füßen. Laufsteg-Glamour verbreitet Donatella Versace mit Tochter Donatella und den Versace-Roben

▲ *Unschuldsblick zwischen schrillen Party-Gästen: Das deutsche Supermodel Heidi Klum mit Life-Ball-Organisator Gery Keszler.*

Die Nacht, in der der Seitenscheitel im Büro bleibt und die „normale" SM-Kluft auch niemanden mehr aufregt . . . ▶

Heim-WM: Abstieg und schlechtes Eis

Unter keinem guten Stern steht die Heim-WM für Österreichs Eishockey-Cracks: Neben Eisproblemen in der Wiener Halle muss auch noch unsere Nationalmannschaft nach einer schwachen Leistung aus der A-Gruppe absteigen. Mit einer Niederlage im letzten Spiel gegen Slowenien reißen wir auch Deutschland mit. Weltmeister wird Tschechien durch einen Finalsieg gegen Kanada.

Rathaus lockt Stars

Jahres!

aus der aktuellen Frühlings- und Sommerkollektion.

Bei der opulenten Party-Orgie darf natürlich auch Austro-Schick nicht fehlen: Während der heimische Pop-Barde Wolfgang Ambros biederen Nadelstreif trägt, kommt Musical-Lady Dagi Koller mit grünen „Shrek"-Ohren und zwölf Jahre altem Gaultier-Traum. Soubrette Birgit Sarata ist riesig rosig, Jazz Gitti zwängt sich in hautenges Latex und Unterhosenmodel Christian Clerici lässt die Bartstoppeln ordentlich sprießen. Auch das Essen passt sich dem Fest an: Eigens für diesen Abend kreiert Starkoch Jörg Wörther eine Suppe mit Liebeskraut (profan: Basilikum).

▲ *Fetisch-Göttin Dita von Teese schreitet in dem sechs Meter langen und 150Kilo schweren Kleid mit ihren muskelbepackten, schleppentragenden Rosenkavalieren über den Laufsteg.*

Wien-Marathon: 250.000 Fans feiern Läufer!

Wie auch die Jahre zuvor ist Wien für einen Tag der Mittelpunkt der Marathon-Szene. 21.381 Läufer sind auf den Beinen, 250.000 Fans feuern die Teilnehmer bei der 22. Auflage an. Während die Favoriten vom Winde verweht werden, nützt der von Kenia nach Katar gewechselte Mubbarak Schami die Gunst der Stunde: Er gewinnt seinen ersten Marathon mit einer Zeit von zwei Stunden, 12 Minuten und 20 Sekunden. Der Österreicher Michael Buchleitner (im Bild vor dem Riesenrad im Prater) landet bei seinen letzten 42,195 Kilometern am guten 8. Platz. Susi Pumper trotzt dem Chaos im Halbmarathon und bleibt trotz eines Sturzes über ein Motorrad mit österreichischem Rekord siegreich.

Schauprozess-Urteil: Haft für Putin-Rivale

Der in Moskau stattfindende Schauprozess gegen Russlands reichsten Mann, dem Erdölmagnaten und Putin-Rivalen Michail Chodorkowskij, geht mit dem erwarteten Schuldspruch zu Ende: Er wird wegen angeblichen Betrugs und Steuerhinterziehung zu neun Jahren Haft verurteilt. Die gleich lange Gefängnisstrafe muss auch der Geschäftspartner des „Oligarchen", Platon Lebedow, verbüßen.

60 Millionen Euro im Jahr für die Nachhilfe

Die Nachhilfe ihrer Kinder kostet den Eltern immer mehr Geld! 60 Millionen Euro werden laut Arbeiterkammer jährlich ausgegeben. Vor allem für die Fächer Englisch, Mathematik, Französisch und Deutsch. Trotz Förderunterricht an den Schulen sind Zehntausende Schüler vom Wiederholen einer Klasse bedroht. Ein Viertel von ihnen bricht die Schule ab und wählt andere Ausbildungsformen.

Altpapier-Container verspießt sich in Lift

Aufzug als Todesfalle: Junge Frau verblutet

Der 40 Jahre alte Lift in einem Wiener Wohnhaus wird für eine junge Frau zur tödlichen Falle! Katharina Horak wird von einem Altpapier-Container gegen die Aufzugdecke gedrückt, das zerberstende Glas der Beleuchtung durchbohrt ihre Halsschlagader. Die Büroangestellte stirbt einen Tag nach ihrem 24. Geburtstag!

Die junge Frau aus einer kleinen Gemeinde im niederösterreichischen Waldviertel will zu Mittag den vollen Müllbehälter vom ersten Stock mit dem Lift ins Erdgeschoß bringen. Nachdem Katharina Horak den Druckknopf betätigt und sich der Aufzug in Bewegen setzt, kommt es im Halbstock zur Tragödie.

Der schwere Altpapier-Container verfängt sich an einer Verstrebung der Schachtwand. Die zierliche 24-Jährige wird gegen die Decke der Kabine – die über keine innere Sicherheitstür verfügt – gedrückt. Eine oben angebrachte Lampe zerbirst, das scharfe Glas durchbohrt die Halsschlagader der Bürokraft. Katharina Horak verblutet hilflos.

Tragödie am Rande: Bei der technischen Kontrolle vor wenigen Wochen hatten die Prüfer „vorgeschlagen" (mehr dürfen sie vom Gesetz her nicht), dass eine innere Sicherheitstüre angebracht wird. Österreichweit gibt es 65.000 Aufzüge, jeder fünfte Lift weist Sicherheitsmängel auf . . .

Die 24-jährige Katharina Horak (kl. Bild) verblutet im Aufzug

Bis zu 1000 Grad Hitze bei Flammen-Inferno in Tunnel

Zwei Tote und 20 Verletzte fordert ein Feuer-Inferno im Fréjus-Tunnel in den Alpen. Auslöser der Katastrophe ist ein Lastwagen, der im französischen Teil zu brennen beginnt. Im Tunnel spielen sich dramatische Szenen ab, als sich die Flammen ausbreiten. Die Menschen laufen bei Temperaturen bis zu 1000 Grad um ihr Leben. Die wichtige französisch-italienische Straßenverbindung ist monatelang gesperrt.

Feuerteufel im Biertempel

Großbrand im Schweizerhaus! Ein Feuer zerstört einen „alten Trakt" im ersten Stock des seit 1776 bestehenden, berühmten Bier- und Stelzentempel im Wiener Wurstelprater. Trotz des hohen Sachschadens von rund 500.000 Euro geben die Besitzer Karl Jan und Frau Hanni Kolarik Entwarnung: „Der Betrieb geht weiter. Das Schweizerhaus bleibt geöffnet." Während Ermittler der Wiener Kriminaldirektion 1 die Ermittlungen übernehmen, fließt das Budweiser vom Fass in einem der schönsten Gastgärten der Stadt weiter. Wenige Tage später dann steht fest: Es war Brandstiftung! Von dem Feuerteufel fehlt aber vorerst noch jede Spur.

Krone-Chronik Juni 2005

- Neuer „Harry Potter“ gestohlen! Ein Sicherheitsmann in einem Lagerhaus und sein Komplize bieten Journalisten der britischen Zeitung „Sun“ mehrere noch unveröffentlichte Romane um 75.000 Euro an. Die Männer werden bei einem fingierten Kauf festgenommen.
- Schock und Entsetzen löst ein jetzt aufgetauchtes Video über das Kriegs-Massaker mit 7000 Toten 1995 in der damaligen UN-Schutzzone Srebrenica aus. Bosnische Mütter sehen ihre Söhne sterben, serbische Frauen erkennen ihre Männer als Täter.
- Lachen macht nicht nur gesund, sondern auch schlank. Nach einer Studie von US-Forschern der Vanderbilt-Universität in Tennessee, verbrennt der Mensch beim Lachen 20 Prozent mehr Kalorien als sonst. Wer täglich lacht, könne so im Laufe eines Jahres zwei Kilo abnehmen.

Die mit den Wölfen heulen: Sonja Gollenz (re.) und Tierpflegerin Karoline Schrank mit „Samy“

Ein unbekannter Irrer öffnet nachts Gehege in der Steiermark

Tierpark-Angestellte fangen vier entlaufene Jungwölfe mit Geheul

Ihr Stimmtraining nutzten Zoologin Sonja Gollenz und Pflegerin Karoline Schrank im obersteirischen Tierpark Mautern: Mit gekonntem Wolfsgeheul gelang es den beiden Frauen, vier entlaufene Wölfe wieder einzufangen! Ein Irrer hatte die jeweils zwölf Monate alten Jungtiere in der Nacht freigelassen.

Als der Sohn des Tierparkbesitzers, Harry Reuss, nach der Pirsch an dem einen Hektar großen, dreifach gesicherten Wolfsgehege vorbeikommt, steht das Gatter weit offen. Von den jeweils zwölf Monate alten Tiere fehlt jede Spur. Der 20-Jährige verständigt die Gendarmerie und die zwei im Tierpark beschäftigten Expertinnen: Zoologin Sonja Gollenz und Tierpflegerin Karoline Schrank.

„Die beiden Frauen haben vom ungarischen Tierflüsterer Zoltan Horkai – der zudem für die TV-Doku-Serie „Universum“ arbeitet – gelernt, mit den Wölfen zu heulen“, so „Krone“-Redakteur Manfred Niederl. Zudem kennt Karoline Schranks zwei Jahre alter Labrador-Mischling „Samy“ die Wölfe seit ihrer Geburt.

Tatsächlich können die vier Tiere mit Wolfsgeheul angelockt werden. Sonja Gollenz: „Sie sind brav in mein Auto gestiegen . . .“

In den Sand *von Paris lässt sich das spanische Tennis-Wunderkind Rafael Nadal nach dem Matchball im Finale fallen. Der erst 19-Jährige krönt seine Premiere in Frankreichs Metropole und holt sich seinen ersten Grand-Slam-Sieg. Bei den Damen ist die Belgierin Justin Henin-Hardenne erfolgreich.*

Mödlinger (46) als „Drogen-Kapitän“:

113 Kilo Kokain auf Segelyacht gefunden

Ein Niederösterreicher als „Drogen-Kapitän“! An Bord der Segelyacht „Are Nui“ soll ein 46-jähriger Mann aus Mödling 113 Kilo Kokain von der Karibik-Trauminsel Trinidad nach Europa geschmuggelt haben.

Der verdächtige Österreicher arbeitet als Kurier für eine Rauschgift-Bande mit Sitz an der spanischen Küste. Auf Schiffen soll Kokain für Hunderte Millionen Euro über den Atlantik aus der Karibik nach Europa geschmuggelt worden sein. Die Fahnder stellen im Wassertank der Segelyacht „Are Nui“ 113 Kilo Kokain sicher. Für den 46-Jährigen und seine beiden deutschen Komplizen klicken an Bord die Handschellen. Wenige Tage vorher werden unter anderem auf einem Fischerboot sogar vier Tonnen „Schnee“ sichergestellt!

An Bord dieser schönen Segelyacht schmuggelt ein Niederösterreicher Kokain

Spanische Polizisten vor den sichergestellten vier Tonnen Drogen

***Abschied** von der „Grande Dame“, die Österreichs Theaterleben entscheidend geprägt hat: Publikumsliebling Susi Nicoletti stirbt 86-jährig in Wien.*

Trauerdiamant aus Totenasche

Schön oder geschmacklos? Ein Schweizer Unternehmen bietet Trauerdiamanten aus der Asche von Verstorbenen an. „Eine schöne Erinnerung“, sagt Mitarbeiter Andreas Wampl, der sich aus der Asche seines Vaters ebenfalls einen Diamanten hat anfertigen lassen. Je nach Gewicht belaufen sich die Kosten zwischen 3500 Euro und 11.000 Euro. Christliche Kirchen kritisieren den makabren Trend: „Der tote Papa als Schmuckstück ist doch geschmacklos.“

Einstiger Todfeind von 1683 ruht in Kasten

Kopf von Kara Mustafa in Wien Museum gefunden

Sensations-Fund im Wien Museum: Der Schädel des Türkenführers und Wien-Belagerers von 1683, Kara Mustafa, ruht in einem Kasten! Drumherum die Seidenschnur, mit der der Großwesir erdrosselt worden ist. Der einstige Todfeind Wiens soll nun eine würdige Ruhestätte bekommen.

Nach mehr als 300 Jahren wird die Kriegstrophäe im Wien Museum am Karlsplatz in der City zufällig wieder gefunden. „Gemma Kara Mustafa schaun‘ ist nun der Wunsch vieler Menschen“, so Peter Strasser, „Krone“-Ressortleiter der Wien-Redaktion. Mustafa war nach der Rückkehr vom erfolglosen Feldzug in Istanbul hingerichtet worden. Wie der Schädel nach Österreich gekommen ist, bleibt aber unklar.

Kulturstadtrat Andreas Mailath-Pokorny ist jedenfalls gegen eine öffentliche Zurschaustellung: „Das ist eines friedlichen Europas nicht würdig.“ Vielmehr müsse eine würdige Ruhestätte gefunden werden.

◀ So kennt die Geschichte den einstigen Erzfeind Kara Mustafa.

Peinliche Affäre beschäftigt Staatsanwalt

Finanzamts-Einbruch: Steuerakte gestohlen

Eine peinliche Affäre, von der die Öffentlichkeit offenbar nichts erfahren soll, beschäftigt das Finanzministerium und die Staatsanwaltschaft: Bezahlte Auftrags-Einbrecher durchwühlen die Büros der Steuerfahndung in Wien und stehlen den hochbrisanten Strafermittlungsakt über eine Großdiskotheken-Kette.

Die Täter dringen über ein Fenster in das Finanzamt für den 2. und 20. Wiener Gemeindebezirk ein. Im sechsten Stock des Gebäudes schlagen sie dann die Panzerglasscheibe vor den Räumlichkeiten der Prüfungsabteilung Strafsachen (PAST) des Finanzministeriums ein. Dort sind geheime und brisante Ermittlungsakte gegen Unternehmen und Privatpersonen in Wien, Niederösterreich und dem Burgenland verwahrt.

Die bezahlten Auftrags-Einbrecher haben es aber nur auf den Ermittlungsstand über die „Nachtschicht“ im Mega-Einkaufszentrum SCS bei Vösendorf (NÖ) abgesehen. Eines von mittlerweile zehn Lokalen der erfolgreichen gleichnamigen Großdiskotheken-Kette. Über die bisherige Erfolgsgeschichte hat sich aber ein Schatten gelegt. Es besteht der Verdacht der Steuerhinterziehung in Millionenhöhe.

Die Grüne Eva im Eheglück! *Im bauchfreien Hochzeits-Outfit sagt die fesche Kärntner Politikerin (36) im Schmetterlingshaus des Wiener Burggartens „Ja“ zum ebenfalls weiß gekleideten TV-Star Volker Piesczek. Als Brautjungfer von Glawischnig agiert SPÖ-Umweltstadträtin Ulli Sima.*

DNA-Spuren überführen einen erst 18 Jahre alten Bankräuber

Vier Monate nach einem Banküberfall in Wien-Hernals entlarven seine genetischen Fingerabdrücke einen erst 18-Jährigen als mutmaßlichen Täter. Dem drogensüchtigen Räuber auf die Spur kommen die Ermittler der Kriminaldirektion 1 (Gruppe Schaffer) nun nach einer wüsten Messerstecherei in der U-Bahn. Der ebenso wie sein Kontrahent schwer verletzte Jugendliche kommt ins Krankenhaus, wo ihm DNA-Proben abgenommen werden. Diese stimmen mit Spuren an seiner damals nach der Explosion des Alarmpaketes weggeworfenen Bekleidung überein . . .

In Handschellen wird Oscar-Preisträger *Russel Crowe aus einem Hotel in New York abgeführt! Der 41-jährige Schauspiel-Star soll dem Nachtportier ein Telefon an den Kopf geworfen haben. Um einem Zivilverfahren zu entgehen, zahlt der „Gladiator“ dem Opfer 100.000 US-Dollar Entschädigung.*

Nach fünf Monaten und mehr als 140 Zeugen geht der Prozess des Jahres zu Ende

Michael Jackson

Nicht schuldig! Im Prozess des Jahres sprechen die zwölf Geschworenen nach insgesamt 32-stündiger Beratung den wegen Kindesmissbrauchs angeklagten Michael Jackson in allen 14 Punkten frei. Weltweit feiern die Fans des „King of Pop", ein Großteil der US-Bürger ist aber noch immer von seiner Schuld überzeugt!

▲ Bittere Niederlage für Staatsanwalt Tom Sneddon: Pop-Superstar Michael Jackson wird vom Vorwurf des Kindesmiss- ◀ brauchs freigesprochen.

Die Augen der Weltöffentlichkeit blicken auf das kleine kalifornische Städtchen Santa Maria: Michael Jackson muss sich dort als vermeintlicher Kinderschänder vor Richter Rodney Melville verantworten! Der 46-jährige soll auf seiner „Neverland"-Ranch den 14-jährigen Gavin Arvizio missbraucht haben.

Ankläger ist Oberstaatsanwalt Tom Sneddon. Viele sprechen von einem persönlichen Rachefeldzug. Denn schon vor zehn Jahren ermittelte Sneddon gegen den Pop-Superstar – doch es kam nie zum Prozess, weil Jackson damals der Familie des Buben eine Millionenabfertigung bezahlt hatte.

Auch diesmal erlebt der neunfache Familienvater und Vietnamveteran eine

Polizei stürmt Maschine

Start abgebrochen: Piloten betrunken im Airbus-Cockpit

Riesen-Schock für 124 Passagiere in einem Airbus A 319 der American West Airlines in Florida: Polizisten stürmen die schon auf die Startbahn des Flughafens in Miami gerollte Maschine und nehmen Kapitän Thomas Cloyd sowie seinen Co-Piloten Christopher Hughes im Cockpit fest. Das Duo sitzt nämlich betrunken am Steuerknüppel! Sie haben am Abend vor dem Flug nach Phoenix gemeinsam unfassbare 22 Liter Bier getrunken. Beide Männer werden zu mehr als sieben Jahren Haft verurteilt.

Versöhnungs-Kniefall nach Ehekrise *bei den Lugners. Mit einem Strauß Rosen gratuliert Richard Lugner seinem „Mausi" zum 40. Geburtstag. Die Wochen vorher hängt der Haussegen aber gehörig schief. In der Villa des schrillen Society-Paares gibt es zwei Polizei-Einsätze. Die Beamten werden jedesmal von „Mörtel" telefonisch um Hilfe gerufen. Er fühlt sich von seiner Frau bedroht. Über Christina Lugner wird darauf ein Betretungsverbot verhängt . . .*

Das „Ja"-Wort ist Ende für kriminelle Karrieren

Einen äußerst positiven Nebeneffekt der Ehe hat US-Wissenschafter John H. Laub herausgefunden: Mit dem „Ja"-Wort werden aus Kriminellen oft wieder rechtschaffene Bürger. Bei der Auswertung des Lebensweges von 500 Straftätern stellt sich heraus, dass mit der Heirat aus vielen verantwortungsbewusste Familienväter wurden . . .

● „King of Pop“ ist nicht schuldig, Kind missbraucht zu haben ● Zweifel bleiben:

verlässt Gericht als freier Mann!

Niederlage. Denn wie Prozessbeobachter Dierk Sindermann berichtet, gelingt es den Anwälten des „King of Pop“ erfolgreich, die Glaubwürdigkeit der Familie von Arvizio vor den Geschworenen zu erschüttern.

Nach fünf Monaten und mehr als 140 Zeugen – unter ihnen auch der einstige Kinderstar Macaulay Culkin – verkündet schließlich der Richter: „Herr Jackson, Sie sind entlastet und können gehen!“ Der ganz in schwarz gekleidete Pop-Superstar nimmt den Freispruch fast ohne Regung zur Kenntnis. Sichtlich erschöpft, verlässt er als freier Mann im Kreis seiner Familie das Gericht.

Es bleibt aber ein bitterer Beigeschmack. In der Umfrage eines TV-Senders sind 67 Prozent mit dem Freispruch „nicht zufrieden“. Und sogar mehrere Geschworene lassen nachher durchblicken, nicht von Jacksons Unschuld überzeugt gewesen zu sein . . .

Mit weißen Tauben feiern Fans des „King of Pop“ den Freispruch vor dem Gericht in Santa Maria

Krone-Chronik Juni 2005

● Die Wiener Staatsanwaltschaft ermittelt wieder einmal in Lainz. Wie „Krone“-Redakteur Adlen Siljak exklusiv berichtet, erstattet die Mutter eines Wachkoma-Patienten Anzeige. Ihr Sohn ist erstickt.

● Seit Juni gilt nach Italien, Malta, Irland und Norwegen auch in Schweden ein Rauchverbot in Restaurants, Bars und Cafés.

● Alarmierende Zahlen der Umweltschutzgruppe BirdLife: Weltweit ist derzeit schon mehr als ein Fünftel der bestehenden 9775 Vogelarten vom Aussterben bedroht.

● Weil er nicht zur Hochzeit seiner Schwester darf, dreht ein 26-jähriger Steirer durch: Der Mann verwüstet das Elternhaus, zündet das Auto eines Bruders an und fährt dann mit einem Traktor Amok.

● Oscar-Preisträgerin Anne Bancroft, unvergesslich als reife Verführerin eines blutjungen Dustin Hoffmann in „Die Reifeprüfung“, stirbt 73-jährig in New York an Krebs.

● Auf hinterhältige Weise treibt ein Dealer am Wiener Westbahnhof sein Unwesen. Der im Rollstuhl sitzende Asylwerber aus Afrika verkauft Drogen. Er wird gefasst und selbstverständlich in die Krankenabteilung der Haftanstalt verbracht.

Mit Blick auf den „Steffl“: Luxushotel in Haas-Haus

Das weltbekannte Haas-Haus auf dem Wiener Stephansplatz wird eine Nobelherberge! Bauherr ist Gastronom Attila Dogudan. Das Luxushotel mit Blick auf „Steffl“ soll sich mit fünf Sternen schmücken dürfen.

Die Pläne für das neue Hotel stammen von Star-Architekt Hans Hollein, der das Gebäude Mitte der achtziger Jahre baute. „Zwischen dem dritten und achten Stock wird Gastronom Attila Dogudan die Büroräume zu 44 eleganten Gästezimmern umgestalten“, verrät „Krone“-Redakteur Erich Vorrath. Die seinerzeit umstrittene Fassade soll aber beim Umbau in ein Luxushotel mit Nahblick auf den Stephansdom erhalten bleiben.

9-Jährige ersticht ihre Freundin (11)

Sie ist vermutlich die jüngste wegen Totschlags angeklagte Täterin der US-Kriminalgeschichte: Ein erst 9-jähriges Mädchen holt in New York nach einem Streit um einen Ball ein Messer – und tötet ihre um zwei Jahre ältere Freundin mit mehreren Stichen in den Brustkorb.

Prinz aus Wien stirbt in Zelle!

Tragischer Tod eines Prinzen hinter Gittern. Der 38-jährige „Prinz“ Stefan von Thurn und Taxis, Nachfahre der bekannten Adelsdynastie, stirbt als Untersuchungshäftling in einer Gefängniszelle am Landesgericht in Wien. Er stand unter dem Verdacht des Drogenhandels.

Klimawandel als Zukunfts-Angst

Die Ängste der Österreicher nimmt die „Zukunftsstudie“ einer Versicherung unter die Lupe: Demnach fürchten 61 Prozent der Befragten den Klimawandel am meisten. Auf den Angst-Plätzen zwei und drei: Sorge um Kürzung staatlicher Gesundheitsleistungen und der Pensionen.

Ein Champion ist am Ende. *– „Iron Mike“ ist endgültig k.o. Mike Tyson muss sich in Washington dem irischen Außenseiter Kevin McBride durch Technisches K.o. geschlagen geben. Die sechste Niederlage im 58. Kampf des 38-Jährigen. Ihm bleiben nur Schulden: 40 Millionen Dollar.*

„Stern“ widmet diesem Thema sogar eine Titel-Geschichte:

Deutsche bestaunen Österreich für sein Wirtschaftswachstum

Die Deutschen verstehen die Welt nicht mehr: Stets die Besten, das Wirtschaftswunderland Nummer eins, schlittern sie jüngst von einer tiefen Krise in die nächste und wurden von uns, den „doofen Ösis“, längst überholt und weit abgehängt. Die Zeitschrift „stern“ widmet diesem brisanten Thema sogar ihre Titelgeschichte.

„Wie mehr Wachstum die Stimmung beflügelt und umgekehrt, das lässt sich im Nachbarland Österreich gut beobachten“, schreibt „stern“-Chefredakteur Thomas Osterkron in seinem Leitartikel. Und weiter heißt es: „Jahrelang konnten die Deutschen auf die ärmeren ‚Ösis‘ herabsehen. Heute hat Österreich ein fast dreimal höheres Wirtschaftswachstum als Deutschland, eine halb so hohe Neuverschuldung und – größter Trumpf – nur eine halb so hohe Arbeitslosenquote.“

Grund genug für den renommierten „stern“, gleich zwei seiner Reporter zwei Wochen lang durch Österreich zu schicken.

Das Resultat der „großen Austria-Studie“ ist eine Reportage mit dem vielsagenden Titel: „Österreich das bessere Deutschland.“ Ein mehr als beeindruckendes Lob, auf das wir ruhig ein wenig stolz sein können. Die Redakteure versuchen zu beantworten, warum Österreich Spitze ist. Außerdem wird der Alpenrepublik eine viel „bessere Stimmung“ im Land zugestanden.

◄ *„stern“-Österreich-Cover mit dickem Lob fürs Wirtschaftswachstum.*

Krone-Chronik Juni 2005

- Mit der Pokershow „Deal or No Deal“ feiert Austro-Barde Rainhard Fendrich ein erfolgreiches TV-Comeback.
- Wechsel an der Spitze in der Josefstadt: Schauspieler Herbert Föttinger (43) ist der designierte Chef des Wiener Traditionstheaters.
- MasterCard international schlägt Alarm: Durch eine Verletzung der Sicherheitsbestimmungen sind nach dem Datenklau 40 Millionen Kreditkarten unsicher.
- Bei böigem Wind stürzt bei der Schoberspitze (Stmk.) ein Kleinflugzeug ab: Alle vier Insassen kommen beim Unglück ums Leben.
- Einen österreichischen Rekord stellt der Linzer Schüler Robert Stark auf: Er maturiert mit 16 Jahren und in allen Fächern mit Sehr gut.
- TV-Star Barbara Wussow (44) bringt in Wien ein Mäderl zur Welt.

Neustart für den A1-Ring: Red Bull steigt wieder ein

Formel-1-Rennen wird es zwar vermutlich nicht geben, aber der Getränkemulti Red Bull will nun doch die Neugestaltung des Österreich-Rings in der Steiermark bezahlen. Weitere Firmen wie Magna sollen sich zudem an dem bis zu 150 Millionen Euro teuren Projekt beteiligen. Die Planung liegt beim Land Steiermark.

„Dafür entsteht eine eigene Projektentwicklungs-GmbH mit Ernst Wurstinger, Chef des Autozulieferers Prankl, an der Spitze", berichtet „Krone"-Wirtschaftsredakteur Christian Ebeert. Sie soll die im ersten Anlauf gescheiterte Umweltprüfung etc. sicherstellen. Dann könne im nächsten Jahr gebaut werden – 2008 soll die Strecke fertig sein. Geplant ist unter anderem ein Rennzentrum für Autos und Motorräder.

Altkanzler spendet Ehefrau seine Niere

Österreichs Alt-Bundeskanzler Franz Vranitzky spendet seiner Ehefrau Christine im Wiener AKH eine Niere. „Der Eingriff ist problemlos geglückt", berichtet „Krone"-Gesundheitschef Dr. Wolfgang Exel. Es war übrigens die dritte Nierenverpflanzung für Frau Vranitzky. Und noch ein weiterer prominenter Österreicher erhält ein Spenderorgan transplantiert: Ex-Rennfahrer und Fluglinien-Chef Niki Lauda bekommt von Freundin Birgit Wetzinger eine Spenderniere.

32-jährige Mutter aus der Steiermark bringt die Säuglinge gleich nach Geburt um:

4 tote Babys in Kübeln versteckt

In diesem schmucken Haus in Graz wohnte das Paar. Hier brachte die Frau (kl. Bild) alle vier Kinder zur Welt, deren versteckte Leichen Anfang Juni durch Zufall entdeckt werden.

Babyleichen in Kübeln einzementiert oder in der Tiefkühltruhe versteckt! Per Zufall kommt die Grazer Polizei einer unfassbaren Tragödie auf die Spur: Eine 32-Jährige gesteht, vier Kinder zur Welt gebracht zu haben. Gleich nach der Geburt dürfte sie die Säuglinge getötet und danach die Leichen „entsorgt" haben.

Ein Untermieter, der im selben Haus wie die Frau und ihr Freund lebte, entdeckt in der Tiefkühltruhe die Reste zweier getöteten Babys und holt die Polizei. „Bei der genaueren Spurensuche entdecken Leichenspürhunde zwei Kübeln, in denen jeweils ein Baby einzementiert worden ist", decken die „Krone"-Redakteure Peter Riedler und Linda Trinkl auf. Wie weitere Recherchen ergeben, hatte niemand etwas von der Schwangerschaft gemerkt.

Auch Motiv ist keines ersichtlich: Möglicherweise hat Liebe die Frau zu den Taten getrieben. Denn ihr Lebensgefährte, der schon drei Kinder hat, wollte keine Babys mehr. Es gilt die Unschuldsvermutung.

Überschattet wird die grauenhafte Geschichte nur kurz darauf von einem ähnlich erschütternden Fall in Brandenburg (Deutschland): Dort wird eine 39-jährige Frau verhaftet, die zwischen 1988 und 2004 neun Säuglinge heimlich zur Welt gebracht, gleich nach der Geburt getötet und sie in Blumentöpfen versteckt haben soll. Sie gibt an, bei den Entbindungen betrunken gewesen zu sein.

Motorboot sinkt nach Zusammenstoß mit Schubverband:

Bei Schiffskollision auf Donau ertrinkt Polizist in den Fluten

Tragischer Todeskampf auf der Donau bei Fischamend (Niederösterreich): Nach einer Kollision mit einem slowakischen Schubverband klammern sich zwei Polizisten an das Wrack des Einsatzbootes. Nach einer dreiviertel Stunde verlassen einen 47-jährigen Gruppeninspektor die Kräfte und er versinkt vor den Augen seines Kollegen in den Fluten. Der zweite Beamte wird gerettet.

Tot: Inspektor Hans Werner H.

Zu dem Unglück kommt es, als der Kapitän des slowakischen Schubverbandes stromaufwärts fährt. Später gibt er an, dass er die Leuchtsignale des Polizeibootes noch gesehen habe. Auch auf dem Radarschirm habe man das Fahrzeug des Donaudienstes erkennen können. Plötzlich sei das Boot verschwunden gewesen, behauptet der Mann.

Das Polizeiboot „Donau", mit zwei Motoren und Radar ausgerüstet, war gegen das Schubschiff geprallt und unter das Wasser gedrückt worden. Dennoch können sich die Beamten am Wrack festhalten. „Ein Polizist hing mit den Füßen unterm Wrack. Als ihn die Kräfte zu verlassen schienen, hielt ihn sein Kollege mit einer Hand fest. Plötzlich drehte sich das Wrack und riss einen der Männer mit", so der örtliche Feuerwehrkommandant. Gerichte sollen klären, ob menschliches Versagen oder ein technisches Gebrechen zum Unglück führte.

Die Feuerwehr findet das Wrack der „Donau" im Wasser

Die letzte Zigarette...

Andere Länder, andere Sitten: China setzt zum „Welttag gegen die Drogen" ein deutliches Zeichen. Sechs Drogenhändler werden exekutiert. Im Foto: die letzte Zigarette zweier zum Tode Verurteilten. China ist der Staat mit der höchsten Hinrichtungsquote der Welt. Dennoch wächst mit steigendem Wohlstand und Habgier nach den Früchten der Konsumgesellschaft auch die Kriminalität. Immer härter muss auch gegen die um sich greifende Korruption durchgegriffen werden. Sie gefährdet vor allem die Sicherheitsstandards bei Großbauwerken, etwa Staudämmen und Atomkraftwerken.

Die EU sichert Öko-Millionen zu

Aufatmen bei heimischen Biobauern und Öko-Landwirten! Nach zähen Verhandlungen in Brüssel kann Minister Josef Pröll den drohenden, drastischen Einbruch bei der Umweltförderung verhindern. Österreichs Öko-Gelder in der Höhe von 460 Millionen Euro bleiben unangetastet.

***Fabelweltrekord** über 100 Meter. Superstar Asafa Powell sprintet in Athen mit der Startnummer 100 zum neuen Weltrekord. Mit 9,77 Sekunden setzt er neue Maßstäbe. Verständlich, dass der schnellste Mann der Welt aus Jamaika in der Zigarrenbar des Athletenhotels mit Champagner feiert.*

AUA erst 2006 in Gewinnzone

Obwohl die Passagierzahlen bei den Austrian Airlines (AUA) deutlich angezogen haben, ist 2005 wegen der harten Konkurrenz durch die Billigflieger ein schweres Jahr für die österreichische Fluglinie. Hohe Kerosinpreise, Kosten für die Sicherheit sowie teure Airport-Gebühren bremsen die AUA, sodass sie erst wieder 2006 in die Gewinnzone fliegen wird können.

SMS-Botschaft als Mordmotiv

Weil seine Lebensgefährtin Handy-Anrufe und eine geheime SMS-Botschaft erhalten hat, dreht der ehemalige Fremdenlegionär Robert P. aus Bad Vöslau durch. Der 34-Jährige nimmt eine Pistole und tötet die um vier Jahre ältere Frau mit einem gezielten Schuss. Nach der Bluttat geht er mit der gemeinsamen Tochter (4) noch in ein Lokal auf ein Bier.

So schön sind unsere Jungbäuerinnen. *Ganz von ihrer natürlichen, offenen Seite zeigen sich Österreichs Jungbäuerinnen und -bauern in der mittlerweile sechsten Auflage ihres Kalenders. Mit ihrem neuen, auch unternehmerischen Selbstbewusstsein überschreiten die Landwirte die Grenzen und sorgen mit einer eigenen Ausgabe auch im benachbarten Bayern für Furore. „Krone"-Fotograf Klemens Groh ist beim Termin in Höflein in Niederösterreich dabei und liefert dieses stimmungsvolle Bild von einer jungen Bäurin im Kornfeld. Zudem werden anno 2005 Ferien auf dem Land und am Bauernhof immer beliebter. Vor allem wenn beglückende Begegnungen mit Tieren dazukommen.*

Premiere in der Geschichte von „6 aus 45" ● Im Topf warten neun Millionen Euro

Erster Vierfach-Jackpot geknackt

Österreich im Lotto-Fieber – beim ersten vierfachen Jackpot in der Geschichte von „6 aus 45" geht es um satte neun Millionen Euro. Die Trafiken und Annahmestellen versinken beinahe im Ansturm. Alle wollen den großen Gewinn machen. Schließlich knacken dann gleich drei Spieler den riesigen Vierfach-Jackpot.

Am 26. Juni ist es somit der erste vierfache Jackpot in der 18-jährigen Lottogeschichte. Günther Engelhart von den Lotterien: „Es wurden mehr als zwei Millionen Tipps abgegeben. Das ist schon ein Wahnsinn."

Wobei sich die Wunschliste der Österreicher laut „Krone"-Bundesländerumfrage deutlich verändert hat: Wollte man sich früher zuerst ein Haus, ein Auto oder gar eine Yacht leisten, steht jetzt die Altersvorsorge an vorderster Stelle.

Bei der mit Hochspannung erwarteten Ziehung bringen die Zahlen „4, 7, 19, 28, 31 und 42" dann drei Spielern aus Tirol, Steiermark und Niederösterreich das große Glück. Sie können über eine Gewinnflut von je knapp drei Millionen Euro jubeln.

Schon zwei Monate später liegt die Alpenrepublik erneut im Glücksspielfieber. Wieder gilt es einen Vierfach-Jackpot, diesmal in der Höhe von 7,2 Millionen Euro, zu knacken.

Hochbetrieb in den Lotto-Annahmestellen: Jeder will gewinnen

Batman *ist zurück. Der geheimnisvolle Ritter im pechschwarzen Flatter-Cape präsentiert sich erneut als Kämpfer gegen Korruption und Verbrechen. Christian Bale brilliert im neuen Hollywoodstreifen „Batman Begins“ als Rächer in Gotham City. In weiteren Rollen des „Comic-Thrillers“ glänzen Michael Caine, Liam Neeson, Morgan Freeman und Gary Oldman.*

Ausbruch in letzter Minute verhindert:

Flucht-Tunnel direkt vor Gefängnismauer

Nachdem im Juni bereits fünf Profi-Gangster aus drei österreichischen Gefängnissen getürmt sind, erhöht das Justizministerium die Sicherheitsvorkehrungen. Und so gelingt es nahezu in letzter Minute, einen geplanten Großausbruch von sieben Mafiosi aus der Justizanstalt Hirtenberg (Niederösterreich) zu verhindern.

Nach der Pleiten-Pech-und-Pannen-Serie kontrolliert ein Wachebeamter die Außenmauer der Haftanstalt besonders genau. Auf der verwachsenen Böschung zum Triestingbach entdeckt er den versteckten Eingang eines Flucht-Tunnels. Sofort löst er stillen Alarm aus. Binnen einer Stunde hat die Einsatzgruppe der Justiz 80 Spezialkräfte nach Hirtenberg verlegt. Dadurch glückt es, die geplante Befreiung georgischer und rumänischer Mafiosi zu vereiteln. „Beim Durchsuchen der Anlage haben wir auch einige über die Gefängnismauer geworfene Handys gefunden“, so der erfolgreiche Sicherheitsoffizier Josef Schmoll.

▲ Spezialkräfte der Justiz kontrollieren das Areal im Hirtenberger Gefängnis.

Autobahn schon vor der Eröffnung kaputt

Es klingt wie ein Schwank von den Schildbürgern: Drei Jahre lang wurde an der Süd-Autobahn vor den Toren Wiens herumgedoktert. Aber nur eine Woche bevor die Renovierung und Verbreiterung endlich abgeschlossen sein soll – wird ein Pfusch an der Fahrbahn Richtung Graz entdeckt. Der neue Fahrbahnbelag ist rumpelig. Die ASFINAG gibt den „Schönheitsfehler“ zu.

65-Jähriger greift im Streit um Lärm zur Waffe und tötet Familienvater:

Nachbar erschossen, weil er einem Mieter zu laut war

Tödlich endet ein monatelanger Streit zweier Nachbarn in einem Wiener Gemeindebau: Weil er sich von seinem Anrainer gestört fühlt, nimmt ein Pensionist seine Waffe und erschießt einen 33-jährigen Hausbewohner. Das Opfer hinterlässt eine Frau und 2 Kinder.

In der Tautenhayngasse in Wien-Fünfhaus gibt es schon seit langem Zwist zwischen dem gebürtigen Serben Demir L. und dem 65-jährigen Pensionisten Helmut W. Mitte Juni eskalieren die Animositäten, als sich die beiden zu später Stunde ein Schreiduell liefern. Dabei gerät der Ältere so sehr in Rage, dass er zur Waffe greift und den zweifachen Familienvater tötet.

Opfer des Streites: Demir L.

Japan: Hamburger mit Wal-Fleisch!

Affront für alle Tierschützer: Ausgerechnet während der Jahrestagung der Internationalen Walfangkommission in Seoul provoziert eine Imbisskette in der japanischen Hafenstadt Hakodate mit einem neuen Angebot: nämlich mit Minka-Walfleisch gefüllten Hamburgern.

***Als TV-Paar** harmonisieren Anja und Hansi nicht. Auch in der fünften Runde der Fernsehserie „Da wo das Glück wohnt" geht der Kampf des Tirolers Hansi Sandgruber gegen seine Erzrivalin Viktoria Perterer weiter. Hinter den Kulissen der Dreharbeiten herrscht zwischen den Hauptdarstellern Anja Kruse und Hansi Hinterseer aber eitel Wonne.*

Bundesrat kostet 4 Millionen Euro

Weil die Bundesräte Siegfried Kampl und John Gudenus durch unqualifizierte Aussagen ins Zwielicht gekommen sind, wird der Ruf nach einer Bundesrat-Abschaffung lauter. Berechnungen ergeben eine Ersparnis von satten vier Millionen Euro im Jahr.

Fanatiker gewinnt die Wahl im Iran

Der „Salto rückwärts" bei den Wahlen im Iran schockt die Welt: Denn der neue Präsident, Mahmud Ahmadinedschad, gilt als Fanatiker. Iran-Experten wie der deutsche Johannes Reissner befürchten eine Zuspitzung des Atomstreites mit den USA.

Granitblock stürzte auf das Mädchen (7)

Kind auf Friedhof von Grabstein erschlagen

Eine unfassbare Tragödie spielt sich Mitte Juni auf dem Friedhof von Marbach an der Donau (Niederösterreich) ab. Beim Besuch eines Grabes wird ein siebenjähriges Mädchen von einem umstürzenden Grabstein erschlagen. Trotz aller Reanimationsversuche gibt es keine Rettung mehr für die kleine Lydia.

Die Eltern des Mädchens sind gerade dabei, ein Grab von Verwandten am Friedhof zu pflegen, als das Unglück passiert. Lydia, die noch kurz zuvor Blumen gepflanzt hat, lehnt sich an einen Grabstein. Der wackelige, offenbar brüchige Gesteinsblock gibt nach und begräbt die Siebenjährige direkt vor den Augen ihrer Eltern unter sich. Da der Granitblock so schwer ist, müssen die verzweifelten Angehörigen warten, bis die Feuerwehr den Grabstein hochheben kann. Doch die Verletzungen sind zu stark. Obwohl der Notarzt Minuten nach der Tragödie am Unglücksort ist, kann auch er nicht mehr helfen.

„In der Schule veranstalten die Lehrer eine Trauerfeier für den kleinen Sonnenschein Lydia", wie „Krone"-Fotoreporter Franz Crepaz berichtet.

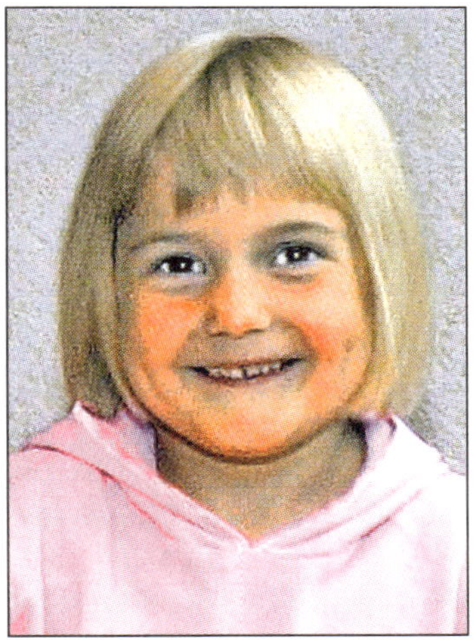

▲ Lydia (7) wird auf dem Friedhof von Marbach von einem Grabstein erschlagen. ▼

Traummann kocht & wechselt Reifen

Männer, die kochen und Reifen wechseln können, sind der Traum der Frauen: Bei einer Umfrage unter 3000 Singles werden diese Fähigkeiten als Wunschqualitäten des Partners genannt. Nur jede vierte Frau träumt von einem Mann, der intelligenter ist als sie selbst.

Gericht verurteilt faulsten Beamten

Weil er die Akten „verschimmeln" ließ, wird ein Kärntner Gerichtsbeamte von einer Richterin zu 15 Monaten bedingter Haft verurteilt. „Was Sie gemacht haben, ist Amtsmissbrauch", so die Begründung. Ein Innerer Schweinehund habe ihn gehindert, erbittet der Verurteilte Bedenkzeit.

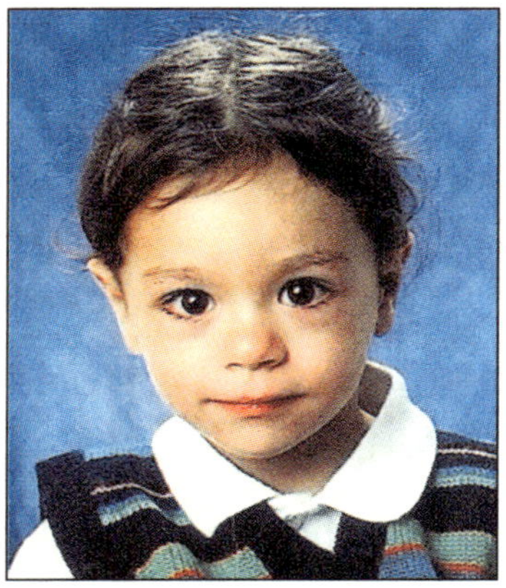

Getötet: der 4-jährige Marco

Zwei Rumänen werden als gedungene Brandstifter verhaftet

Bei nächtlichem Anschlag auf Pizzeria zwei Kinder getötet!

Seit Jahren herrscht in Wagna (Stmk.) zwischen dem Betreiber einer Pizzeria – einem Ägypter – und sechs im Haus wohnenden Landsleuten Krieg. Mitte Juni fliegt das Haus in die Luft. Schreckensbilanz: Zwei Kinder sterben, sechs weitere Personen werden verletzt. Als Täter verhaftet die Polizei zwei Rumänen.

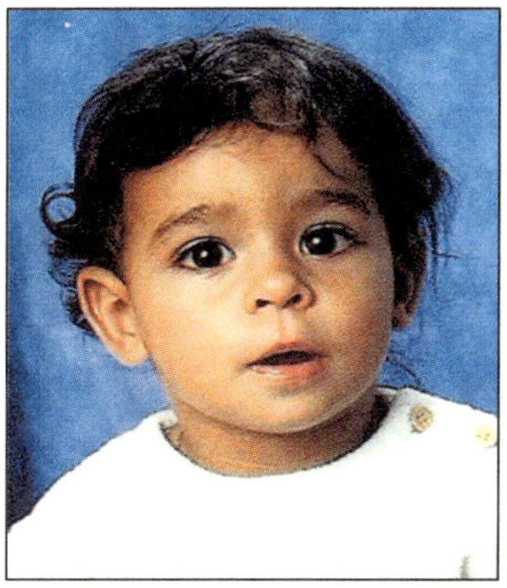

▲ Auch sein Bruder Levi (5) stirbt bei dem heimtückischen Anschlag. Nach der Explosion stürzt das Haus bei Leibnitz (Stmk.) in sich zusammen. ▶

So werden nach dem Brandanschlag vorerst drei Verdächtige aus dem Umfeld des Lokales verhaftet: der Pächter, sein Bruder und der Schwager. Sie sollen einen Versicherungsbetrug in der Höhe von 170.000 € geplant haben.

Dann ergeben weitere Ermittlungen – ein Handy wird am Tatort gefunden –, dass zwei Rumänen den Brand in der Pizzeria gelegt haben. „Ein 24-Jähriger und sein 17-jähriger Komplize haben Benzin verschüttet", berichten die Redakteure Manfred Niederl und Walter Močnik von der „Steirer"-Krone. Nachdem der ältere der beiden gedungenen Feuerteufeln in Graz verhaftet worden ist, werden in Ungarn auch dem Jüngeren die Handschellen angelegt. Vermutlicher Auftraggeber: der Pächter!

***Drei Millionen Fans** lassen die Wiener Donauinsel beben. „Mit dieser neuen Rekordbesucherzahl bleibt das Inselfest weiter unangefochten die Nummer eins unter den Open-Air-Festivals in Europa", berichtet Redakteur Tom Klinger. Ein einmaliges Event, zu dem auch die „Krone" enorm viel beiträgt. Allein zum Auftritt von Nena pilgern 200.000 Besucher. Überwältigend wie immer: das große Schlussfeuerwerk.*

Monaco: Albert besteigt Thron!

Nach dem Tod Fürst Rainiers III. feiern die Monegassen die Inthronisierung von Albert II. Die Amtsgeschäfte hat der 47-Jährige knapp vor dem Ableben seines Vaters Anfang April übernommen. Beim ersten Auftritt macht Albert klar, dass er ein „Fürst des 21. Jahrhunderts" sein will. Modern und volksnahe als Geschäfts- und Staatsmann.

Mann schändet Tausende Buben

Wegen sexuellen Missbrauchs Tausender Buben wird in San Jose (Kalifornien) der 63-jährige Arthur Schwarzmiller verhaftet. In sieben schrecklichen Notizbüchern hat der Mann die Namen von etwa 36.000 Kindern aufgelistet, an denen er sich vergangen haben dürfte. Er begann vor 36 Jahren mit den Aufzeichnungen über die Misshandlungen.

Krone-Chronik Juni 2005

- Tierschützer schlagen Alarm. Zwar konnten die grauenhaften Versuche mit Hunden und Katzen für Kosmetikprodukte eingestellt werden, trotzdem wurden im Vorjahr 187.336 Tier für andere „Tests" herangezogen.
- Todesdrama auf einer Baustelle in Wien-Hernals. Ein tonnenschwerer Bauteil einer Decke löst sich und begräbt zwei Arbeiter unter sich.
- Als neue Form der Hausbewacher bietet eine steirische Firma Pensionisten an. Firmenchef Guido Kollaritsch vermietet Rentner als „lebende Alarmanlagen".
- 86 Flüchtlinge aus Ecuador treiben auf ihrem Boot 600 Kilometer vor der Küste im Pazifik, da wirft ein Mann eine Flaschenpost mit Hilferuf ins Meer. Ein Fischer findet die Nachricht, alle werden gerettet.
- Am Wiener Westbahnhof verhaften Polizisten einen Afrikaner (23), der vom Rollstuhl aus Drogen verkaufte.
- In New York tötet ein 9-jähriges Mädchen seine Freundin (11) beim Streit um einen Ball mit einem Messer. Sie ist die jüngste Täterin in der US-Kriminalgeschichte.

__21.000 Druiden__ und andere Anhänger keltischer Religionen pilgern am 2. Juni zu Sonnenaufgang ins englische Stonehenge. Dort wo sie um den 5000 Jahre alten rätselhaften Kreis aus riesigen Steinen wie alljährlich den Beginn des längsten Tages im Jahr feiern. In Wien gibt es ähnliche Feiern und zwar auf der Himmelwiese in Grinzing. Denn hier erinnert der Lebenskreis der Bäume an das „Baumhoroskop der Kelten".

Spedition holt Leiche ermordeter Mutter ab

Im Streit mit seiner Mutter dreht ein 24-jähriger Wiener durch. Er tötet die Ärztin Dr. Susanne J. mit einer Holzlatte. Um die Spuren in Ruhe verwischen zu können, lässt der Verdächtige die Leiche von einer Spedition abholen. Zuvor verpackt er die Tote in einen Plastiksack und steckt sie in einen Übersiedlungskarton. Er gesteht: „Ich habe rot gesehen."

Gipfel der langen Gesichter: Berlusconi, Barroso, Junker (v.l.n.r.)

Politiker-Treffen in Brüssel als Zerreißprobe:

Nach dem EU-Debakel folgt Gipfel der langen Gesichter

Der Halbzeittreff am EU-Gipfel entwickelt sich zum Verteilungskampf um den Finanzkuchen. Nach Verfassungs-Pause, Erweiterungs-Bremse und Briten-Rabbat bis 2013 hoffen die ratlosen Lenker auf ein Wunder.

Die Briten-Delegation höhnt bei der Ankunft zum EU-Krisengipfel gar, die „französisch-deutsche EU-Lok sei nur noch ein Haufen Schrott" und Schröder und Chirac seien „Auslaufmodelle". Kein Zweifel: Die Krisen-EU steckt in der Zerreißprobe und unter den Staatenlenkern ist die Eiszeit ausgebrochen, auch wenn sie sich vor den Kameras mehr küssen denn je.

‚Professor Moik' wechselt in den Ruhestand. Der von Steiermarks Landesmutter Klasnic zum Professor erhobene TV-Star Karl Moik wird nach 25 überaus erfolgreichen Jahren zu Silvester seinen letzten „Musikantenstadl" moderieren.

Einsamkeit nach BSE-Schock: Bauer Weißenbach beim Heuarbeiten

BSE-Erkrankung im Kleinen Walsertal:

Alarm um Rinderwahn bei Vorarlberger Kuh!

Österreich hat seinen zweiten BSE-Fall! Nach fast einer Million Tests wird bei einer Kuh, die auf einem abgelegenen Bauernhof im Kleinen Walsertal in Vorarlberg stand, Rinderwahnsinn festgestellt. Die erste derartige Erkrankung an einem Rind war im Dezember 2004 im niederösterreichischen Waldviertel aufgetreten.

Am BSE-Fall gibt es keine Zweifel. Über die Ursache wird anfangs kurz gerätselt. Denn es steht so gut wie fest, dass die Kühe des Bergbauern Paul Weißenbach nicht mit Tiermehl gefüttert worden sind. Ende Mai war die Kuh „Brüna" im Stall verendet. Der Krankheitsverdacht ist dann nach der Probenentnahme einer Tierkörperverwertungsanlage in Deutschland aufgetaucht. Weitere Tests bestätigten den BSE-Fall. Der betroffene Hof wird geschlossen, die übrigen sieben Stück Vieh geschlachtet.

Ergreifend schildert Bauer Weißenbach „Krone"-Fotoreporter Dietmar Mathis die Umstände um das Verenden seiner „besten Kuh", die als zweites BSE-Rind in Österreich traurige Berühmtheit erlangt.

Eine Tragödie, an der der Vorarlberger völlig schuldlos sein dürfte. Experten wie der Neurologe Dr. Herbert Budka vermuten, dass sich „Brüna" über verseuchtes Kraftfutter aus dem wenige hundert Metern entfernten Bayern angesteckt hat. „Für die Konsumenten bestand niemals Gefahr. Denn das Braunvieh aus Weißenbachs Stall diente nicht der Zucht. Die Milchkuh wurde sozusagen für den Eigenbedarf gehalten", versichert Landwirtschaftsminister Josef Pröll im Interview mit „Krone"-Umweltexperten Mark Perry.

Minister Pröll fliegt eigens in das entlegene Stück Österreich, um dem Bauern jede nur mögliche Unterstützung zuzusichern. Um ihm beizustehen und um für die Konsumenten Entwarnung zu geben.

Neuer Rekord an Schwarzarbeitern

Die Zahl der Schwarzarbeiter ist in Österreich auf einen Rekordwert angestiegen. Sondereinheiten des Finanzministeriums erwischen täglich 18 illegal Beschäftigte. Allein in den ersten fünf Monaten wurden 2700 Schwarzarbeiter ertappt.

Zivildienst auf 9 Monate verkürzt

Auf einen Kompromiss einigen sich ÖVP und SPÖ bei der Reform des Zivildienstes. Künftig stehen Zivildiener in Österreich nicht mehr zwölf, sondern nur noch neun Monate im Dienst. Erhöhung der Grundpauschale auf 256 Euro.

Tag für Tag

Von Marga Swoboda

Ausgerechnet „Brüna" vom Bergbauernhof

„Brüna" war keine Kuh aus der Bestpreis-Tierfabrik. Sie wurde im Schlaraffenland geboren; Riezlern im Kleinen Walsertal in Vorarlberg. Ein Ort aus Sommerfrische und Wintermärchen. Für Menschen und für Tiere.

„Brüna" hatte einen schönen Namen, wunderbare Wiesen, einen sauberen Stall und einen Bauern, der mit seinen Tieren spricht. „Brüna" hatte ein gutes Leben: gewissenhaft gepflegt, nach bestem Wissen und Gewissen ernährt.

„Brüna" war Luxusgeschöpf unter den Kühen. Keine Nummer und kein gedoptes Hochleistungs-Tier wie so viele Tiere, ausgeschlachtet schon zu Lebzeiten und irgendwann dem Tod zugetrieben in einem gotteserbärmlichen Viehtransport. „Brüna" und ihre Artgenossen, ein paar Stück nur insgesamt, hatten ein Bergbauernhof-Paradies.

Jetzt sind sie alle tot. „Brüna", elf Jahre alt, ist plötzlich zusammengebrochen. Verendet, wie man beim Vieh sagt. „Brüna", das hat die Routine-Untersuchung ergeben, hatte BSE.

Der Rinderwahnsinn. Das Wort, das Schlagzeilen machte wie eine moderne Pest und das die Essgewohnheiten von Millionen Menschen veränderte. Bewusster kaufen, Hirn und Rückenmark meiden, auf den schönen Suppenknochen verzichten. Bio, Naturnähe, Idylle. Wenn noch jemand zu vertrauen ist im schlaraffischen Lebensmittel-Überangebot, dann doch dem Bergbauern und den Bio-Bauern. Und jetzt „Brüna" vom Bergbauernhof.

Die Verunsicherung ist groß. Der Bergbauer entsetzt und tief getroffen. Jetzt nur nicht hysterisch werden. Nicht Angst haben vor den Kühen der Bergbauern und der Bio-Bauern. Die Bauern sind eh schon fertig.

Der zuständige Landes-Tierarzt hat demonstrativ Fleisch von „Brünas" Kalb gegessen. Das ist ungefährlich. „Brüna" ein tragischer Einzelfall. Keine Angst! Ich möchte es glauben.

Krone-Chronik Juli 2005

- Bei einer Hai-Attacke in Florida wird ein 19-jähriger Österreicher von einem Bullenhai verletzt.
- Schatzfund beim Hallstätter See: Ein Bauer entdeckt einen goldenen Keltenschmuck aus dem Jahr 600 vor Christus.
- Kaum ist die Gendarmerie aufgelöst, versteigern Beamte im Internet ihre alten Uniformen.
- Der Öko-Kämpfer Dr. Gerhard Heilingbrunner wird als Präsident des Umweltdachverbandes wieder gewählt.

„Steffl"-Schauen kostet extra. *Ohne Obulus geht im Wiener Stephansdom nichts mehr: Ab Juli kann man das Gotteshaus nur noch im Rahmen von Führungen besichtigen. Dafür ist der Großteil des „Steffls" abgesperrt. 7,50 Euro kostet das Ticket für eine Audio-Führung mit einem etwa handygroßen elektronischen Gerät (Foto).*

Säule des Sieges für New York

„Siegessäule" nennt Chefarchitekt David M. Childs das überarbeitete Modell des Freedom Towers, das in New York präsentiert wird. Der Freiheitsturm auf dem Ground Zero soll bombensicher und mehr Ähnlichkeiten mit den am 11. September 2001 zerstörten Zwillingstürmen des World Trade Centers haben als bisher vorgesehen war. Vom ursprünglichen Entwurf von Daniel Libeskind blieben nur wenige Elemente. Die Höhe von atemberaubenden 541 Metern soll allerdings beibehalten werden.

Spenden der Leserfamilie bringen 2 Millionen €

Halbes Jahr nach Tsunami: Große „Krone"-Hilfsaktion

180 Tage nach der Flut-Katastrophe kann sich die Bilanz der österreichischen Wiederaufbauhilfe unter Leitung von Ex-Innenminister Ernst Strasser sehen lassen. Besonders rührend auch das von der „Krone" unterstützte Caritas-Hilfsprogramm in Indien.

Mit 28 Millionen Euro wurde fast schon die Hälfte der zugesagten 59 Millionen in mehr als 50 Einzelprojekte für die betroffenen Regionen Südostasiens investiert. Von Schulkooperationen, Frauen- und Kinderschutz bis zum Wiederaufbau und Umweltschutz.

Da die Regierung in vielen Regionen Indiens nicht hilft, setzt sich die Caritas für diese Gebiete ein. In der Nähe von Karaikal entstehen – von „Krone"-Lesern unterstützt – Dörfer der Vergessenen. Caritas-Direktor Michael Landau besucht die ersten Projekte.

Caritas-Direktor Michael Landau beim Lokalaugenschein in Indien

U-Bahn-Terror in London

55 Menschen sterben, mehr als 700 Opfer schwer verletzt

Die Attentäter: Vier junge Briten pakistanischer Herkunft

Albtraum Bombenterror! Bei verheerenden Terroranschlägen explodieren am 7. Juli in drei Londoner U-Bahnstationen und in einem Doppeldecker-Touristenbus fast zur gleichen Zeit Sprengsätze: 55 Menschen werden getötet, 700 verletzt. Chaos und Panik brechen aus. Fünf Tage später gelingt es Scotland Yard, die vier Attentäter – sie kamen allesamt ums Leben – als Briten pakistanischer Herkunft zu identifizieren. Die Welt erleidet einen globalen Schock.

Eine, der beim Anschlag schwer demolierten U-Bahn-Garnituren

„Das ist der ultimative Albtraum", bringt es Alan Duncan, innenpolitischer Sprecher der Konservativen Großbritanniens, auf den Punkt. Seit dem Attentat auf das World Trade Center am 11. September 2001 hatte man auch in London einen Horror-Anschlag befürchtet. Am 7. Juli wird es tragische Wirklichkeit. „Um 8.51 Uhr kommt es zur ersten Explosion bei der U-Bahnstation Liverpool Street. Minuten später detoniert eine Bombe im Zug nahe der Haltestelle King's Cross. Um 9.17 Uhr eine weitere in der Station Edgware Road. Zuletzt sprengt um 9.47 Uhr ein Attentäter einen Doppeldecker-Bus auf dem Tavistock Square in die Luft. Die Explosionen ereignen sich im Londoner Finanzdistrikt", berichten „Krone" Redakteurinnen Brigitte Egger und Eva Lehner.

Menschen laufen blutüberströmt aus den Stationen, Menschen liegen auf dem Boden, schwarz vor Rauch. „Die Leute brachen in Panik aus, fingen an zu schreien und zu weinen", erzählt Arash Kazerouni (22), der die Explosion nahe King's Cross miterlebte.

Aber auch Tausende Österreicher leben in London. „Viele von ihnen sind an

Tina Cencig aus Völkermarkt überlebt den Bombenterror.

Britische Polizisten bei der Spurensicherung rund um den Bus

Beweisbild per Handy-Kamera fotografiert: Flucht aus dem Chaos

führt zu globalem Schock!

diesem verhängnisvollen Donnerstag im dichten Menschengewühl unterwegs, als der Terrorwahnsinn über die Metropole an der Themse hereinbricht", so Redakteur Michael Pommer, der von London aus unter Mitarbeit von Kollegen Fritz Kimeswenger für die „Krone" berichtet.

Unter den geretteten Österreichern etwa die Horvats. Eine Familie, die den in London studierenden Sohn besucht und im allerletzten Moment bei der U-Bahnstation ein Taxi nimmt. Sekunden später fliegt unter ihnen alles in die Luft. Und auch die Kärntnerin Tina Cencig hat überlebt, obwohl sie die Feuerwalze schon auf sich zurasen sah . . .

Am 12. Juli dann erste Spuren zu den Attentätern: Es stellt sich heraus, dass es sich bei den Terroristen um vier Briten im Alter zwischen 19 und 30 Jahren gehandelt hat. Alle vier sind pakistanischer Herkunft, waren „brave Bürger" und nie als Moslem-Fanatiker aufgefallen. Gemeinsam fuhren sie aus ihrer Heimatstadt Leeds nach London. Im U-Bahnhof King's Cross werden die jungen „Touristen" mit Rucksäcken ein letztes Mal von Überwachungskameras gefilmt.

Vermutlich waren es keine Selbstmord-Anschläge! Scotland Yard hält es für möglich, dass die Attentäter nicht sterben wollten, sondern Hintermänner sie in den Tod schickten, um zu verhindern, dass sie gefasst werden und alles verraten.

Genau zwei Wochen nach der Anschlags-Serie neuer Terroralarm: Diesmal detonieren vier kleine Sprengsätze. Alle vier Attentäter werden verhaftet. Tragik am Rand: Bei der Jagd auf die Terroristen wird ein völlig unschuldiger Passant von der Polizei erschossen.

Dieses Quartett bringt am 7. Juli in London den Tod. Letztes Bild von einer Überwachungskamera

Polizeipatrouillen im ganzen Land

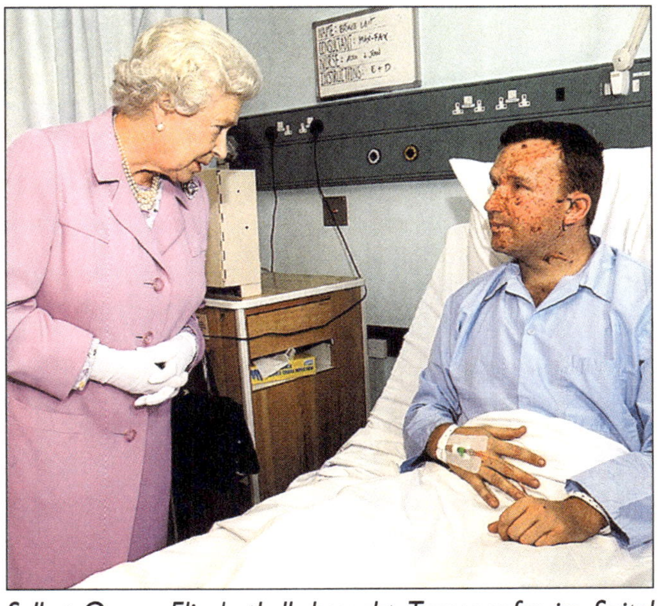

Selbst Queen Elizabeth II. besucht Terroropfer im Spital

88 Tote und 200 Verletzte bei drei Sprengstoffanschlägen im Taucher-Dorado am

Terror ohne Ende – Bomben im

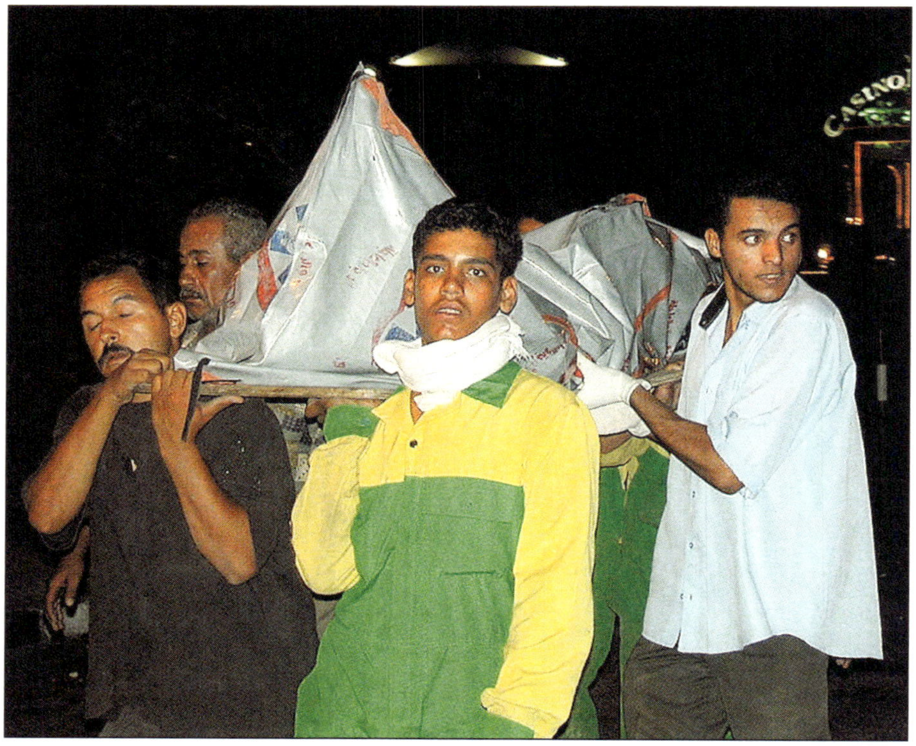

◀ *Freiwillige Anrainer holen die Leichen der beim Anschlag getöteten Freunde aus den zerstörten ägyptischen Urlaubertreffs. Für 88 kam jede Hilfe zu spät.*

Terror ohne Ende! Nur zwei Wochen nach den tragischen Bombenanschlägen von London explodieren im Urlauberparadies Sharm El Sheikh am Roten Meer bei einer nächtlichen Attentatsserie drei Höllenmaschinen: In einem Hotel, auf einem Marktplatz und vor dem beliebten „Hard Rock Café“. Bilanz des Grauens: 88 Tote und mehr als 200 schwer Verletzte! – Obwohl 1500 Österreicher in der Region Urlaub machen, überstehen sie alle den blutigen Anschlag heil.

Der grauenhafte Bombenterror verwandelt die Urlaubsregion am 23. Juli, also mitten in der Hochsaison, in ein Katastrophengebiet. Höllenmaschine eins explodiert auf dem belebten Marktplatz der Altstadt. Versteckt in einem Auto. „Zuerst dachte ich an einen Unfall. Doch dann war alles hell erleuchtet. Das viele Blut und Menschen, die gel-

Krone-Chronik Juli 2005

● Zugsunglück im Oberpinzgau: Wegen eines menschlichen Versagens krachen zwei Garnituren ineinander. Schreckensbilanz: 2 Tote, 34 Verletzte.

● Der Schweizer Roger Federer gewinnt das Traditions-Tennisturnier von Wimbledon souverän gegen Andy Roddick (AUS).

● „Stampede“ auf einer Alm in Saalbach-Hinterglemm (Salzburg): Rund 40 Kühe traben auf Touristen zu. Drei Deutsche erleiden bei der „Kuh-Attacke“ Verletzungen.

● Ein unbemannter High-Tech-Helikopter (SEG) aus Wr. Neustadt verblüfft die Fachwelt. Motorprototypen des gefragten „Wunder-Geräts“ werden in Trasdorf vom Werkzeugprofi Rauch gefertigt.

● Horrorunfall auf der Tauernautobahn: Ein Lkw-Chauffeur, der auf der A 10 betrunken mit seinem Lastwagen als Geisterfahrer unterwegs ist, rammt ein Auto: Drei Insassen sterben!

● Einen Tag vor der Anschlagsserie jubelt London über die Abstimmung von Singapur: Die englische Hauptstadt ist gewählter Austragungsort der Sommer-Olympiade 2012.

● Entführungsdrama im Nahen Osten: Palästinenser kidnappen den Wiener Volker Mitterhammer im Gaza-Streifen. Erst nach Vermittlungen von Präsident Abbas kommt er frei.

● Schwerer Schlag gegen das Land Tirol, den Umweltschutz und Anrainer: Der Generalanwalt des Europäischen Gerichtshofes beantragt, das Lkw-Fahrverbot auf Teilen der Inntalautobahn endgültig aufzugeben.

Viele Feriengäste, darunter auch hunderte Österreicher, reisen völlig geschockt aus dem Ferienparadies am Roten Meer ab.

Roten Meer ● Boss der Attentäter wird in Kairo erschossen

Ferienparadies Ägypten

Ein Bild des Grauens: das Urlauberhotel „Ghazala Gardens“ ist bei der Detonation der Höllenmaschine wie ein Kartenhaus in sich zusammengebrochen. ▼

lend um Hilfe schrien“, so ein Augenzeuge.

Sieben Minuten später Anschlag zwei: Ein Attentäter rast mit einem Wagen in die Eingangshalle des Hotels „Ghazala Gardens“. Das Auto kommt erst zum Stillstand, als es gegen die Rezeption kracht. Der mit Sprengstoff voll beladene Pkw fliegt in die Luft und lässt den Eingangsbereich des Hotels einstürzen. Dutzende Menschen kommen dabei ums Leben.

Fast zeitgleich erfolgt der dritte Anschlag: und zwar auf dem Parkplatz des Touristen-Treffs „Hard Rock Café“. Die ägyptischen Sicherheitskräfte gehen davon aus, dass es eine Verbindung zu den Attentätern gibt, die im Vorjahr in Taba Anschläge mit 34 Toten verübt haben. Denn genau am Tag des jüngsten Bombenterrors hätte der Prozess gegen sie beginnen sollen.

Auch hunderte österreichische Urlauber fliehen vor dem Terror im Ferienparadies. Eine AUA-Sondermaschine mit den ersten 151 Touristen an Bord landet schon am nächsten Tag in Wien-Schwechat. Tränen der Freude und Erleichterung auf dem Flughafen. Tenor der Heimkehrer: „Wir wollten nichts als weg aus Ägypten.“

Anders hingegen schätzen jene 50 Österreicher die Situation am Roten Meer ein, die knapp 24 Stunden nach dem Bombenterror ans Rote Meer aufbrechen. „Vieles im Leben ist vorbestimmt, es wird schon nix passieren“, sagen sie sich und riskieren den Urlaub im Schatten der Angst.

Eine Grazer Familie, die so wie viele Landsleute der Terrorhölle nur knapp entkam, verzichtet auf den frühzeitigen Heimflug. „Wir fühlen uns sicher, aber den nächsten Urlaub verbringen wir daheim“, gestehen die Steirer „Krone“-Fotoreporter Reinhard Holl.

Bei der Jagd nach den Drahtziehern der blutigen Anschläge von Sharm El Sheikh erschießt die Polizei dann Anfang August den Hauptverdächtigen, Mohammed Fulaifel, als er sein Versteck in Kairo verlässt.

◀ Nicht alle lassen sich abschrecken. Dieses Paar hat keine Bedenken vor „Urlaub im Schatten der Angst“.

Manche Touristen posieren stolz an den Attentatsplätzen. Sie schrecken nicht einmal davor zurück, vor den Ruinen Fotos zu machen. ▶

Urteil des Europäischen Gerichtshofs kippt Zugangsbeschränkungen an Fakultäten:

Deutsche stürmen unsere Unis

Auch diese drei Berlinerinnen wollen an eine österreichische Uni

Ansturm von deutschen Studenten auf unsere Universitäten! Nachdem der Europäische Gerichtshof die Zugangsbeschränkung für europäische Studenten kippt, drängen besonders deutsche Uni-Flüchtlinge an die Hochschulen. Die Regierung reagiert – und schafft für das kommende Studienjahr neue Beschränkungen!

Bisher durften EU-Bürger praktisch nur dann in Österreich studieren, wenn sie in ihrem Heimatland einen Studienplatz vorweisen können. Das hielt vor allem deutsche Studenten ab, die durch den dortigen Numerus Clausus (NC) gehindert waren, ins Nachbarland zu wechseln. Doch nach dem Urteil der Luxemburger Richter („Grundsatz der Gleichbehandlung") können nun Studenten aus ganz Europa die heimischen Universitäten besuchen.

Die Folgen: ein Ansturm auf Fakultäten. Bis zu 90 Prozent der neuen Bewerber kommen aus Deutschland. Die Wartelisten sind voll von Uni-Flüchtlingen aus Berlin, Frankfurt oder Hamburg. Vor allem die auch schon hierzulande beliebten Studienrichtungen wie Pharmazie, Psychologie, Betriebswirtschaftslehre und in erster Linie natürlich Medizin sind betroffen.

Während Österreicher um ihre Studienplätze bangen, freuen sich die angehenden Ärzte aus unserem Nachbarland. Nach und nach werden erste Zahlen bekannt. So ist in Innsbruck jeder 2. Anfänger in Medizin ein Deutscher. Auch in Graz sind unsere Nachbarn in Überzahl – jeder 3. Psychologie-Student. Und in Klagenfurt gibt es den größten Ansturm seit 20 Jahren. Lediglich an der Uni-Wien ist der Anteil der „Numerus-Clausus-Flüchtlinge" durch die früher abgelaufene Inskriptionsfrist mit sechs Prozent gering.

Nun droht aber eine Klagsflut abgelehnter österreichischer Studenten. Denn der Nationalrat hat den Hochschulen die Möglichkeit geschaffen, in acht überlaufenen Fächern Grenzen zu ziehen. Dadurch ist aber der offene Zugang an österreichischen Universitäten Geschichte.

Vor vielen Fakultäten campieren Bewerber sogar in ihren Autos

„Klasse, ich habe es geschafft", freut sich der Deutsche Mario Reis

Bub (14) tötet die Schwester

Unfassbares Verbrechen in Amerika. Ein erst 14-Jähriger erwürgt in Miami nach einem Streit seine kleine Schwester (11) und schneidet ihr dann die Kehle durch. Zunächst behauptet der Bub, zwei Einbrecher hätten das Mädchen getötet, schließlich gesteht er die Tat.

Anleihe wertlos: Bank verurteilt

Erstmals verurteilt Österreichs Oberster Gerichtshof eine Bank zur Rückzahlung des Kapitals für eine Anleihe! Nach dem Urteilsspruch muss die Kärntner Hypobank einer Frau 612.000 Euro, die diese in quasi über Nacht wertlos gewordene Wertpapiere investiert hatte, ersetzen.

Zwei Medaillen holen unsere Paradeschwimmer Markus Rogan und Mirna Jukic bei der WM im kanadischen Montreal. Rogan gewinnt Silber über 200 m Rücken und Jukic Bronze über 200 m Brust. Die hübsche Fabienne Nadarajah verpasst über 50 m Delphin eine Medaille nur knapp.

Bei ihrem Urlaub auf Trauminsel Bimini:

Raubmord an Wiener Pärchen auf Bahamas

Touristenmord im Urlaubsparadies auf den Bahamas! Das Wiener Pärchen Bernhard Bolzano (34) und die 32-jährige Barbara von Perfall werden in ihrem Hotel auf der Trauminsel Bimini ausgeraubt und regelrecht hingerichtet. Wenig später verhaftet die Polizei einen jungen Einheimischen. Ihm droht die Todesstrafe.

Die adelige Therapeutin und der Betriebswirt – beides gebürtige Salzburger – führten ein Ayurveda-Institut in Wien. Vor kurzem verlobt, wollten sie bald heiraten. Doch der seit langem geplante Traumurlaub auf den Bahamas endet für das Pärchen mit dem Tod . . .

Ein 23-jähriger Ex-Häftling schleicht sich in der Nacht in das Zimmer der Touristen im Hotel „Anchorage" auf der idyllischen Insel Bimini. Der junge Mann fesselt zuerst den 34-jährigen Wahl-Wiener und erschießt ihn mit einer Pistole von hinten. Dann richtet der Einheimische auch noch die Frau kaltblütig hin. Am Morgen findet die Putzfrau die Leichen.

Heideliese Perfall, die Mutter von Barbara, ist im Gespräch mit „Krone"-Redakteurin Anja Kröll völlig verzweifelt: „Sie wollten eine Katamaran-Tour unternehmen und mit Delfinen tauchen." Zwei Tage später klicken für den Doppelmörder die Handschellen. Bei dem Verdächtigen werden die Tatwaffe und Beutestücke der Opfer gefunden. „Bei einer Verurteilung wird er gehängt!", so Polizei-Chef Reginald Ferguson.

Krone-Chronik Juli 2005

● Blamage im Kampf gegen Terror in Deutschland: Das Bundesverfassungsgericht, berüchtigt für seltsame Höchsturteile, setzt den EU-Haftbefehl außer Kraft und ordnet die Freilassung eines in Spanien gesuchten Terror-Verdächtigen an.

● Der Superstar begeistert mit einem Start-Ziel-Sieg die Golf-Welt! Tiger Woods erobert bei den British Open in St. Andrews seinen 10. Major-Titel. Für den Triumph in der „Wiege des Golfsports" kassiert der erst 29-jährige Amerikaner 1,5 Millionen Euro.

● Diese Geschichte schockt Amerika: In Oklahoma kommt die werdende Mutter Melissa Irene Tanner volltrunken in den Kreißsaal, wo ihr Baby kurz darauf mit 2,1 Promille Alkohol im Blut zur Welt kommt!

Arnie gratuliert Disneyland zum 50. Geburtstag! *Der kalifornische Gouverneur Arnold Schwarzenegger lässt es sich nicht nehmen, beim Jubiläum von Mickymaus & Co. persönlich vorbei zu schauen. Seit seiner Eröffnung haben 515 Millionen Menschen den weltbekannten Vergnügungspark besucht.*

Enkerl findet Ehering

40 Jahre weg: Liebesbeweis ist wieder da

In diesem Fall hält die Liebe anscheinend ewig. Seit 43 Jahren sind Dagmar und Alfred Staufer aus Melk an der Donau (Niederösterreich) schon ein Paar. Auch wenn in den ersten Jahren die Verbindung des jungen Glücks durch ein Missgeschick getrübt wurde: Die Frau verlor den Ehering. „Doch jetzt ist dieses goldene Zeichen der Liebe wieder aufgetaucht. Das Enkerl hat den Ring auf dem angehäuften Erdreich für den Swimmingpool-Umbau gefunden", so „Krone"-Redakteur Lukas Lusetzky. Nach einer peniblen Reinigung mit viel Herz steckt der 64-Jährige ihn seiner Dagmar noch einmal an den Finger.

Die große Flirt-Show „Bauer sucht Frau" *vom Privat-TV-Sender ATV + und der „Kronen Zeitung" wird ein voller Erfolg. Moderiert wird die Sendung über einsame Landwirte von der feschen Katrin Lampe. „Krone"-TV-Redakteurin Sandra König: „Hunderte Zuschriften von interessierten Damen sind eingegangen."*

Betrunken rammt Ski-Star *Andreas Schifferer (kl. Bild) mit seinem neuen Wagen auf der Tauernautobahn in Salzburg einen Kleinlaster. Der 51-jähriger Lenker wird schwer verletzt ins Krankenhaus eingeliefert.*

Vier korrupte Beamte angezeigt:

Schwarzhandel im Hauptzollamt

Riesen-Skandal im Hauptzollamt Wien. Vier Beamte stehen unter dem Verdacht, einen schwunghaften Schwarzhandel mit beschlagnahmten Waren betrieben zu haben. Als einer der Staatsdiener mit einer BMW-Luxuslimousine vorfährt, fliegt alles auf.

Eine Sonderkommission des Finanz- und Innenministeriums beginnt zu ermitteln und deckt mafiöse Strukturen auf. Der Chef der Verwahrstelle – dort werden alle bei Amtshandlungen in Ostösterreich beschlagnahmten Gegenstände gelagert – und drei Kollegen sollen gegen Schmiergeld einen privaten Handel mit Unternehmen in Wien, Niederösterreich und Burgenland aufgezogen haben. Drei Jahre lang werden Autos, Zigaretten, Uhren etc. verkauft. Schaden: mindestens 500.000 Euro. Die bestochenen Finanzbeamten werden suspendiert und angezeigt, mehrere Firmenchefs verhaftet.

Anzeige nach Telefon-Nepp

Ermittler der Staatsanwaltschaft und Fernmeldebehörde haben es mit dem größten Telefon-Nepp in der Geschichte Österreichs zu tun. Die Betrüger lassen es höchstens zweimal klingeln und legen auf. Wer zurückruft, ist mit einem Tonband verbunden. Man könne sofort gewinnen, meint die freundliche Dame, man müsse nur eben eine (teure) 0900er-Mehrwertnummer wählen. Die Bosse dieser Abzocke sitzen ungefährdet in London.

Russlands bildhübscher Opern-Star Anna Netrebko brilliert als Mädchen Violette in „La Traviata"

Russin Netrebko triumphiert mit Villazón als Traumpaar ● Hoss neue Buhlschaft

Opern-Star bezaubert Salzburg

Die Salzburger Festspiele erstrahlen im neuen Glanz! Russlands bildhübscher Opern-Export Anna Netrebko triumphiert mit Mexikos Tenorwunder Rolando Villaón in Verdis „La Traviata" als Traumpaar. Und Nina Hoss feiert als „Buhlschaft"-Nachfolgerin von Veronica Ferres eine gute „Jedermann"-Premiere.

Auch wenn heuer erneut das Regenwetter alle vom Domplatz ins Große Festspielhaus scheucht: die „Jedermann"-Aufführung ist wieder ein voller Erfolg. Neuen Schwung bringen dabei die neuen Besetzungen. Unter den Augen von „Krone"-Kulturredakteur Hans Langwallner glänzen Nina Hoss als coole Verführerin und „Tatort"-Kommissarin Ulrike Folkerts als erster weiblicher Tod an der Seite altbewährter Stars wie Tobias Moretti als guter Gesell und fantastisch komischer Teufel oder „Jedermann" Peter Simonischek.

„Teufel" Tobias Moretti herzt die neue „Buhlschaft" Nina Hoss

Unbestrittener (Opern)-Star dieser 85. Festspiele in der Mozartstadt ist aber Anna Netrebko. Die bildhübsche Russin bezaubert an der Seite von Rolando Villazón in Verdis „La Traviata" das Publikum. Auch „Krone"-Kulturchef Karlheinz Roschitz ist begeistert: „Willy Decker hat mit sparsamsten Mitteln die tödliche Liebesgeschichte des Mädchens Violetta inszeniert." Nach der Aufführung wird dann bekannt, dass Anna Netrebko angeblich österreichische Staatsbürgerin werden will!

Mit knapp 284.000 Besuchern und (Karten)-Einnahmen von 24 Millionen Euro sind die diesjährigen Salzburger Festspiele auch wirtschaftlich ein voller Erfolg.

„Jedermann" mit dem weiblichen Tod

Krone-Chronik Juli 2005

● Tragödie auf einem Bauernhof in Steinakirchen am Forst (Niederösterreich): Der Landwirt Josef S. (54) wird von einem Stier angegriffen und getötet.

● Einen 110 Meter langen Tunnel haben Drogenschmuggler unter der US-kanadischen Grenze gegraben. Die Behörden schlagen erst zu, als das Bauwerk von den ersten Tätern benutzt wird.

● Schon zum zweiten Mal wird der ehemalige FPÖ-Sozialsprecher Reinhart Gaugg von der Polizei als Alkolenker in Kärnten ertappt. Diesmal verweigert er im Klagenfurter Stadtteil Viktring den Alko-Test. Den Führerschein ist Gaugg für ein Jahr los.

● Gift-Algen im Mittelmeer! 115 Badegäste in Ligurien müssen in Spitäler eingeliefert werden. Schuld ist eine sonst nur in den Tropen vorkommende giftige Alge.

● Einen Tag vor dem Auftakt der Thüringen-Rundfahrt in Deutschland, eines der größten Damen-Radrennen der Welt, rast eine 18-jährige Lenkerin in das australische Nationalteam. Amy Gillett ist sofort tot, vier weitere Fahrerinnen teils lebensgefährlich verletzt.

▲ Der 18-jährige Matthias und sein Bruder Andreas (15) werden von ihrer Mutter im Schlaf mit einer Axt erschlagen. ▼

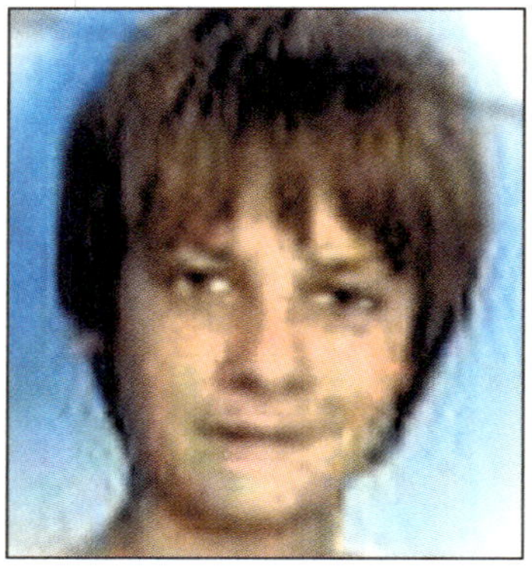

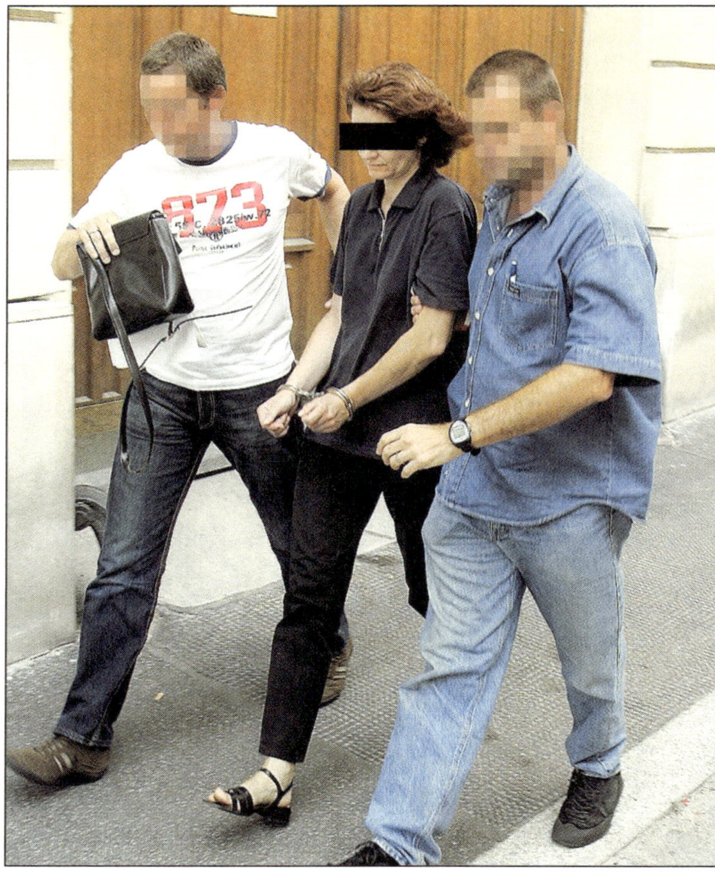

Kurz nach der Verhaftung in Wien: die schmächtige Christine G.

Kinder im Schlaf getötet ● Hausfrau hat psychische Probleme

Familientragödie in Graz: Mutter erschlägt ihre zwei Buben mit Axt

Fassungslosigkeit in Graz: Der 18-jährige Matthias G. und sein kleiner Bruder Andreas (15) werden von ihrer eigenen Mutter getötet! Im Schlaf erschlagen mit einer Axt. „Meinen Buben wollte ich ein Leben wie meines ersparen", so die 45-jährige Hausfrau nach der Verhaftung.

Mit mehreren Kopfhieben tötet Christine G. die beiden Buben in ihren Betten. Nach der entsetzlichen Bluttat fährt die schmächtige Frau mit dem Zug nach Wien.

Apathisch auf einer Bank bei einem Schwimmbad sitzend, wird sie dann festgenommen. „Ich bin zu nichts nutze. Meinen Buben wollte ich so ein Leben ersparen", so ihr schockierendes Geständnis.

Schauplatz der Familientragödie im Grazer Bezirk St. Peter ist das schmucke Haus eines renommierten Uhrmachermeisters – beste Lage, Garten und Auto. Alles, was man sich eigentlich wünschen kann. Doch glücklich war die Familie G. offenbar nicht . . .

Seit langem leidet Mutter Christine (45) unter Depressionen. „Sie war in Behandlung, hat Anti-Depressiva genommen.

Ihr Mann nahm das nie ernst, darunter hat sie gelitten", sagt die Zwillingsschwester der Frau unter Tränen. „Als ich ihr zur Scheidung geraten habe, sagt sie: ‚Ich bin nur eine Hausfrau. Das schaffe ich nicht'. Jetzt hat sie ihm alles genommen."

***97 Kilo Heroin** stellen heimische Ermittler in Wels (Oberösterreich) im Dieseltank eines Lkw auf der „rollenden Landstraße" sicher. Innenministerin Liese Prokop freut sich mit den Beamten über den Rekord-Drogenfund.*

Totschnig gewinnt sensationell Etappe

Dopingvorwürfe gegen Toursieger Armstrong

Bei der 7. Tour-de-France-Triumphfahrt zum Karriereende von Lance Armstrong schreibt auch Georg Totschnig Radsport-Geschichte: Der 34-jährige Tiroler holt den ersten Etappenerfolg für Österreich seit Max Bulla vor 74 Jahren! Wochen später erschüttern Dopingvorwürfe gegen den Amerikaner die Sportwelt.

„Wahnsinn, Wahnsinn Wahnsinn!“ – Georg Totschnig kann nach dem Triumph auf der superschweren Pyrenäen-Etappe sein Glück gar nicht fassen. Der zweifache Familienvater versetzt unser Land während des Rennens für fast fünf Stunden in eine Radsport-Hysterie.

Die Gesamtwertung der Frankreich-Tour dominiert auch diesmal der Amerikaner Lance Armstrong. Doch sein historischer 7. Triumph wird von Dopingvorwürfen überschattet. „Armstrongs Lüge“ titelt Frankreichs Zeitung „L'Equipe“. Und berichtet von einer nun positiv getesteten Urinprobe des Texaners aus dem Jahr 1999. Lance Armstrong verteidigt sich und bezweifelt die Test-Methoden. Konsequenzen für den 34-Jährigen gibt es keine, sein Ruf als sauberer Sportler ist aber bleibend beschädigt.

Armstrong in gelb mit seiner Verlobten, der Pop-Sängerin Sheryl Crow. Dopingvorwürfe überschatten aber das Glück. ▶

Georg Totschnigs Triumphfahrt: Österreichs Radstar gewinnt für „Gerolsteiner“ eine Tour-de-France-Etappe. ▼

Pfadfinder (19) stirbt bei Seiltrick

Der „Gruselparcours“ während eines Lagers von Wiener Pfadfindern in Oberösterreich wird zum Horror. Betreuer Philip Baumann, der am Baum hängend den „toten Mann“ mimt, ist tatsächlich tot. „Erst die dritte vorbeigehende ‚Wichtel-Gruppe‘ bemerkt dann, dass der 19-Jährige nicht mehr lebt“, so „Krone“-Redakteur Markus Schütz.

Der Unfallort gleicht einem Trümmerfeld: 13 Fahrgäste werden verletzt

Schweres Zugunglück in Niederösterreich

Lokführer überfährt ein Haltesignal: 13 Verletzte

Zugunglück in Gramatneusiedl (Niederösterreich: Nur 300 Meter nach dem Bahnhof donnert ein City-Shuttle in einen Güterzug. 13 Menschen werden dabei teils schwer verletzt. Der Lokführer dürfte ein Haltesignal übersehen haben.

Nach den ersten Erhebungen ist laut ÖBB menschliches Versagen wie bei dem Pinzgau-Bahnunglück in Salzburg mit zwei Toten auch diesmal die Unfallursache. Der 24-jährige Lokführer dürfte ein Haltesignal überfahren und so die folgenschwere Kollision mit einem Güterzug eingeleitet haben. 29 weitere Fahrgäste des Eilzugs kommen mit dem Schrecken davon.

Katastrophen-Sommer:

● Hitze und Riesen-Waldbrände in Portugal sowie Spanien
● Sintflutartiger Regen in Rumänien, Bulgarien und Ungarn

Der weltweite Klimawandel trifft auch Europa mit voller Wucht. Wetterkapriolen sorgen für einen Katastrophen-Sommer. Während vor allem Rumänien, aber auch Bulgarien und Ungarn im Regen praktisch versinken, fällt in einzelnen Regionen Portugals und Spaniens monatelang kein Tropfen Wasser. Bei sengender Hitze und Temperaturen um die 40 Grad vertrocknet die Ernte auf den Feldern. Heißer Wind facht zusätzlich apokalyptisch anmutende Waldbrände an. Durch die Naturkatastrophen verlieren Zehntausende Menschen ihr Hab und Gut, es gibt Dutzende Todesopfer zu beklagen.

▲ *Nach sintflutartigen Regenfällen haben die Fluten sein Haus verschlungen. Ein Mann steht in einem kleinen Dorf bei Bukarest fassungslos vor dem, was noch vor kurzem sein Hab und Gut war . . .*

Dürre in Südeuropa, Hochwasser in Osteuropa – das Wetter spielt durch den weltweiten Klimawandel verrückt! „Wir sind mitten in einem gigantischen globalen Wetterumsturz“, bestätigen Experten von internationalen Umweltschutzgruppen einhellig. Der heurige Katastrophen-Sommer sorgt vor allem in Rumänien für unendliches Leid und immense Zerstörung. Innerhalb von wenigen Wochen suchen nicht weniger als vier Hochwasser das gesamte Land heim!

Drei Viertel von Rumänien werden überflutet, Tau-

▲ *Die Auswirkungen des weltweiten Klimawandels und der Wetterkapriolen werden – wie hier in Innsbruck – immer schlimmer.*

▲ *Zehntausende Menschen in Rumänien flüchten vor einem der verheerendsten Hochwasser in den vergangenen Jahrzehnten.*

Dürre und Überflutungen

sende Häusern stehen unter Wasser, Zehntausende Menschen sind obdachlos. Auch die beiden Nachbarländer Bulgarien und Ungarn versinken buchstäblich nach tagelangen, sintflutartigen Regenfällen.

Währenddessen wartet man in Portugal und Spanien vergebens auf das kostbare Nass vom Himmel. Wochenlang zeigt sich keine Wolke am Himmel, es herrscht sengende Hitze. Ein Großteil der Ernte ist schließlich zerstört. Verdörrt auf den Feldern. Auch das Unterholz in den Wäldern ist staubtrocken. Kleine Feuer werden durch den heftigen heißen Wind zu Dutzenden riesigen Waldbränden angefacht.

Bei den verzweifelten Löscharbeiten kommt es in der zentralspanischen Provinz Guadalajara zu einem Drama: 11 Feuerwehrleute werden von der meterhohen Flammenwand eingeschlossen. Für die freiwilligen Helfer kommt jede Hilfe zu spät. Für die Iberische Halbinsel ist diese „Feuersaison" jedenfalls katastrophal: 421.000 Hektar Land, 260.000 davon allein in Portugal, werden ein Raub der Flammen.

Hitze-Alarm gibt es auch auf den bei Touristen so beliebten Balearen-Inseln. Mallorca und Ibiza melden bis zu 40 Grad. Sowohl Urlauber als auch Einheimische stöhnen unter den ungewöhnlichen Temperaturen. Eher düster sind die Prophezeiungen der Wissenschafter beim Wetter für die nächsten Jahrzehnte. Auch in unseren Breitengraden wird man wohl mit noch mehr Naturkatastrophen leben müssen. Durch die weltweite Erderwärmung aufgrund anwachsender Treibhausgase werden verheerende Überschwemmungen und Hitzeperioden immer häufiger eintreten.

▲ Verzweiflung ist dieser älteren Frau ins Gesicht geschrieben. Der Kampf gegen die riesigen Waldbrände ist schier aussichtslos.

◀ Permanent fliegen Löschflugzeuge in Portugal Einsätze, um der Feuersbrunst nach der sengenden Hitze Herr zu werden.

Ausgetrocknete Erdschollen, alles ist dürr – im Süden Europas fällt im heurigen Sommer monatelang kein Tropfen Wasser. ▼

Anders gesehen

VON GÜNTHER NENNING

Wenn wir die ungeheuren Wassermassen sehen – wenn wir an das Leid denken, das so blitzschnell über die Menschen hereinbrach – spüren wir unsere Hilflosigkeit. Aber zugleich mit den Wassermassen gibt es die Wellen der Solidarität – zugleich mit der Hilflosigkeit die Wellen der Hilfsbereitschaft, den Willen, mit all dem fertig zu werden, was da hereinbrach. Zugleich mit der Hilflosigkeit empfinden wir Stolz: die Gewissheit, wir lassen uns nicht unterkriegen. Wir gehen an die Arbeit. Inmitten der Hilflosigkeit sind wir sicher, dass der Aufbau des Zerstörten gelingen wird.

Aber auch das muss energisch gesagt werden: Die bisherigen Schutzbauten gegen Hochwasser reichen ganz offenkundig nicht aus. Natürlich gibt es die „Naturgewalten". Aber es gibt auch die Ausrede auf die Naturgewalten. Das Zudecken ökologisch verkehrter Maßnahmen mit dem Spruch: Schuld sind eben die Naturgewalten, da kann man nichts machen.

In Wahrheit gibt es bis heute keine wissenschaftlich haltbaren Untersuchungen, was sinnvollerweise zu tun wäre, um Schutzbauten gegen Hochwasser mit größerer Wirksamkeit auszustatten.

Wie hilflos sind wir?

Ich weiß, wie hilflos meine Sätze sind, in direkter Konfrontation mit der Seelennot der Opfer, in deren Familien Tod und Verwüstung ihre Ernte hielten. Im Verlust lebenslang aufgebauter Existenz – da gibt es keinen Trost durch Worte.

Ich weiß auch: Es trifft, was ich hier über Solidarität und Hilfsbereitschaft schreibe, in der Wahrheit der Katastrophe in sehr unterschiedlichem Ausmaß zu. Auf die Wasserflut antwortet die Spendenflut. Das darf Anlass sein, unser österreichisches Herz zu loben. Ebenso wahr ist: Es wird welche geben, die sich abschmalzen – mit billigen Worten oder einfach mit Gleichgültigkeit.

Es wird also unter anderem einen scharfen Blick geben müssen, ob den schnellen offiziellen Ankündigungen großzügiger Hilfe für die Opfer – ebenso schnelle und großzügige Taten folgen werden. Hunderte stehen in ihrem Leben nun vor dem absoluten Nichts. Sie brauchen nicht Bürokratie, sie brauchen – um es grob zu sagen – rasches Geld.

Ebenso wichtig oder noch wichtiger: Sind nicht zu viele Flussläufe und Bäche zu eng zugebaut worden? Eine Ursache ständiger Bedrohung durch immer neue Hochwässer?

Und ein Großteil der weggeschwemmten Häuser – stehen sie nicht genau dort, wo sie nie hätten gebaut werden dürfen?

Ich halte das für wichtige Fragen, muss aber zugeben, dass es noch wichtigere gibt, die von unserem kleinen Land nicht gelöst werden können. Der globale Klimawandel ist die allgemeinste Ursache der sich häufenden Wetterkatastrophen rund um den Erdball.

Wenn die Menschheit sich in den Spiegel schaut – aber naturgemäß tut sie das nicht –, bleibt ihr nur die Feststellung: Wir Menschen sind Idioten, Gott hat uns eine herrliche Welt gegeben, und was machen wir damit? Wir zerstören unsere Umwelt. Wir blasen so viel Dreck in die Luft, bis wir jenen Klimawandel herbeigeführt haben, der uns nun eine Aufeinanderfolge von Katastrophen beschert.

Halbes Land

● Dramatischer Kampf gegen Flut in West- und Südösterreich

● Der Wiederaufbau kostet mehr als 700 Millionen Euro

Wetter-Chaos auch in Österreich. Sintflutartige Regenfälle ziehen eine Spur der Verwüstung durch das halbe Land. Nach einem gewaltigen Hangrutsch rast eine Mure in einer steirischen Gemeinde auf mehrere Häuser zu. Eine 50-jährige Frau und ihre Schwiegermutter (77) werden beim Fernsehen von Geröllmassen mitgerissen und getötet. Auch über Kärnten, Tirol und Vorarlberg öffnet der Himmel seine Schleusen. Straßen, Brücken und Schienen werden weggeschwemmt, Menschen fliehen in Panik auf ihre Hausdächer. Der Kampf gegen das Hochwasser ist dramatisch.

▲ Beim Fernsehen zu Hause im steirischen Gasen reißt eine Mure Roswitha Bartolo (kl. Bild) und ihre 77-jährige Schwiegermutter Maria in den Tod.

versinkt im Hochwasser!

▲ Beim Wiederaufbau in den Katastrophen-Gebieten packen auch tausende Bundesheer-Soldaten mit an.

▲ 2 Stunden Todesangst muss diese 72-jährige Kärntnerin überstehen – erst dann kann sie aus der Hochwasser führenden Lavant gerettet werden.

Zuerst schlagen die Naturgewalten erbarmungslos in der Steiermark zu. Über die steirische Gemeinde Gasen bricht Not und Elend herein. Mehrere Orte sind von der Umwelt abgeschnitten, Dutzende Häuser müssen evakuiert werden. Die Region wird zum Katastrophengebiet erklärt. Auch in Kärnten gießt es in Strömen. Bei Wolfsberg kommt es zu dramatischen Szenen: Eine 72-jährige Pensionistin stürzt mit ihrem Auto in die Hochwasser führende Lavant. In einer waghalsigen Aktion kann ein Alpinpolizist sich von einem Kran zum Wagen abseilen und die Frau retten.

Dann zieht das Unwetter weiter nach Westösterreich. In Tirol und Vorarlberg bricht das völlige Chaos aus. Im Ötztal reißt eine Steinlawine den Tischler Ignaz Prantl in den Tod. Und Michael Fetz (52) wird in Reuthe von einer Mure erdrückt. Besonders schlimm die Lage im Außerfern: In Pflach, wo nach der Jahrhundertflut 1999 um drei Millionen Euro ein Damm errichtet wurde, stehen erneut Häuser bis zum ersten Stock unter Wasser.

Auch im beliebten Wintersportort St. Anton ist der Lech über seine Ufer getreten. Die Gäste müssen fluchtartig 16 Hotels verlassen, Tausende Urlauber sind eingeschlossen. Die Meteorologen sprechen von einem Jahrhundertregen. In Reutte etwa gibt es in 30 Stunden eine Niederschlagsmenge von 226 Liter pro Quadratmeter. Das ist fast doppelt soviel wie im gesamten Juni!

Bis zur Erschöpfung kämpfen 25.000 Feuerwehrleute, Bundesheer-Soldaten und Polizisten in den Katastrophen-Gebieten mutig gegen die Fluten. Als das Hochwasser zurückgeht, wird das gesamte Ausmaß der Zerstörung nach und nach sichtbar. Die Schäden sind enorm und werden auf mindestens 700 Millionen Euro geschätzt. Viele Familien, die ihre gesamten Ersparnisse ins Haus gesteckt haben, sind kaum versichert. Österreichweit wird zu Spenden aufgerufen. Und die Solidarität ist überwältigend. Tatkräftige Unterstützung beim Wiederaufbau gibt es von Seiten der Urlauber. Anstatt abzureisen, packen viele beim Aufräumen mit an.

◀ Die Straße ins Paznauntal wird durch die Fluten vollständig zerstört. Viele Tiroler Ortschaften sind tagelang nicht erreichbar. Die Schäden an der Infrastruktur im halben Land sind enorm. Bis zur vollständigen Behebung werden noch Monate vergehen.

Aktientausch um 20 Milliarden Euro

Italiener schlucken BA-CA-Mutterbank

Österreichs größte Bank wird „italienisch"! Nachdem die BA-CA von der deutschen HVB übernommen worden ist, wird diese nun von Italiens Bankenriesen UniCredit geschluckt. In Form eines Aktientausches um rund 20 Milliarden Euro.

„Nach der größten grenzüberschreitenden Bankenfusion in Europa werden rund 9200 Jobs wegfallen", analysiert „Krone"-Wirtschaftschef Dr. Georg Wailand. BA-CA-Chef Erich Hampl soll künftig von Wien aus auch die Osteuropa-Division leiten.

Österreichs größte Bank bleibt vorerst an der heimischen Börse. Die privaten Aktionäre erhalten von den Italienern ein Abfindungsangebot in der Höhe von knapp 80 Euro. Bei einem Kurs von weit mehr als 90 Euro vermutlich zu unattraktiv. Alternativ dazu gibt es ein wohl besseres Tauschangebot: 19,92 UniCredit-Papiere für eine BA-CA-Aktie.

UniCredit-Chef Profumo (li.) stützt HVB-Vorstand Rampl. ▼

Weil die Piloten nach einem Defekt bewusstlos werden, stürzt die Boeing ab

5 schwere Flugzeug-Unglücke binnen eines Monats

„Schwarzer August" in der zivilen Luftfahrt: 330 Tote!

Der August geht als „schwarzer Monat" in die Geschichte der zivilen Luftfahrt ein. Bei fünf Flugzeug-Unglücken sterben mehr als 330 Menschen. Besonders rätselhaft ist der Absturz der „Helios Airlines" bei Athen nach einem Ausfall des Luftdruck-Systems.

Aufgrund des Defekts kommt es kurz nach dem Start in Larnaka an Bord der zypriotischen Billig-Fluglinie zu einem Sauerstoffmangel. Passagiere, Besatzung und beide Piloten werden sofort bewusstlos – der Autopilot steuert die Maschine aber in 10.000 Metern Höhe weiter in Richtung Athen. Als der Treibstoff ausgeht und die Maschine zu sinken beginnt, wachen einige wieder auf.

Der Kapitän und der Co-Pilot bleiben aber aufgrund ihrer Herzkrankheit (das ergibt die Obduktion) ohnmächtig. Im Cockpit kommt es nach Aussagen von aufgestiegenen Kampfjet-Piloten zu dramatischen Szenen. Ein Steward mit Flugschein versucht, die Passagiermaschine zu landen! Doch vergeblich: die Boeing 737-700 zerschellt an einem Berghang.

Sterben der Volksschulen

Das Volksschul-Sterben in Österreich geht weiter. 27 werden zu Schulbeginn ihre Türen nicht mehr öffnen. 17 in Kärnten, fünf in Tirol, vier im Burgenland, eine in der Steiermark. Der Bund bezahlt erst ab 14 Schüler einen Lehrer, in vielen Dörfern sind die Klassen aber kleiner.

Hochzeitsfalle für Gangster

Die US-Bundespolizei FBI zerschlägt mit einer fingierten Hochzeit einen asiatischen Drogen- und Waffenring. Die Gangster tappen in Atlantic City in die Falle. Statt laut Einladung zur Hochzeitsfeier bringt die Luxusjacht „Royal Charm" 42 Verdächtige ins Gefängnis.

Viel Kritik an Förderungen für Tierpark:

„Fall Herberstein" nach Rechnungshof-Bericht

Wenige Wochen vor den Landtagswahlen in der Steiermark sorgt der „Fall Herberstein" für Aufregung. Nach massiver Kritik an Förderungen für den Tierpark in einem Rechnungshof-Bericht löst Landeshauptfrau Klasnic den Pachtvertrag auf und stellt alle Zahlungen ein.

Mit jährlich rund 200.000 Besuchern ist der Tier- und Naturpark Herberstein das Top-Tourismusziel in der Oststeiermark. Nach einem Rechnungshof-Bericht wird es aber für Schlossherrin Gräfin Andrea Herberstein („habe nichts zu verbergen") eng. Denn darin wird von „groben Unregelmäßigkeiten" bei der Verwendung öffentlicher Mittel gesprochen. Die Affäre um Millionenförderungen beschäftigt bald nicht nur die steirische Landespolitik, sondern auch die Staatsanwaltschaft. Nach Klagen und Anzeigen folgen erste Hausdurchsuchungen.

Ausgedient *hat Pierce Brosnan als James Bond im Dienste seiner Majestät. Die Produzenten teilen dem 52-Jährigen per Telefon mit, dass er als 007 gefeuert ist. Was Brosnan, der viermal den britischen Agenten spielte, nicht vermissen wird: „Die blöden Sprüche, die James Bond vom Stapel lässt." Der britische Schauspieler Daniel Craig ist im 21. Abenteuer „Casino Royal" sein Nachfolger.*

▲ Gräfin Andrea Herberstein und ihr Lebensgefährte, Star-Bariton Thomas Hampson, fühlen sich unschuldig: „Wir sind ein politischer Spielball im Wahlkampf." Die Justiz lässt auch Schloss Herberstein durchsuchen. ▶

Krone-Chronik August 2005

- Die Flucht des krebskranken Stein-Häftlings Günter W. ist nach zwei Monaten zu Ende. Zielfahnder des Bundeskriminalamtes spüren den verurteilten Bankräuber, der mit Hilfe seiner Frau einen Wachbeamten betäubt hatte, an seinem 55. Geburtstag im spanischen Badeort Alicante auf.
- Weltrekord im All! Der russische Kosmonaut Sergej Krikaljow, derzeit auf seiner sechsten Weltraummission, hat an Bord der Internationalen Raumstation seinen insgesamt 748. Tag im All verbracht.
- Die Atom-„Ruine" Zwentendorf ist verkauft. Um den „Schnäppchenpreis" von weniger als drei Millionen Euro erwirbt die EVN das einst um Milliarden gebaute und nie in Betrieb genommene AKW.

Neuester Filmtrend:

Echte Kriminelle für Hollywood!

In Hollywood-Streifen sind immer mehr echte Ex-Kriminelle zu sehen. Manuel Jimenez' Agentur „Suspect Entertainment" vermittelt Filmproduktionen ehemalige Gefängnisinsassen als glaubhafte Kleindarsteller für wilde, gefährliche Gewaltszenen. „Wer ohne Anweisung des Regisseurs säuft, prügelt oder stiehlt, ist weg vom Fenster", so Chef Jimenez. Mit mehr als 130 Beschäftigten ist seine Firma das erfolgreichste private US-Rehabilitationsunternehmen.

Das EU-Theater: So sieht Karikaturist Buno Haberzettl die „angeschlagene Europa-Politik"

Wie sich unser Land von der Politik in der Europäischen Union hineinlegen lässt:

Österreich als „Opfer" der EU!

„Europas Politiker haben die EU in rasender Fahrt an die Wand geknallt! Sie haben die Europäische Union in ihre tiefste Krise gestürzt. Die Krise ist eine Vertrauenskrise", so prägnant fasst „Krone"-Außenpolitikexperte Kurt Seinitz das Brüsseler Sündenregister zusammen. In einer umfassenden Serie deckt unser Redakteur die grotesken Szenarien des EU-Theaters auf.

◀ Eines der vielen heiklen EU-Themen: Die „Islamisierung Europas"

„Jetzt, spät, sehr spät wollen die Politiker auf ihrem Scherbenhaufen erstmals ‚den Bürger anhören'. Doch das Sündenregister, das sich auf dem Konto der Politiker angehäuft hat, ist zu groß. Zu arg ist der Missbrauch jenes Vertrauens, welches die Bürger einmal in das schöne Projekt der europäischen Union gesetzt hatten", lautet das Resümee des Politik-Experten.

Tatsächlich spiegelt sich in der Bevölkerung eine EU-Verdrossenheit wider. „Sind wir noch Herr im eigenen Haus? Werden unsere Bauern überrollt? Was erwarten Sie von Österreichs EU-Vorsitz? Sollen wir auf die Neutralität verzichten? Exportiert die EU nur noch Jobs? Geht die Erweiterung zu weit?" – nur einige der vielen Fragen, die Österreich bewegen.

Als einen „Sündenfall" rollt Seinitz die Vorgangsweise rund um das tschechische AKW Temelín auf: „Da ließ sich Österreich mit einem ‚heißen Draht' zur Pannen-Information abspeisen, damit wohl die Friedhöfe rechtzeitig in Alarmbereitschaft versetzt werden können. Für diese ‚Vermittlungstätigkeit' wurde EU-Erweiterungskommissar Verheugen mit einem Orden ausgezeichnet . . ."

Österreich gleichsam als „Opfer" der EU: Die Schweiz verhandelt „draußen" besser, wir haben drinnen alles verspielt.

Richtlinie zum „Schutz vor optischer Strahlung“

Dekolleté-Verbot für die Schanigärten in Europa

Die neueste EU-Idee sorgt bei Unternehmen im ganzen Land für helle Empörung: Nach einem neuen Richtlinien-Vorschlag haben sich alle jene, die im Freien arbeiten, vor der Sonne zu schützen.

Also stundenlange Pausen auf der Baustelle oder Dekolleté-Verbot im Schanigarten! Was im EU-Papier als „Schutz vor optischer Strahlung“ harmlos klingt, hätte in der Praxis diese Folgen. „Angesichts echter Probleme wie Arbeitslosigkeit und islamischer Terror in Europa wirkt dieser Richtlinien-Entwurf mehr als albern“, so die Kritik von „Krone“-Ressortchef Claus Pándi.

Richtlinien-Vorschlag der EU: Dekolleté-Verbot im Schanigarten

Klein-„Snuppy“ ist der erste Klonhund

Der sükoreanische Forscher Hwang Woo Suk erschafft im Reagenzglas den ersten Klonhund der Welt! Die DNA des kleinen „Snuppy“ stimmt mit der seines Vaters – einem afghanischen Windhund – ganz genau überein.

Die lustige Witwe *steht bei den diesjährigen Seefestspielen in Mörbisch auf dem Programm. Der Intendant Professor Harald Serafin (73) – im Bild auch mit Sohn Daniel – brilliert als Baron. „Unter seiner Führung wurden die Festspiele am Neusiedler See zum weltweit größten Operettenfestival“, hebt Vera Russwurm den Erfolg des Operetten-Stars hervor.*

Heer hilft die Wahlen in Afghanistan zu sichern

Nach wochenlangem Spezial-Training gehen 100 Mann ins Land am Hindukusch. ▼

Mit knapp hundert Mann hilft das österreichische Bundesheer mit, die ersten freien Wahlen in Afghanistan zu sichern. Das rot-weiß-rote Kontingent sichert im Raum Kunduz den Flughafen und den Zugang zu den Wahllokalen. Während dieser Friedensmission tragen die Soldaten neue Uniformen und minensichere Fahrzeuge schützen sie vor Anschlägen. „Das Terror-Risiko in Österreich wird trotz dieses Einsatzes nicht steigen“, betont Österreichs Verteidigungsminister Günther Platter bei der Verabschiedung.

Kommandantin Eileen Collins landet sicher

Nach der All-Reparatur muss die „Discovery" länger als geplant um die Erde kreisen

Nach Startproblemen auch beängstigende Pannen im Weltall

Weltweite Erleichterung nach der perfekten Shuttle-Landung

Die jüngste Space-Shuttle-Mission ist von Problemen überschattet: Nach Verlegung des Starts und spektakulären Reparaturarbeiten im All muss auch die Landung verschoben werden. Kommandantin Eileen Collins meistert alle Schwierigkeiten und setzt sicher in Kalifornien auf.

Nach der Tragödie der „Columbia" – sieben Astronauten starben beim Landeanflug im Februar 2003, als die Raumfähre verglühte – wagt die NASA im Sommer 2005 einen neuerlichen Space-Shuttle-Start. „Doch die zweiwöchige Mission verläuft keineswegs problemlos", berichtet „Krone"-Technik-Experte Tobias Micke.

Schon der Start verzögert sich und da sich erneut Hitzekacheln lösen, müssen im Weltraum Reparaturarbeiten vorgenommen werden. In der Folge muss die Landung verschoben und von Cape Canaveral in Florida nach Kalifornien verlegt werden. Als die Kommandantin dann sicher auf dem Luftwaffenstützpunkt aufsetzt, herrscht weltweite Erleichterung über die glückliche Rückkehr des Shuttles und seiner Besatzung.

__Großes Umsatteln__ bei der Post. Ein Probelauf unter österreichischen Briefträgern soll klären, ob die Post vom traditionellen Moped auf die modernen Quads umsteigen wird. Mit diesen geländegängigen, vierrädrigen Fahrzeugen soll die Zustellung erleichtert werden. „Wir hoffen, dass sich diese Vierradler noch besser für unsere Arbeit eignen", so Distributionsleiter Gerald Mathuber.

Greenpeace-Aktivistin in Bulgarien von Atommafia mit Mord bedroht!

Umweltschützer von Greenpeace brauchen bei ihrer „Energie-Tour" starke Nerven. 50 Aktivisten – unter ihnen 14 Österreicher – sind auf der Donau per Schiff unterwegs, um vor der wirtschaftlichen Unsinnigkeit und den Gefahren der Kernkraft zu warnen. „In Bulgarien wurde eine Kollegin mehrfach mit Mord bedroht", so Greenpeace-Sprecher Franko Petri.

Krone-Chronik August 2005

- Filmreife Verbrecherjagd in Las Vegas. Während eines US-Aufenthaltes hilft der Niederösterreicher Fred V. (47) einen bewaffneten Bankräuber zu stellen.
- König Fahd Ibn Abdelasis von Saudi Arabien stirbt 84-jährig. Sein Halbbruder Abullah wird zum neuen Regenten ausgerufen.
- Nachdem er 26 Jahre schuldlos als Vergewaltiger hinter Gittern saß, wird Luiz Diaz in Miami aus dem Gefängnis entlassen. Ein DNA-Test bestätigt die Unschuld.
- Verblüffende Analyse italienischer Forscher: Im Po, dem größten Fluss des Landes, schwimmen täglich vier Kilo Kokain Richtung Adria. Wert: 240.000 €.
- Da ein Familientyrann ihre Mutter (44) immer wieder misshandelt, ersticht eine 23-Jährige in Petzenkirchen (NÖ) den Fernfahrer (59).
- In Maissau (NÖ) wird ein Räuber gefasst, der während eines Banküberfalls eine junge Angestellte missbraucht hat.

Telefonieren im Klassenzimmer: viele Eltern und Lehrer wollen ein Handy-Verbot in der Schule

Untersuchung belegt Auswirkungen auf Zellen und Nerven:

Alarmierende EU-Studie warnt vor Handys für unsere Kinder!

Eine aktuelle EU-Studie kommt zu dem Ergebnis, dass Handy-Strahlung menschliche Zellen beschädigt und zerstört. Vor allem Kinder seien gefährdet, so der Schluss der Projektstudie. Während auch die Ärztekammer vor der krankmachenden Strahlung warnt, sprechen Vertreter der Mobiltelefon-Betreiber von „Schauermärchen".

Das Ergebnis der ersten unabhängigen Handy-Studie beruht auf den Untersuchungen von zwölf Forschergruppen aus sieben EU-Ländern. Demnach würden die Gene negativ beeinflusst und dadurch eine potenzielle Krebsgefahr existieren. „Vor allem bei Kindern kann sich das ständige Erreichbarsein gesundheitlich auswirken", so die Stellungnahme der Ärztekammer.

„Das Ganze ist verantwortungslos", lautet die schroffe Reaktion von Thomas Barmüller vom Forum Mobilkommunikation. Auch wenn die Behauptung der Handy-Gefahr umstritten ist, sind viele Eltern in Österreich besorgt. Vor allem vor Schulbeginn fordern auch etliche Lehrer und Politiker ein Handy-Verbot in den Schulen.

Aus Kriegsspiel *wurde Ernst! Bei der historischen Nachstellung der Schlacht von Oberhollabrunn-Schöngrabern (Niederösterreich) gibt es einen dramatischen Zwischenfall: Beim Abschießen einer Kanone verletzt sich ein Darsteller schwer. Um seine Hand zu retten, wird der Verletzte vom ÖAMTC-Helikopter ins Krankenhaus geflogen.*

__Als erste Frau springt__ die fesche Russin Irina Isinbajewa, drei Wochen nachdem sie schon die Traummarke von fünf Meter gemeistert hat, mit dem Stab bei der Weltmeisterschaft im finnischen Helsinki über 5,01 Meter und zur Goldmedaille. Wie „Krone"-Sportexperte Olaf Brockmann berichtet, ist Stabhochsprung-Legende Sergej Bubka der erste Gratulant.

Die Frau schickt Nachricht an 18-Jährige

Auftrag für Mord an Ehemann per SMS!

„Die Spinne muss weg!" – mit dieser Handy-Kurznachricht soll Annemarie Klimek laut Wiener Polizei zwei befreundeten Jugendlichen den verschlüsselten Auftrag gegeben haben, ihren Ehemann zu töten. Im Schlafzimmer stechen die 18-Jährigen dann mit zwei Messer auf Berufs-Chauffeur Christian Klimek ein.

28-mal sollen die Eisenbahner Thomas Fading – für ihn war die 35-jährige Annemarie Klimek wie eine „Ersatzmutter" – und Michael Bernthaler (es gilt die Unschuldsvermutung) in der Wohnung des Ehepaares in Wien-Meidling auf den dreifachen Familienvater eingestochen haben. Die Kinder müssen seine Schreie mitanhören. Nach der Bluttat schaffen die beiden 18-jährigen Verdächtigen den Toten (38) mit dem Auto ins Burgenland und verscharren die Leiche auf einem Acker. Wie Hofrat Ernst Geiger von der Kriminaldirektion bekannt gibt, werden die Jugendlichen auf einem alten Fabriksgelände in Wien gefasst.

Getötet: Christian Klimek (38)

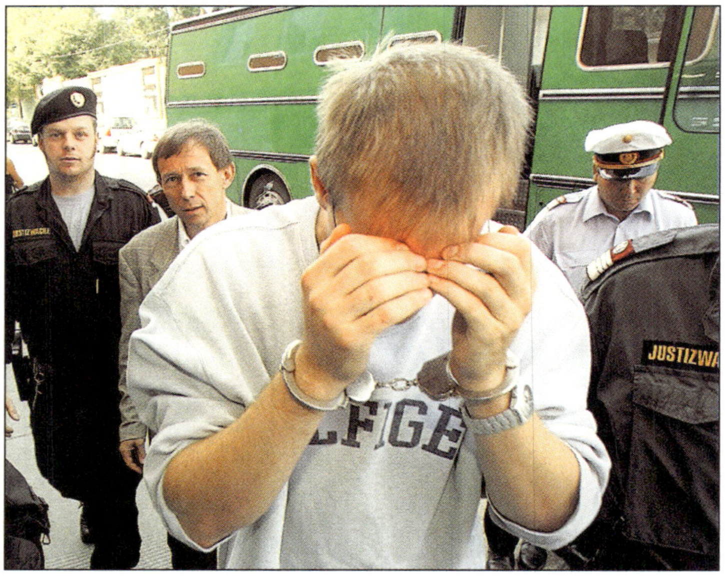

Lokalaugenschein: Michael Bernthaler (mit Anwalt Rudi Mayer)

Arge Sicherheitsmängel in Chinas Bergbau:

116 Tote bei Grubenunfällen!

Wieder wird China von zwei Grubenunglücken erschüttert. In zwei Tagen sterben insgesamt 116 Menschen. Der Bergbau in der Volksrepublik leidet unter eklatanten Sicherheitsmängeln. Im Schnitt sterben jedes Jahr 7000 Menschen in den Kohlegruben Chinas! Die Zahl der getöteten Kumpel – gemessen an der Fördermenge – ist 100-mal größer als in den USA.

Emmerich Speiser aus Leben gerissen

Diese Nachricht trifft seine Familie, Freunde und die „Krone"-Kollegen wie ein Blitz: Ein schwerer Infarkt reißt Emmerich Speiser, langgedienter Chefredakteur unserer Kärnten-Redaktion, mitten aus seinem erfolgreichen Leben. Hunderte Vertreter aus der Medienwelt, Politik, Wirtschaft sowie Kärntner Brauchtums- und Traditionsverbände nehmen am Klagenfurter Friedhof Abschied.

Wieder Drama um russisches Untersee-Boot

Fünf Jahre nach dem Untergang der „Kursk“ mit 118 Toten sorgt erneut ein Drama um ein russisches U-Boot für weltweites Aufsehen. Das nur 13,5 Meter lange Rettungs-Unterseegefährt „AS-28“ (Bild Mitte) verfängt sich bei einer Übung vor der sibirischen Halbinsel Kamtschatka in rund 190 Meter Tiefe angeblich in einem Fischernetz – eine glatte Lüge der russischen Marine! Tatsächlich halten Kabel einer Spionage-Abhöranlage das Mini-U-Boot „gefangen“. Diesmal aber hat der Wettlauf mit dem Tod ein glückliches Ende: Der britische Tauchroboter „Super Scorpio“ kann das Mini-U-Boot befreien, ein Schiff (rechts) hievt es an Bord. Alle sieben Matrosen, die bei immer knapper werdendem Sauerstoff drei Tage bei nur 5 Grad ausgeharrt haben, sind bis auf leichte Erkältungen wohlauf. Kommandant Wyacheslaw Milaschewsky (unten) salutiert nach seiner Rettung an Land.

115-Millionen-Gewinn für sechsfache Mutter!

Rekordgewinn bei der Euro-Millionen-Lotterie für die Irin Dolores McNamara: Die sechsfache arbeitslose Mutter (45) darf sich über 115 Millionen Euro freuen!

In diesem Fall trifft es einmal wirklich die Richtige. Die Hausfrau und zweifache Großmutter aus Limerick in Irland streift die bisher höchste ausgespielte Gewinnsumme in dem internationalen „EuroMillionen“-Spiel ein. Der übergroße Scheck ist auf exakt 115.436.126 Euro ausgestellt. Dolores McNamara weiß noch nicht, was sie mit dem plötzlichen Reichtum machen will und muss alles noch „verdauen“ – als Erstes ist ein Familienurlaub geplant.

Wiener Polizei fasst falschen Opernintendant

Der Schock sitzt tief bei den Künstlern, die mit der Oper „Leonora“ in Wien Premiere feiern wollen: Wie die „Krone“-Redakteure Alexandra Wehner und Roland Ruess berichten, soll „Intendant Peter Kafka“ 400.000 Euro Schulden zurück gelassen haben. Der Verdächtige wird geschnappt.

Arzt verabreicht Mittel für Vene ins Rückenmark

Falsche Spritze in Lainzer Spital tötet Patientin (66)

Ein hirnrissiges Verpackungssystem und die Unachtsamkeit eines Top-Onkologen im Wiener Spital Lainz kosten einer Patientin das Leben. Der Oberarzt spritzt der Frau irrtümlich ein Venenmittel ins Rückenmark.

Wie „Krone"-Redakteur Tom Klinger aufdeckt, haben ein Chemotherapeutikum für das Rückenmark und eines für die intravenöse Verabreichung die gleiche (!) Verpackung. Der Oberarzt injiziert aus Unachtsamkeit das falsche Mittel. Tage später stirbt die 66-jährige Patientin. Wiens Spitälerchef Willi Marhold reagiert auf den tragischen Arzt-Fehler: künftig werden die Medikamentennamen von einer Schwester laut vorgelesen.

Medizin-Wunder in Linzer Klinik

Der Niederösterreicher Reinhard Grosser ist ein kleines medizinisches Wunder: Er überlebt fünf Tage mit einer nahe am Herzen gerissenen Hauptschlagader und wird erst dann ins Linzer AKH geflogen! Im Spital rettet eine siebenstündige Notoperation den 48-Jährigen.

***Busenstar Anna Nicole Smith kämpft** weiter um das 88-Millionen-Dollar Erbe ihres um 63 Jahre älteren Ehemannes Howard Marshall. Seit vier Jahren streitet das heute 37-jährige Ex-Playmate mit der Familie des verstorbenen texanischen Ölmilliardärs um den Nachlass. Jetzt kommt der Fall vor die Höchstrichter in Washington.*

***„Augen auf, Ohren auf, Helmi ist da."** Seit 25 Jahren ruft die Kultfigur aus Österreich im Fernsehen Kinder zu mehr Wachsamkeit im Verkehr auf. Die Geburtstagsparty für das Männlein mit dem rot-weiß-roten Helm steigt im ORF-„Confetti TiVi". Auch in Deutschland ist Helmi – als Trickfilmfigur mit Baseballkappe – schon im TV zu sehen.*

Triebwerksausfall, Teil verloren, Computerfehler

Leih-Kampfjets trudeln in Turbulenzen: Pannenserie

Die für 75 Millionen Euro von der Schweizer Luftwaffe angemieteten F-5-Kampfjets des Österreichischen Bundesheeres trudeln in Turbulenzen. Innerhalb von fünf Wochen gibt es bei den „Tigers" drei Pannen.

Der bislang letzte Zwischenfall ereignet sich bei einem Übungsflug des 2. Luftraumüberwachungsgeschwaders über den Hohen Tauern in der Steiermark. In 5000 Meter Höhe meldet der Bordcomputer plötzlich – wie sich später herausstellt irrtümlich – einen Brand am rechten Triebwerk. Der Pilot funkt eine Notmeldung an das Militärkommando und muss nur mit einem Triebwerk am Stützpunkt Graz-Thalerhof notlanden! Zuvor hat es schon einen Triebwerksausfall gegeben und ein „Tiger" – Nachfolger des Draken – verlor sogar ein 25 Zentimeter langes Abdeckungsteil.

◀ Bis Jahresende werden alle Draken durch angemietete „Tiger" ersetzt.

Bei „harmlosen" Streit in Pause attackiert 15-Jähriger seinen Mitschüler in der Klasse

Messerstich in Schule: Bub tot

Todesdrama an einer Polytechnischen Schule in Wien-Währing! Bei einer vermeintlich harmlosen Rauferei zweier Zuwanderer-Kinder zückt ein 15-Jähriger auf einmal ein Messer und sticht seinen „Kontrahenten" in Brust und Bauch. Die Ärzte kämpfen vergeblich um das Leben von Kevin: Der Bub (14) stirbt nach seiner Einlieferung im Spital.

Beide Kinder kennen sich erst seit wenigen Tagen. Angeblich um sich selbst zu verteidigen, sticht Nikolai (15) dem 14-jährigen Kevin – die Eltern der Kinder stammen aus Ex-Jugoslawien – in der 10-Uhr-Pause ein Taschenmesser in den Körper. Der Nachwuchs-Tormann verblutet trotz Notoperation. Nach Zeugenaussagen, dass Kevin „nur einen Streit schlichten" wollte, leitet die Staatsanwaltschaft Wien gegen Nikolai gerichtliche Voruntersuchungen wegen Verdacht des Mordes ein. Strafrahmen: bis zu 10 Jahre.

▲ *Die Mitspieler von Kevin halten bei einer berührenden Trauerfeier in Fußball-Dressen Totenwache für den 14-jährigen Bub.* ▶

Den Schmerz und die Trauer über den Tod ihres geliebten Sohnes kann der Familie aber niemand nehmen. „Er war mein Baby", so Mutter Vicky. Dann findet sie mahnende Worte: „Jetzt gehört alles her! Waffen- und Taschenkontrollen, ständige Gang- und Klassenaufsichten, Psychologen und Mediatoren. So ein Unglück darf nie mehr passieren!" Auch die Mutter des erst 15-jährigen mutmaßlichen Täters ist verzweifelt: „Wir hätten nie gedacht, dass unser Sohn so etwas machen kann."

Bei einer berührenden Trauerfeier halten die Nachwuchs-Spieler des SV-Gersthof in der Währinger Pfarrkirche Totenwache. Mit den Eltern und Geschwistern Kevins nehmen am Neustifter Friedhof 600 Menschen Abschied.

◀ *Tiefe Trauer am Grab: Mutter, Vater und die Schwester.*

Frau als Betrügerin:

Lotto-Sechser ist gefälscht

Unter dem Lotto-Motto „Alles ist möglich" ergaunert sich eine Steirerin mit einer gefälschten Sechser-Gewinnbestätigung bei Banken Kredite. Wie „Krone"-Redakteur Peter Riedler berichtet, gab die festgenommene 36-jährige Frau mit der nachgemachten Unterschrift von Lotto-Generaldirektor Leo Wallner vor, 3 Millionen Euro gewonnen zu haben. Das meiste Geld schenkte sie ihren Verwandten, außerdem kaufte sie für den Bruder ein Auto – Schaden: 50.000 Euro.

2 Buben sind Täter:

500 Pakete geplündert

Ein Chaos richten zwei Buben im Alter von 12 und 14 Jahren im Linzer Hauptpostamt an: Sie reißen auf der Suche nach Wertsachen 500 Pakete auf. „Als sie nach einer Stunde von Polizisten gestellt werden, haben sie schon viele Beutestücke für den Abtransport bereitgelegt", so „Krone"-Redakteur Johann Haginger. Nun müssen Gegenstände und Empfänger in Sonderschichten wieder mühsam eruiert werden.

Die berüchtigte Diamir-Flanke am 8125 Meter hohen Nanga Parbat: Hier wird Günther Messner beim Abstieg mit seinem Bruder von einer Eislawine in den Tod gerissen.

Reinhold Messner findet toten Bruder Günther nach 35 Jahren am Nanga Parbat:

Der Schicksalsberg als letzte Ruhestätte

Reinhold Messner (61) mit dem Bergsteigerschuh seines verunglückten Bruders: „Diese Schlaufe für Steigeisen haben nur wir gehabt."

„Die Götter waren gnädig!" Mit einem uralten tibetanischen Lied trägt Reinhold Messner die sterblichen Überreste seines verunglückten Bruders am Fuße des Nanga Parbat zu Grabe. Nach 35 Jahren hat Günther Messner unter einer 7-stufigen Gesteinspyramide am Schicksalsberg seine letzte Ruhestätte gefunden.

Reinhold Messner findet seinen toten Bruder in 4300 Metern Höhe. „Es ist Günther. Das ist eindeutig sein Schuh. Mit einer bestimmten Schlaufe zur Befestigung der Steigeisen, die nur wir und sonst niemand hatte", bestätigt die 61-jährige Bergsteigerlegende per Satellitentelefon.

Bei einer Feuerbestattung in einer kleinen, traditionell-schlichten Zeremonie nimmt Reinhold Messner von seinem Bruder am Schicksalsberg endgültig Abschied: „Wir haben ‚Lak Yelo' (Die Götter waren gnädig) gesungen und Reis in die Luft geworfen, um dem Ort hier am Himalaya gerecht zu werden."

Neben den starken persönlichen Emotionen ist der Fund für Reinhold Messner aber auch eine Genugtuung. Denn seit dem Todesdrama bei der Expedition vor 35 Jahren hatten andere Teilnehmer behauptet, er hätte den damals 23-jährigen Günther über die Aufstiegs-Wand ins Tal geschickt. Nach seiner Rückkehr wehrt sich der Extrembergsteiger im Gespräch mit „Krone"-Journalistin Conny Bischofberger gegen die bösen Gerüchte: „Es sind wirklich bewusste Lügen. Unter dieser Rufmordkampagne haben auch unsere Familien ein halbes Leben lang gelitten. Nun, da ich meinen Bruder auf jener Seite des Nanga Parbat gefunden habe, auf der wir abgestiegen sind, ist meine Ehre wieder hergestellt."

„Stimme aus dem Internet" terrorisiert Handy-Besitzer!

Ein neuer Handy-Trick sorgt für Aufregung: Mit bedrohlicher Stimme fordert ein anonymer Anrufer Geld, bedroht seine Opfer und beschimpft sie wüst. Die Anzeigen bei der Polizei häufen sich. Doch hinter dem Telefonterror, der vor allem Frauen und Pensionisten in Angst versetzt, steckt offenbar kein Psychopath, sondern ein schlechter (Kinder-) Scherz aus dem Internet. „Alle Drohanrufe erfolgen mit demselben Wortlaut – offenbar eine Tonband-Aufnahme", so ein ermittelnder Polizeibeamter.

Britney Spears bekommt Baby

Die Pop-Prinzessin ist Mutter: Britney Spears (23) bringt in der Uniklinik von Santa Monica per Kaiserschnitt einen gesunden Buben zur Welt. Der Sohn von Britney und Ehemann Kevin Federline soll Preston Michael heißen. Die Mama und ihr Baby logieren um 1636 Euro pro Nacht in einer Spitals-Suite.

Nur kurz lebt *das weibliche Flusspferd-Baby „Zuma" im Tiergarten Schönbrunn in Wien. Pfleger finden das Jungtier tot im Wasserbecken treibend. Kurz darauf gibt es den nächsten traurigen Verlust zu beklagen: Orang-Utan-Dame „Nonja" bringt ein totes Neugeborenes zur Welt.*

▲ *Das rumänische Auto zerschellt an einem Brückenpfeiler.*

Horrorunfälle: 7 Tote nach Sekundenschlaf

Entsetzen und Fassungslosigkeit bei den Einsatzkräften auf der Westautobahn in Niederösterreich. Bei zwei Horrorunfällen durch Sekundenschlaf innerhalb von 8 Stunden sterben sieben Menschen. Zunächst überschlägt sich bei Strengberg ein Lenker mit seinem BMW. Dann kracht bei Loosdorf ein mit fünf Rumänen besetzter Passat in einen Brückenpfeiler.

„Gewissen des Holocaust" stirbt

Er war unbestechlich, unbequem, eine moralische Autoriät: Im Alter von 96 Jahren stirbt Simon Wiesenthal in seiner Wiener Wohnung. Als Überlebender des KZ Mauthausen gründete er 1947 in Linz sein erstes Dokumentationszentrum zur Ausforschung von NS-Verbrechern. Wiesenthal galt als „Gewissen des Holocaust". Immer wieder erklärt er: „Es gibt keine größere Sünde als das Vergessen." Das Credo des verstorbenen „Nazi-Jägers" war „Recht, nicht Rache". Dank seiner Hinweise wurden weltweit NS-Verbrecher aufgespürt – allen voran Hitlers Holocaust-Organisator Adolf Eichmann.

Toni Polster tanzt *mit anderen Prominenten bei der neuen ORF-Show „Dancing Stars". Wie „Krone"-TV-Chef Werner Urbanek berichtet, schauen bei der Premiere fast eine Million den Paaren auf die Beine. Der Ex-Fußball-Star, der so wie die anderen Teilnehmer einen professionellen Tanzpartner hat, macht auch auf dem glatten Parkett keine schlechte Figur und wird zum Publikumsliebling.*

Von den Todesopfern bleibt nur ein Berg von Schuhen

Terror-Gerücht löst im Irak totales Chaos aus

Panik im Pilgerstrom in Bagdad: 1000 Todesopfer

Eine verheerende Massenpanik unter Pilgern in Bagdad fordert an die 1000 Todesopfer! Nachdem sich ein Gerücht über zwei Selbstmord-Attentäter in der Menge verbreitet, bricht das totale Chaos aus. In dem Getümmel ersticken die Menschen, werden zu Tode getrampelt oder ertrinken im Fluss.

Mehr als 1,5 Millionen irakische Schiiten versammeln sich beim Heiligtum des Imam Mussa Kazhim zu dessen Todestag vor 1000 Jahren. Plötzlich schlagen Granaten ein. Mehrere Menschen werden von der Explosion zerrissen, die Menge flieht ihn Panik über die nahe gelegene El-Aima-Brücke über den Tigris. Dann breitet sich das todbringende Gerücht aus: „Achtung! Hier sind zwei Selbstmord-Attentäter mit Sprengstoffgürteln!“ Sofort bricht das totale Chaos aus. Wer einmal zu Boden geht, wird von den nachströmenden Massen zu Boden getrampelt. Als das Brückengeländer bricht, stürzen die Menschen metertief in den Fluss. Furchtbare Bilanz der Massenpanik unter den Pilgern: 1000 Tote, Hunderte Verletzte. Die Regierung ruft eine dreitägige Staatstrauer aus.

Weil Killer nichts tut: Japanerin will klagen

Kurioser Kriminalfall in Tokio: Wegen Betrugs will eine Japanerin einen Berufskiller, den sie per Internet für den Mord an der Ehefrau ihres Liebhabers gedungen haben soll, klagen! Er habe umgerechnet 111.000 Euro kassiert, aber dafür nichts getan. Die Polizei nimmt nicht nur den Mann, sondern auch die Auftraggeberin fest . . .

Fotos zeigen Britin beim Schnupfen von Kokain

Super-Model Kate Moss versinkt im Drogensumpf

Im Drogensumpf: Kate Moss

300 Euro soll die schöne 31-Jährige pro Tag für Kokain ausgegeben haben. „Für sie ein Klacks. Doch jetzt bekommt Supermodel Kate Moss die totale Rechnung serviert, die sich gewaschen hat“, schreibt „Krone“-Edelfeder Roman Schliesser. Denn nach dem Drogenskandal kündigen der französische Parfum-Gigant „Chanel“ und der schwedische Textilriese „Hennes & Mauritz“ die Verträge mit Kate Moss. Auch die Polizei interessiert sich: Sir Ian Blair, Englands oberster Polizist, kündigt eine Untersuchung an. Und Kate selbst begibt sich zu einer Drogenentziehungskur in eine Privatklinik.

Weidmann bei Entenjagd erschossen

Tragisches Ende einer spätsommerlichen Entenjagd im niederösterreichischen Waldviertel bei Gmünd: An einem Teich stolpert ein 65-jähriger Jäger mit dem Gewehr in der Hand über einen Ast, seine Flinte fällt zu Boden und ein Schuss löst sich. „Aus nur drei Metern Entfernung trifft die Schrotladung einen anderen Weidmann in den Rücken“, so „Krone“-Redakteur Detlev Schürr. Dachdeckermeister Herbert Eschelmüller stirbt vor den Augen seines Sohnes.

Als „Queen Angie I." sieht die „Bild am Sonntag" Angela Merkel

Familienurlaub in Kaprun: Bub (7) ertrinkt in Dusche

Fassungslosigkeit bei den Menschen im Salzburger Kaprun: Im nur fünf Zentimeter tiefen Wasser muss ein erst siebenjähriger Schüler aus Holland sterben! Wie sich später herausstellt, hat der Bub einen epileptischen Anfall erlitten. „Er stürzte mit dem Kopf nach vorne auf den Boden. Sein Gesicht landete genau in der Duschwanne und er ist dann ertrunken", schildert der alarmierte Notarzt vom Roten Kreuz im Gespräch mit „Krone"-Redakteur Ed Ricker den tragischen Unfallhergang.

Taucher bleiben 10 Tage unter Wasser

Ohne Unterbrechung harren zwei professionelle Tauchlehrer zu Forschungszwecken zehn Tage vor der italienischen Insel Ponza unter Wasser aus! Stefano Barbaresi und Stefania Menso verbringen die Zeit in eigens fixierten Möbeln, haben sogar Fitnessräder und ein TV-Gerät.

Krone-Chronik September 2005

- 12 Jahre nach dem Raub von mehr als drei Millionen Dollar aus einem Spielcasino in Las Vegas stellt sich eine vom FBI gesuchte Frau, die mit ihrem Sohn (10) in den Niederlanden lebt, der Polizei. Ihr Komplize Robert Solis ist mit der Beute noch flüchtig.
- Das Ozonloch über der Antarktis wird wieder größer und nähert sich dem Rekordjahr 2003. Laut Weltwetterorganisation hat es 27 Millionen Quadratkilometer erreicht.
- Nicht nur Menschen sondern auch ihre Haustiere haben in den Industriestaaten Probleme mit dem Übergewicht! Nach Angaben des US-Wissenschaftrates ist jeder vierte Hund und jede vierte Katze zu dick.

SPD bildet mit der CDU/CSU-Fraktion die Bundesregierung

Große Koalition in Deutschland: Merkel wird die erste Kanzlerin

Deutschland hat seine erste Bundeskanzlerin! Nach dem von vielen Medien als Schicksalswahl titulierten, vorgezogenen Urnengang löst die Unions-Spitzenkandidatin Angela Merkel den SPD-Lebemann Gerhard Schröder in einem bis zuletzt erbittert geführten „Kanzler-Krimi" ab. Und in unserem Nachbarland kommt die (ungeliebte) große Koalition.

Obwohl Merkel mit einem riesigen Vorsprung ins Kanzler-Rennen geht, verspielt sie bis zum Wahltag fast alles. Nicht einmal ein Prozent trennen SPD (34,3%) und Union (35,2%) am Ende voneinander. Zwar sind Rot-Grün mit zusammen 43 Prozent abgelöst, aber trotz dem starken Wunschpartner FDP (10%) geht sich das Regieren für Schwarz-Gelb auch nicht aus.

Während Kanzler Schröder sich durch die Aufholjagd als Sieger gibt, ist die CDU-Chefin angeschlagen. Nachdem sich die Grünen vor einer „Jamaika"-Koalition mit der Union und den Liberalen (benannt wegen den Parteifarben, die auch die Landesfarben der Karibik-Insel sind) sträuben, beginnt eine „Elefantenrunde". Nach zähen Verhandlungen kommt in Deutschland schließlich die große Koalition. Und die 51-Jährige wird doch erste Kanzlerin! Den Rückzug von Gerhard Schröder ins Privatleben lässt sich die SPD mit acht Ministerposten aber teuer abkaufen.

SPD-Kanzler Schröder räumt seinen Sessel

New Orleans – eine Stadt

Der Horror-Hurrikan „Katrina“ richtet Rekordschäden an

1200 Menschen kommen bei Naturkatastrophe ums Leben

Mehr als 1200 Tote, Hunderttausende Flüchtende, zerstörte Häuser, kein Strom, Städte unter Wasser. – Horror-Hurrikan „Katrina“ richtet im Raum New Orleans Schäden von 125 Milliarden Dollar an. Doch die Region versinkt nicht nur in den Fluten, sondern auch in Chaos und Anarchie, ein Albtraum für die USA. Und: Es folgen weitere Hurrikans . . .

„Wir können nur noch beten“, sagt Bürgermeister Ray Nagin kurz bevor „Katrina“ New Orleans mit großer Wucht erreicht. Der Monstersturm bringt auch gewaltige Regenmengen mit sich. „Um das Auge des Wirbelsturms, der doppelt so groß ist wie Deutschland, werden Windgeschwindigkeiten von 250 km/h gemessen“, berichtet „Krone“-Redakteurin Eva Lehner. Dazu kommt die große Angst, dass Deiche bersten. Was als Todesurteil für „The big Easy“ gewertet wird.

Obwohl „Katrina“ ein wenig abdreht und dadurch die Wiege des Jazz „nur noch“ mit 150 km/h erwischt, sind die Schäden gigantisch – nämlich weit ärger als beim Tsunami!

In den überschwemmten Straßen von New Orleans treiben Leichen. Praktisch alle Gebäude der Stadt sind be-

Ein Satelliten-Bild zeigt die beängstigende Dimension des Horror-Hurrikans. Tagelang bestimmt „Katrina“ die Schlagzeilen der Welt.

Lage im Hurrikan-Gebiet außer Kontrolle:

Chaos, Seuchen, Plünderungen

Bericht auf den Seiten 6 bis 11

Donnerstag, 1. September 2005 / Nr. 16.278, € 0,90

Wien Krone

Kronen Zeitung

UNABHÄNGIG

www.krone.at

UNGENIERT bedienen sich Plünderer in den Geschäften von New Orleans – hier in einem Bekleidungshaus. Die Behörden sind bisher nicht in der Lage, die Diebe zu stoppen. Sie sind in erster Linie mit der Rettung von Menschen aus den Fluten beschäftigt. Denn das Wasser steigt und steigt, bald wird die gesamte Jazz-Metropole überschwemmt sein . . .

Exklusiv in der „Krone“ schildert die ▶ Managerin Sandra Erneker (36) aus Wien den Horror von New Orleans. Sie ist Augenzeugin, als eine bewaffnete Bande wie Bestien in ihr Hotel einfällt und zu plündern beginnt.

Wienerin schildert Horror von New Orleans:

Todesangst vor den Plünderern

BERICHTE AUS DEN USA SEITEN 4 BIS 7

Freitag, 2. September 2005 / Nr. 16.279, € 0,90

Wien Krone

Kronen Zeitung

UNABHÄNGIG

www.krone.at

Wien 19, Muthgasse 2, ☎ 01/36 011-0

ABO-SERVICE: ☎ 05 7060-600

SPORT

Hetz-Kampagne gegen Kühbauer

Vor dem WM-Qualifikationsspiel in Chorzow bezeichnet eine polnische Zeitung Didi Kühbauer als Rassisten, bildete ihn auf dem Titelblatt mit einer Gasmaske ab.

Nichts wie weg von hier!

New Orleans versinkt in Anarchie

Gouverneurin gibt Befehl zum Töten!

BERICHTE AUS DEN SEITEN 4, 5, 6, 8, 9

Wien Krone

▲ Da die Stadt immer mehr in Anarchie versinkt, gibt die Gouverneurin den Befehl zum Töten. Sie ordnet der Nationalgarde an: „Erschießt die Plünderer!“ Soldaten sollen wieder die Ordnung in New Orleans herstellen.

versinkt in den Fluten!

schädigt. 80 Prozent der Metropole stehen unter Wasser. Die US-Bundesstaaten Lousiana, Mississippi und Alabama sind verwüstet. Der Gesundheitsnotstand wird ausgerufen. Und nachdem in New Orleans am Pontchartrain-See ein Damm gebrochen ist, können Opfer nur noch mit Helikoptern aus der Wasserhölle geborgen werden. Die Straßen der Stadt verwandeln sich in Flüsse, Plätze in Teiche und Seen. Das Stadion „Superdome", Notquartier für 30.000 Menschen, muss geräumt werden. Dort herrschten zuletzt unvorstellbare hygienische Bedingungen. Auch sämtliche Krankenhäuser der Stadt werden mit Booten oder Hubschraubern evakuiert. Auf den Straßen bewegen sich kilometerlange Blechlawinen in höher gelegene Regionen. An manchen Tankstellen warten die Flüchtenden bis zu 15 Stunden auf Treibstoff.

Doch New Orleans versinkt nicht nur in den Wassermassen, sondern auch in Anarchie.

BITTE BLÄTTERN SIE UM

Hurrikan-Opfer waten verzweifelt durch die völlig überfluteten Straßen von New Orleans

GASTKOMMENTAR

Demaskiert

Wenn Präsident Bush auf die Probleme der Treibstoffversorgung nach dem Hurrikan-Desaster in den USA antwortet: „Fahren Sie weniger Auto", klingt es fast wie Maria Antoinette, die vor rund 200 Jahren auf die vorrevolutionäre Hungersnot in Frankreich mit: „Dann sollen sie Kuchen essen" reagierte! Beide Antworten sind jene Tropfen, die das Fass der Ignoranz zum Überlaufen bringen. Es sind soziale Missstände einer Klassen-Gesellschaft, die da kleingeredet werden. Wie die Hungersnot einst deckt der Hurrikan-Notstand jetzt tiefste soziale Abgründe auf, die bisher durch allerlei Fortschritte unbeachtet geblieben sind. Wer hätte sich vom Amerika des 21. Jahrhunderts gedacht, dass Zigtausende Bewohner es sich nicht leisten konnten, vor dem Hurrikan zu flüchten oder Vorräte anzulegen? Nach der Flut an die Oberfläche gespülter Bodensatz ohne Bildung erschlägt und beraubt Not leidende Mitbürger. Auf Hilfskräfte wird geschossen, sogar Hubschrauber werden angegriffen. Schließlich muss das Kriegsrecht ausgerufen und Schießbefehl erteilt werden.

Die Schäden an der Stadt werden schon bald behoben sein. Aber der Schaden am sozialen Zusammenhalt einer Gesellschaft, in den USA „Community", wird nachhaltig bleiben. Sozialer Friede ist nur über viele Generationen lernbar. Sogar Indonesien hat nach dem Tsunami mehr sozialen Zusammenhalt bewiesen – dort gab es Waffenstillstand mit den Rebellen!

Michael Dichand

Ratlos blickt Präsident Bush auf die zerstörte Region

Tote, Trümmer, Chaos –

● Gouverneurin gibt Befehl zum Töten: „Erschießt Plünderer"

● Auch Österreicher werden aus dem Sturm-Inferno gerettet

Oft die einzige Bergemöglichkeit: Rettung per Hubschrauber

FORTSETZUNG

Plünderer rauben Geschäfte aus, immer wieder kommt es zu Gewaltausbrüchen und Schießereien. Polizisten quittieren ihren Dienst: Sie haben in den Fluten alles verloren und wollen sich nicht auch noch von Plünderern erschießen lassen. Die Gouverneurin von Lousiana, Kathleen Blanco, gibt den Nationalgardisten, von denen einige gerade aus dem Irak zurückgekommen sind, den Befehl zu töten: „Erschießt die Plünderer!"

Im „Krone"-Exklusivinterview schildert eine Wienerin den Horror von New Orleans, das Bangen vor den Banditen: „Papa, es war schrecklich! Plünderer sind wie Bestien in unser Haus eingefallen." Das berichtet die 36-jährige Wienerin Sandra Erneker am Telefon. Sie erlebt inmitten des Dramas von New Orleans einen Überfall von Banditen in Todesangst mit. Danach wünscht die Frau nur noch, dass sie bald ausgeflogen wird. Die „Krone" ermöglicht der geschockten Wienerin die Heimreise – wo sie ihr Vater, der ehemalige DDSG-Ingenieur Walter Erneker, endlich wieder in die Arme schließen kann.

Große Erleichterung auch bei dem Wiener Unternehmer Franz Maierhofer (56). Seine Kinder, Sohn Tristan (15) und die 24-jährige Tochter Nina, melden sich nach Tagen des Bangens: „Papa, wir sind dem Inferno entkommen!" „Krone"-USA-Korrespondent Hans Janitschek berichtet ausführlich über die abenteuerliche Flucht der beiden Österreicher aus der Hurrikan-Hölle.

Besonders erschütternd: Der Wirbelsturm hat vor allem die Armen, Alten, Kranken und Hilfsbedürftigen getroffen. Jene, die nicht das Geld hatten, zu fliehen. Mississippi und Lousiana gehören zu den US-Bundesstaaten mit den geringsten Haushaltseinkommen. Armut ist weit verbreitet, vorwiegend schwarze Familien leben in

Tausende versuchen durch die überfluteten Straßen noch per Auto zu flüchten

Polizisten als Schützer vor den Plünderern

die Anarchie bricht aus!

◀ *Rettung in letzter Minute: Baby Christopher wird von Feuerwehr-Offizier Jonathan Pajeaud in die Arme genommen und per Jet-Ski in Sicherheit gebracht. – Eines von Dutzenden Wundern inmitten des Chaos.*

sozial bedrängten Verhältnissen. Nach Angaben des Heimatschutzministers Michael Chertoff zerstörte der Hurrikan ein 234.000 Quadratkilometer großes Gebiet – das entspricht der Fläche Großbritanniens.

Doch „Katrina" ist nur einer von zwölf tropischen Wirbelstürmen, die sich zu einem Hurrikan entwickelten. Dank der Koordination von Brigadier Gerhard Lang können Beamte des Bundeskriminalamtes Dutzende Österreicher aus dem Inferno retten. Außen- und Innenministerium arbeiten perfekt zusammen.

Nur drei Wochen später wächst sich „Rita" zum zweiten Hurrikan der Kategorie fünf aus. Er jagt mit 200 Stundenkilometern übers Land und schiebt eine bis zu sechs Meter hohe Sturmflut vor sich her. 1,3 Millionen Menschen müssen die Küstenregion verlassen. Und Anfang Oktober erreicht auch „Wilma" als zwölfter Hurrikan die Kategorie fünf. Erneut kommt es zu Massenevakuierungen.

Dem Horror von New Orleans entkommen: Sandra Erneker (36) wird in Wien von ihrem Vater auf dem Flughafen empfangen. ▼

telemax

Das Unglück von New Orleans wirkt bis in mein Studierstübchen, liebe Leute.

Ich betrachte die Live-Übertragungen, wenn auch nicht zu viel.

Irgendetwas Schäbiges hat es allemal, dem anderen beim Unglück zuzusehen.

Das fanden schon die alten Römer, wenn sie live fern sahen.

Sie standen zu diesem Zweck am Meeresstrand und der Dichter Lukrez verspottete sie mit dem Wort „suave", das heißt lieblich, angenehm, köstlich.

„Lieblich", schrieb er, „ist es, wenn die See hochgeht und der Sturmwind die Wogen peitscht, vom sicheren Ufer die Not der anderer zu schauen."

☆

Nun hatte ich letztens ein Manuskript fertig gestellt, in dem zur Schilderung einer feinen Einsamkeit, wie sie ihr Tmx zum Leben so dringend braucht, folgender Absatz stand:

„Und so sitze ich allein wie der Sperling auf dem Giebel des Hausdaches – was, wie Manoel de Souza immer erzählte, eigentlich auf der Welt das Beste ist."

☆

Nun aber sitzen in New Orleans die armen Leute auch wie die Sperlinge auf dem Giebel ihres Hausdaches, in Todesnot, kommen um vor Durst und starren zum Himmel.

Somit ist das Bild des Manoel de Souza zur Schilderung einer Idylle nicht mehr zu gebrauchen.

Ich habe das Manuskript zerrissen und vergesse es ganz und für alle Zeit, denn nach dem, was man hört, werden die armen Leute von New Orleans nicht die letzten sein, die wie die Sperlinge auf dem Giebel des Hausdachs sitzen – es ist ein Sinnbild geworden,

meint Ihr Telemax

Helikopter verliert Last ● Betonbehälter mit 750 Kilo trifft Ötztaler Gletscherbahn

Neun Tote bei Gondel-Absturz!

Bei einem furchtbaren Gondel-Unglück in Sölden (Tirol) sterben neun Touristen einer deutschen Skigruppe. Ein Helikopter verliert beim Transport genau in dem Augenblick seine Last, als er die Ötztaler Gletscherbahn überfliegt. Der 750 Kilo schwere Betonbehälter stürzt auf die Achtergondeln hinab . . .

Skilehrer Walter Hauser (45)

Ebenfalls tot: Dirk Dreßen (35)

Das Drama passiert in der Nähe des Zielhanges der Weltcuprennen im Gletscherskigebiet von Sölden. Beim Absturz einer Gondel werden drei der fünf Passagiere getötet. Da das Zugseil in solch extreme Schwingungen gerät, werden auch Passagiere in zwei weiteren Gondeln aus 25 Metern in die Tiefe geschleudert – sechs weitere Menschen sterben. Bei den Opfern handelt es sich hauptsächlich um deutsche Jugendliche. Sie waren mit ihrem Skiclub zum Training ins Ötztal gekommen.

Eine Unfallkommission übernimmt sofort die Ermittlungen und versucht zu klären, warum der Heli-Lasthaken sich in der Luft geöffnet hat. Nach ersten Erkenntnissen könnte es sich um einen technischen Fehler gehandelt haben.

▲ Neben der zerschmetterten Gondel liegen noch die Handschuhe und Helme der Skifahrer. Als sich beim Lastentransport ein Haken löst, stürzt der 750-Kilo-Betonbehälter auf die Ötztaler Gletscherbahn. ▶

38 Jahre Besatzung zu Ende ● Synagogen in Flammen:

Israel räumt Gaza-Siedlungen

Tränen der Trauer und des Zorns bei den israelischen Siedlern im Gazastreifen! Nach 38 Jahren Besatzung räumt die eigene Armee trotz erbitterten Widerstands Tausender Bürger alle Siedlungen.

Viele Siedler ignorieren den Räumungsbefehl und wollen ihre Häuser nicht verlassen. Zudem protestieren Abzugsgegner im Gazastreifen – doch ohne Erfolg. Nach dem Ende der Besatzung übernehmen die Sicherheitskräfte der Palästinenser die Kontrolle. Es dauert aber nicht lange, da gehen schon mehrere Synagogen in Flammen auf. Der Frieden im Nahen Osten ist noch in weiter Ferne . . .

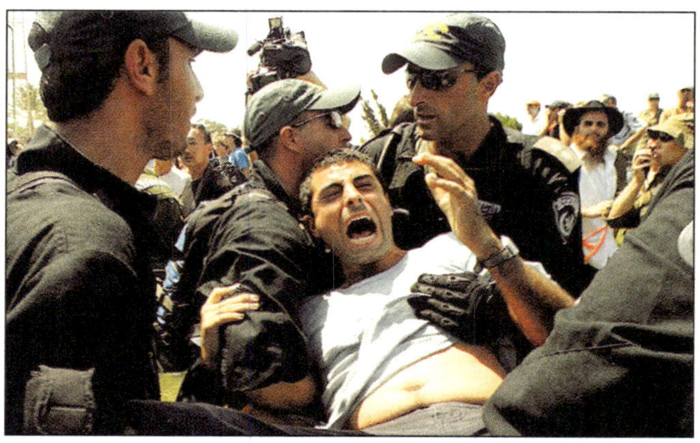

▲ Weinend drückt dieser junge Israeli seinen Kopf an die Thora. Die Soldaten ◀ tragen einen wütenden Siedler weg.

Nach dem Atomkraftwerk Krško droht an Österreichs Grenze neue Atomgefahr aus Slowenien

Energieriese will 2. AKW ● Atommülllager-Pläne nahe Kärnten

An Österreichs Grenze droht eine neue Atomgefahr aus Slowenien

Neue Atomgefahr an Österreichs Grenze! Sloweniens größter Energiekonzern plant nach dem AKW Krško den Bau eines weiteren Kernkraftwerkes. „Angesichts des steigenden Stromverbrauches ist nichts mehr unmöglich", bestätigt Direktor Novšak. Auch die Frage nach einem Atommülllager ist noch nicht geklärt.

Der Chef des Energieriesen „Eles Gen" bekräftigt in einem Interview mit der slowenischen Zeitung „Delo", dass mit dem Bau für ein zweites Kraftwerk nach Krško rasch begonnen werden müsse. Im Gespräch mit der „Krone" legt Martin Novšak dann noch nach: „Die Atomenergie ist die beste Lösung für die Zukunft der Menschen!"

Dass aber selbst die Bevölkerung in Slowenien verängstigt ist, bestätigt Österreichs Botschafter Valentin Inzko. So sind die Pläne noch nicht vom Tisch, wonach der Atommüll in Zukunft in stillgelegten Stollen im Gebirgsmassiv Petzen in unmittelbarer Grenznähe zu Kärnten gelagert werden soll. „Man will offensichtlich auf die alten Pläne der kommunistischen Energiewirtschaft zurückgreifen", erklärt Erwin Mayer von der Umweltschutzorganisation Greenpeace.

Rolle rückwärts

Der Zeitpunkt war von Slowenien schlau gewählt. Die Industrieländer stehen im Bann der dramatisch steigenden Energiepreise. Das Gespenst von 2 Euro pro Liter Benzin geistert durch Europa und in der bevorstehenden Heizsaison wird sich die Lage vermutlich noch verschärfen. Genau da lässt der größte slowenische Energiekonzern die Bombe platzen: Das Atomkraftwerk Krško könnte länger als versprochen in Betrieb bleiben und ein zweites AKW (in Grenznähe zu Österreich) gebaut werden.

Die Energiekrise wird damit nicht intelligent durch alternative Methoden entschärft, sondern sie führt durch eine falsche Politik direkt in das ökologische Desaster. Mit dieser Rolle rückwärts landet Europa wieder in der umweltpolitischen Steinzeit.

In wenigen Monaten wird Kanzler Schüssel turnusmäßig den EU-Vorsitz übernehmen. Es wird an ihm liegen, seinen Freunden in Laibach klar zu machen, dass es nicht im Sinne einer gedeihlichen europäischen Entwicklung sein kann, dem Nachbarn ein neues Atomkraftwerk an die Grenze zu knallen. CLAUS PÁNDI

Krone-Chronik September 2005

● Ein als steinreicher Sammler getarnter amerikanischer FBI-Agent lässt eine Kunsträuber-Bande in der dänischen Hauptstadt Kopenhagen auffliegen. Drei aus dem Stockholmer Nationalmuseum gestohlene Gemälde im Wert von rund 40 Millionen Euro werden heil sichergestellt.

● Der Rallye-Zirkus trauert um Michael Parks. Im Kampf um Sekunden beim Rennen in Wales kommt der Co-Pilot von Markko Märtin bei einem schweren Unfall ums Leben. Er hinterlässt eine Frau und zwei Kinder. WM-Führender Sebastien Loeb verzichtet auf den Sieg.

● In München wird der deutsche Fernsehmoderator Stefan Raab („TV total") wegen Beleidigung zu 150.000 Euro Geldstrafe verteilt. Eine junge Mutter hatte seinen Kommentar: „Unfassbar, oder? Die Dealer tarnen sich immer besser" zu einem Foto mit der Schultüte ihrer Tochter im Arm nicht komisch gefunden und geklagt.

„Wembley-Toni" Fritsch ist tot! Der Held als zweifacher Torschütze beim Sieg gegen England in Wembley stirbt im Alter von 60 Jahren nach einem Herzinfarkt in Wien. Aber das ist nur ein Teil der Legende: Nach seiner erfolgreichen Fußballer-Karriere bei Rapid übersiedelte Toni Fritsch im Alter von 26 Jahren in die USA und gewann dort zwei „Superbowl-Ringe" (Foto).

Jetzt auch die Steiermark

● Burgenlands SPÖ-Landeshauptmann Niessl holt Absolute
● Schmerzliche Niederlage für ÖVP-Landeshauptfrau Klasnic

„Roter Oktober" im Jahr vor der Nationalratswahl! Innerhalb von einer Woche holt der burgenländische SPÖ-Landeshauptmann Hans Niessl die Absolute und Steiermarks ÖVP-Landeshauptfrau Waltraud Klasnic verliert die Grazer Burg an die Sozialdemokraten unter Franz Voves. Für die Schwarzen ist diese Niederlage besonders schmerzlich. Denn damit verliert die Volkspartei auch die Mehrheit im Bundesrat.

Nach Salzburg ist mit der Steiermark schon die zweite ÖVP-Bastion gefallen. Franz Voves ist der neue starke Mann in der Grazer Burg. Waltraud Klasnic, 1996 die erste Landeshauptfrau, die große Verliererin. Nach 60 Jahren ÖVP-Herrschaft bekommt die grüne Mark mit dem „feschen Franz" erstmals einen roten Landeshauptmann.

Die Sozialdemokraten feiern einen politischen Erdrutschsieg. Einem Gewinn von knapp 10 Prozent stehen fast ebenso große Verluste der Schwarzen (minus 8,6 Prozent) gegenüber. Dritte Kraft werden überraschend die Kommunisten unter dem „Engel der Armen" Kaltenegger. Mehr als halbiert sind die Blauen, während die Grünen mit leichten Verlusten gerade noch vorne bleiben.

Wie „Krone"-Politikredakteur Peter Gnam analysiert, ist aber das auffälligste Ergebnis dieser Landtagswahl – neben dem Kampf um Platz 1 – das Scheitern der orangen BZÖ-Regierungspartei mit nur mageren 1,7 Prozent der Stimmen. Mit nur 2 Prozent ebenfalls klar ge-

◀ Mit Tränen in den Augen reagiert die abgewählte steirische Landeshauptfrau Waltraud Klasnic auf den Absturz der ÖVP in der Wählergunst. So sehen Sieger aus: Franz Voves mit Frau Ingrid in der SPÖ-Parteizentrale in Graz. ▶

Wie unsere Grafik zeigt, verlieren die Schwarzen in der grünen Mark dramatisch. Im gleichen Ausmaß gewinnen die Sozialdemokraten dazu. Große Enttäuschung herrscht ebenso bei den Blauen, auch die Grünen verlieren leicht. Zweiter Wahlsieger sind die in der Steiermark überaus starken Kommunisten. ▶

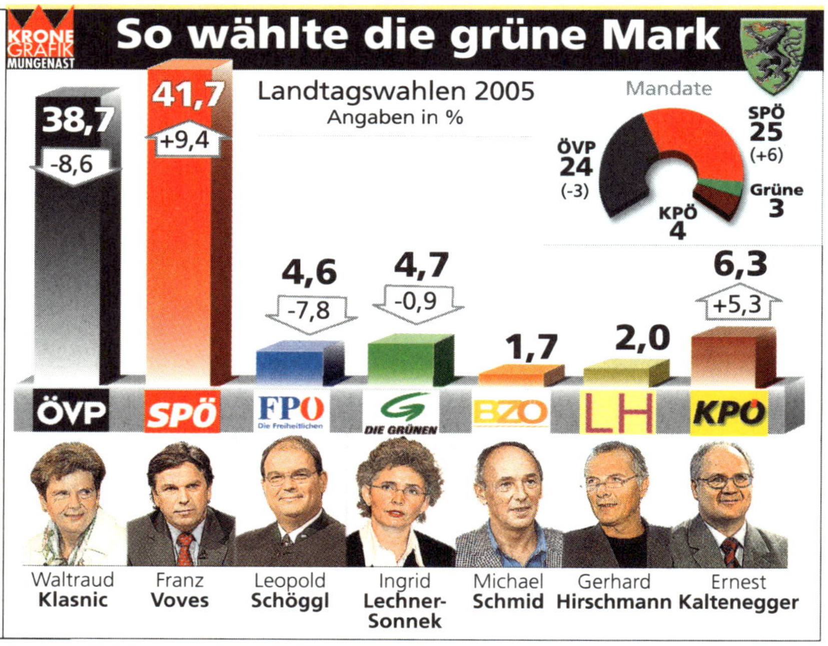

fest in roter Hand!

▲ *Der nächste Wahlerfolg der Sozialdemokraten: SPÖ-Chef Alfred Gusenbauer (im Bild li.) feiert mit seinem burgenländischen Landeshauptmann Hans Niessl im Landhaus in Eisenstadt die Absolute.*

scheitert ist ÖVP-Rebell Gerhard Hirschmann.

Sein Rausschmiss nach dem Skandal um die steirische Elektrizitätsgesellschaft ESTAG, nachfolgende dubiose Schweigegeldzahlungen und der weitere politische Sumpf rund um den Fall Herberstein sind auch die Ursachen, warum Klasnic in den politischen Abgrund gerissen wird.

Den zweiten Wahlsieg fährt die SPÖ dann im Burgenland ein: Trotz einem kleinen Gewinn kann die ÖVP die Absolute von Landeshauptmann Hans Niessl nicht verhindern! Die Blauen werden erneut mehr als halbiert, bleiben aber diesmal vor den Grünen, die die zweite kleine Wahlniederlage hinnehmen müssen. Und das orange BZÖ war im Burgenland gar nicht gestartet.

Ein Jahr vor der Nationalratswahl läuten für Kanzler Wolfgang Schüssel nach dem 17. Sieg für SPÖ-Chef Alfred Gusenbauer seit 2000 und auch wegen des schwächelnden Koalitionspartners die Alarmglocken! Mit der Mehrheit im Bundesrat werden die Sozialdemokraten außerdem das Regieren in Zukunft wohl schwerer machen . . .

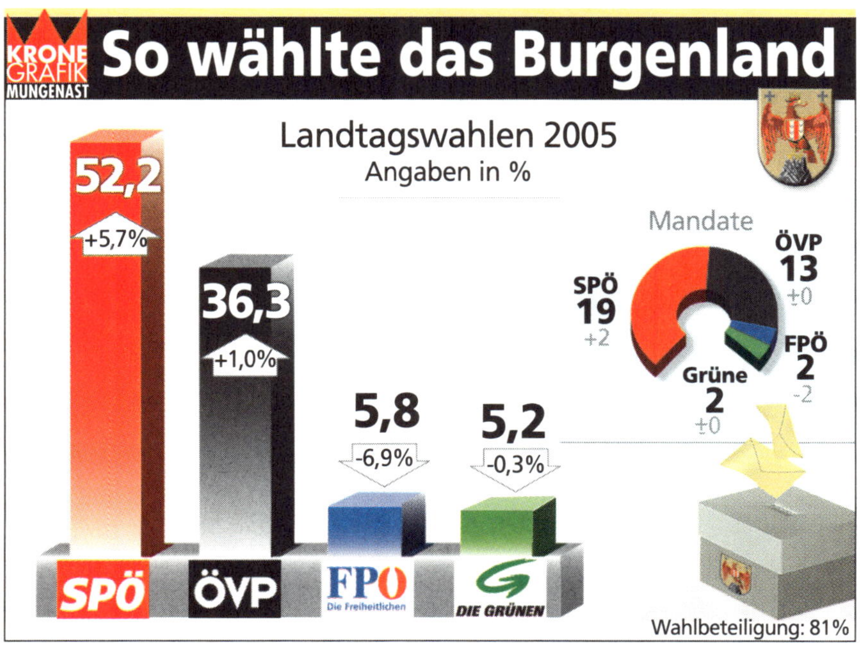

Eigentlich war es zu erwarten, dass es bei dem sonntägigen Wahlgang in der Steiermark mehr um Emotionen und Untergriffe gehen würde, als um klare politische Überlegungen. So war es auch: Wie man es am Sonntagnachmittag bereits erkennen konnte, nachdem ein großer Teil der Steirer gewählt hatte, dass die Grazer Burg für Waltraud Klasnic verloren war, ihr bisheriger Stellvertreter, Sozialdemokrat Franz Voves, wird an ihre Stelle treten. Ein sehr trauriges Ereignis für sie – und für viele weitere Steirer.

Klasnic hat die Grazer Burg an die SPÖ verloren

Die bisherige Burgherrin konnte sich hinter den politischen Zinnen der mächtigen und geschichtsträchtigen Burg sicher fühlen. Dazu der gewaltige Dom ganz nahe, zusätzlichen Schutz versprechend. Obgleich von den Steirern lange geschätzt, verlor sie für ihre Fehler und die ihrer parteiinternen Berater sehr viele Stimmen.

Noch einer hatte zu „bezahlen“, Jörg Haider, der meinte, mit seiner Neugründung BZÖ all den Fehlleistungen entkommen zu können, die er und viele Mitstreiter begangen hatten. Diese Niederlage steht dem Erfolg der SP mit fast zehn Prozent plus gegenüber, während die VP ein Minus von acht Prozent einfuhr. Die Freiheitlichen, so die Blauen (Strache), kamen auf fünf Prozent. Das reichte um wenige Stimmen nicht für den Einzug in den Landtag – im Gegensatz zur KP und den Grünen. Hirschmann scheiterte mit zwei Prozent und dürfte die politische Bühne (wie LH Klasnic) verlassen.

Cato

Feuertaufe unserer Außenministerin in EU

Österreich droht mit Veto zu Türkei-Beitritt

Das kleine Österreich sorgt für ein Krisentreffen der großen EU! Außenministerin Ursula Plassnik droht mit einem Veto die Türkei-Beitrittsverhandlungen platzen zu lassen. Erst im letzten Augenblick und nach der durch Österreich hineinreklamierten Veränderung des Vertragstextes gibt es grünes Licht für die Türkei.

Der zähe „Türkei-Poker" wird zur Feuertaufe unserer Außenministerin. In einem nervenaufreibenden Konferenzmarathon kommt es schlussendlich doch zu einem Kompromiss. Der Vertragstext zu Beitrittsverhandlungen mit der Türkei wird leicht abgeändert. Die Aufnahmefähigkeit der EU ist als Bedingung gleichrangig mit der Erfüllung der Beitrittsverpflichtungen der Türkei verbunden.

Und es wird festgehalten, dass am Ende des Verhandlungsprozesses (mindestens zehn Jahre) eine Volksabstimmung voraussichtlich in jedem EU-Land stattfinden muss. Weiters ist eine faire Verteilung der Kosten vereinbart. Nun gibt es für die Türkei und zugleich für Kroatien grünes Licht.

▲ Riesen-Jubel in der Türkei, als unsere Außenministerin ◀ Ursula Plassnik (im Bild mit EU-Botschafter Gregor Woschnagg) doch noch Beitrittsverhandlungen zustimmt.

Das „Potter-Fieber" *ist auch in Österreich wieder ausgebrochen. Die Augen Tausender Kinder und Erwachsener im ganzen Land strahlen, als zur Geisterstunde dank des magischen „Krone"-Zustellservice der lang ersehnte sechste Band des Zauberschülers „Harry Potter und der Halbblutprinz" auf Deutsch ausgeliefert wird.*

Krone-Chronik Oktober 2005

- Die USA werden von gleich zwei Spionage-Affären in Washington in Atem gehalten: Dabei wird erstmals im Weißen Haus ein Agent enttarnt! Der eingebürgerte Philippino soll belastendes Material für die Opposition in seinem Land gegen Präsidentin Gloria Arroyo beschafft haben.
- Ein 83-jähriger Linzer steht im Mittelpunkt eines Archäologie-Krimis: Der bekannte Keramikkünstler Rupert „Roberto" Aichmeier wird von italienischen Behörden in Rom als „Hehler" von etruskischen Grabbeigaben angezeigt. Er selbst sieht sich als Opfer.
- Tiffany-Juwelendieb stirbt auf der Flucht! Nach einem vereitelten Raub beim Nobel-Schmuckhändler in London verunglückt der Verdächtige bei einer dramatischen Verfolgungsjagd mit seinem Fluchtmoped tödlich.

Rapid-Trainer Hickersberger Nachfolger:

Teamchef Hans Krankl muss den Hut nehmen

Nach knapp vier Jahren und zwei verpassten Qualifikationen ist die Teamchef-Ära von Hans Krankl zu Ende! Rapid-Trainer Josef Hickersberger ist sein Nachfolger. Er nimmt die Herausforderung, Österreichs Fußball-Nationalmannschaft zur Heim-Europameisterschaft 2008 im eigenen Land zu führen, an.

Noch vor dem Ende der laufenden WM-Qualifikation gibt der Chef des Österreichischen Fußballbundes, Friedrich Stickler, diese Entscheidung zur Überraschung vieler bekannt. Für den 52-jährigen Ex-Nationalspieler und einstigen „Goaleador“, der fest mit einer Vertragsverlängerung gerechnet hat, ist das ein Schlag ins Gesicht. Nachfolger des glücklosen Teamchefs Hans Krankl wird der bisher erfolgreiche Rapid-Trainer Josef Hickersberger. Er war schon einmal Nationaltrainer, nahm aber nach der Blamage auf den Faröer-Inseln Anfang der 90er-Jahre seinen Hut.

◄ Ein Plausch unter guten Freunden: Hans Krankl, zu diesem Zeitpunkt noch Trainer der österreichischen Fußball-Nationalmannschaft, bei seiner Buchpräsentation mit Rapid-Trainer Josef Hickersberger, der ihm dann nur wenige Wochen später nachfolgen sollte.

Katie & Tom: Hochzeit und Baby

Hollywoods Promi-Paar Katie Holmes (26) und der um 20 Jahre ältere Tom Cruise haben doppelten Grund zur Freude: Das Paar erwartet ein Kind und noch vor Weihnachten soll geheiratet werden. Schauspiel-Star Cruise hat bereits zwei Kinder, die er mit Ex-Ehefrau Nicole Kidman adoptierte. Für Katie Holmes wäre es das erste Kind.

Sein Versteck in bulgarischem Dorf aufgespürt:

Euro-Fälscherboss nach 6 Monaten Flucht gefasst

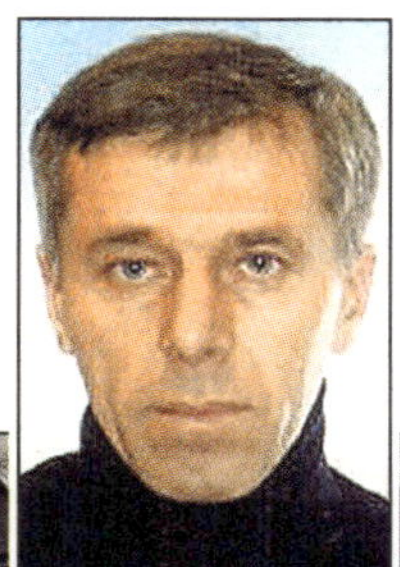

Seine Flucht vor sechs Monaten mit einem falschen Anwalt aus dem Wiener Landesgericht war spektakulär – jetzt sitzt Euro-Fälscher-Boss Ivan Ivanov wieder in Haft! Und mit ihm seine ganze Bande.

Der Ukrainer Dimitri Kara alias Ivan Ivanov war gerade dabei, von seinem Versteck in einem kleinen bulgarischen Dorf aus die bei seiner Festnahme zerschlagene Euro-Fälscherbande wieder aufzubauen. Staatsanwalt Georg Krakow: „Er stieg wie Phönix aus der Asche und führte mit seinem jüngeren Bruder eine Art Familienunternehmen mit 200 Mitarbeitern.“ In einer zeitgleichen Kommando-Aktion stürmen aber Polizei-Sondereinheiten in Bulgarien sein Waldversteck und in Wien Dutzende Wohnungen.

Den „Krone“-Bericht hob sich der Fälscher-Boss (kleines Bild) auf

Wettervorhersage soll besser klingen

Das Wetter lässt sich nicht verbessern, der Wetterbericht hingegen schon: Getreu diesem Motto hat das britische Meteorologische Institut neue, positivere Richtlinien erlassen. So sollen die Wetterfrösche der TV-Stationen künftig statt „örtlich bewölkt“ lieber „oft sonnig“ sagen. Bisher begannen in Großbritannien viele Vorhersagen düster.

IAEO in Wien erhält Friedens-Nobelpreis

Überraschung bei der heurigen Vergabe der Nobelpreise: Der Friedens-Nobelpreis geht an die Atomenergieorganisation in Wien für den Einsatz gegen die Verbreitung von Massenvernichtungswaffen. Während sich IAEO-Chef Mohamed El Baradei freut, kritisieren Umweltschutzorganisationen die Entscheidung als „absurd".

So wie hier in Rumänien müssen Zehntausende Tiere notgeschlachtet werden

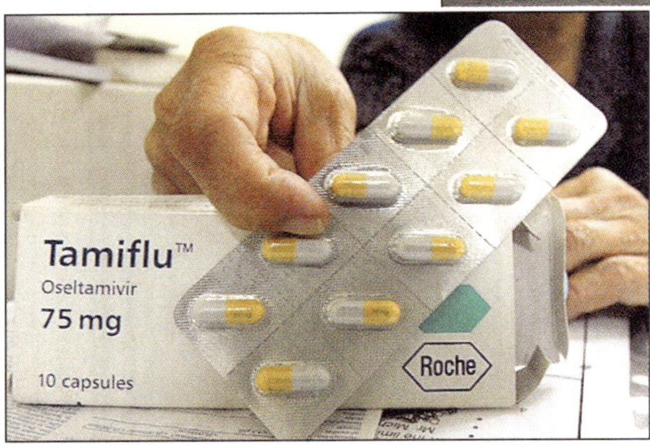

„Tamiflu" ist das wichtigste Mittel gegen Vogelgrippe

Erste Fälle in Rumänien, Türkei und Griechenland

Vogelgrippe-Seuche hat nun auch Europa erreicht

Die Vogelgrippe rückt Österreich näher. Nachdem im Vorjahr erste Fälle in Asien aufgetreten sind, hat die Geflügelpest nun auch Europa erreicht! Gesundheitsministerin Maria Rauch-Kallat beruhigt aber: Der Virus ist nicht von Mensch zu Mensch übertragbar.

Nur wer engen Kontakt mit vom Virus „H5N1" befallenen Tieren hat, kann bisher erkranken. Eine Epidemie droht aber nicht, weil die Vogelgrippe derzeit von Mensch zu Mensch nicht übertragbar ist. Zur Sicherheit decken sich trotzdem viele Staaten mit dem Medikament „Tamiflu" des Schweizer Pharmariesen „Roche" ein.

Obwohl heimische Gesundheitsbehörden nach den ersten aufgetretenen Europa-Fällen in Rumänien, Türkei sowie im EU-Land Griechenland Entwarnung geben, greift eine künstlich hochgeputschte Panik um sich. Betrüger und üble Geschäftemacher bieten über das Internet Medikamente, Masken oder Schutzanzüge an. Und verdienen an der zunehmenden Furcht vor der Tierseuche ein Vermögen.

Liebespaar des Jahres: Grasser und seine Fiona

Sie sind die Lieblinge der Society-Gesellschaft und das Liebespaar des Jahres: Unser Finanzminister Karl-Heinz Grasser (36) und seine schöne Kristall-Erbin Fiona Swarovski. Wo die beiden auch auftauchen, sind sie im Blitzlichtgewitter der Kameras. Bei der Planung für die Traumhochzeit sorgen dann auch noch Gerüchte über eine angebliche Schwangerschaft für zusätzliche Aufregung in bunten Magazinen. Die 40-jährige Fiona ist schon Mutter von drei Kindern.

Eng umschlungen: Minister Grasser und seine Fiona. ▶

Neues OMV-Ziel: Erster in 2. Liga

„Krone"-Wirtschaftsexperten Manfred Schumi bestätigt OMV-Boss Wolfgang Ruttenstorfer die neuen Ziele des Mineralölkonzerns: Bis 2010 will er „Erster in der 2. Liga" sein. Dazu soll die Fördermenge um 50 Prozent auf 500.000 Fass pro Tag erhöht und die Raffineriekapazität gar verdoppelt werden.

Franzosen holen Einzel- und Markentitel

Renault mit Alonso Doppel-Weltmeister

Französische Revolution in der Formel-1! Der Spanier Fernando Alonso wird mit Renault der jüngste Weltmeister. Dem ersten Titel für die Blau-Gelben folgt noch ein zweiter: Auch die Marken-Meisterschaft geht an Renault. Ein weiterer Star dieser Saison: Red-Bull-Boss Didi Mateschitz und sein neuer Privat-Rennstall.

Der 24-Jährige und Kimi Räikkönen haben jeweils sieben Siege. Doch weil der Mercedes des Finnen oft technische Pannen hat, krönt sich Renault-Teamchef Flavio Briatore zum Doppelweltmeister. Ein weiterer Gewinner der Formel-1-Show ist das Red-Bull-Team. Christian Klien beendet die Saison mit einem guten fünften Platz – er hat auch 2006 ein Cockpit. Und Finanzier Didi Mateschitz kauft mit Minardi noch einen zweiten Rennstall! Großer Verlierer heuer ist der siebenfache Champion Michael Schumacher. Er fährt mit seinem Ferrari der Spitze hinterher.

Jubelt als jüngster Formel-1-Weltmeister: Fernando Alonso (24)

▲ Die „roten Bullen" sind ein Renner. Sport-Großfinanzier Mateschitz (2.v.re.) mit den Fahrern Klien (re.) und David Coulthard (li.) sowie Franz Beckenbauer und Salzburg-Trainer Kurt Jara. ▶

***Musik-Superstar** Robbie Williams steht nach einer Schaffenspause wieder im Rampenlicht. In Berlin präsentiert der 31-jährige Brite vor 250 Journalisten sein neues Album „Intensive Care". Am nächsten Tag gibt er im Velodrom-Stadion sein einziges Konzert heuer in Europa. Für alle Fans weltweit hat der König des Pop noch eine gute Nachrichten: Robbie Williams kündigt für 2006 eine „wirklich lange Tour" an.*

ORF-Kunden zahlen seit Jahren zu viel

Wie „Krone"-Redakteur Karl Grammer mit der Arbeiterkammer aufdeckt, zahlen Tausende ORF-Kunden durch Fehler bei der Zuordnung der Postleitzahlen in Grenzgemeinden jahrelang zu viel. Herbert Denk, Sprecher der Gebühren-Info-Service (GIS) verspricht: „Zu Unrecht kassierte Beträge werden als Gutschriften an Haushalte refundiert."

Holland entgeht Terror nur knapp

Offenbar im letzten Moment können Sicherheitskräfte in Holland einen Terror-Sturm auf das Regierungsviertel in Den Haag verhindern! Politiker sollten bei einer Regierungssitzung ermordet werden. Mindestens sieben Verdächtige – sechs Männer und eine Frau – werden bei Razzien festgenommen, Waffen und Sprengstoff sichergestellt.

Mehr als 50.000 Menschen sterben bei der Katastrophe ● Vier Millionen obdachlos

Horror-Beben in Pakistan löscht

Auch in Islamabad stürzen etliche Häuser ein

Ein katastrophales Erdbeben im pakistanischen Kaschmirgebiet zerstört ganze Dörfer. Mehr als 50.000 Leute kommen ums Leben, vier Millionen werden obdachlos. Österreich schickt ein Heereskontingent, um den Opfern mit Trinkwasser zu helfen.

Weite Landstriche sind verwüstet, ganze Orte existieren nicht mehr. Muzaffarabad, die Hauptstadt des pakistanischen Teils von

▲ Tausende Waisenkinder irren einsam durch Trümmerfelder

Hilfe aus der Luft: ▶ Lebensmittel kommen mit Transportfliegern

„Mutter Erde" hat die beiden chinesischen Astronauten wieder

Landung in der Mongolei

„Taikonauten" kehren zurück

Überglücklich winken die beiden chinesischen Astronauten Fei Junlong und Nie Haisheng dem Empfangskomitee nach ihrer Landung in der mongolischen Steppe zu. Die beiden „Taikonauten" kletterten nach fünf Tagen im All aus eigener Kraft aus ihrer Raumkapsel „Shenzhou VI". Mit Spruchbändern und Blumen wird das Duo empfangen. Es war dies der erst zweite bemannte Raumflug in der Geschichte Chinas.

- Bei einer Bergtour im Himalaya kommen sieben Franzosen und elf nepalesische Begleiter in einem Schneesturm ums Leben. Sie wollten den Kamru erklimmen.
- Für Aufregung sorgt Hotelier Roland Ballner vom Wolfgangsee. Er sieht „Erwachsenentourismus" als Marktnische und will Gäste mit einem Kinderverbot anlocken.
- Rekordbesuch im Wiener Belvedere: Schon 236.000 Menschen haben sich die Staatsvertrags-Ausstellung angeschaut.
- Kunststoffverbot! Ab dem Jahr 2010 dürfen in

● Österreichische Soldaten als Helfer

ganze Dörfer aus

Kaschmir, wird zu 80 Prozent zerstört, allein dort gibt es etwa 12.000 Tote. Hunderttausende können nur retten, was sie am Leib tragen, hungern und frieren. Schwere Regenfälle behindern die Rettungstrupps, Erdrutsche blockieren die Straßen in der Region.

Präsident Musharraf ordnet drei Tage Staatstrauer an. Er appelliert persönlich an die internationale Gemeinschaft und bittet um Transporthubschrauber.

Und als das SOS-Kinderdorf an Österreichs Regierung appelliert, Kindern im Bebengebiet zu helfen, entsendet Verteidigungsminister Günther Platter ein 60-köpfiges AFDRU-Kontingent als „Botschafter der Menschlichkeit" nach Muzaffarabad. Schon drei Tage nach der Ankunft haben die Österreicher trotz Plünderern, Nachbeben und Transportproblemen vier Wasseraufbereitungsanlagen errichtet. „Wir können 12.000 Liter Trinkwasser pro Tag an Überlebende ausgeben," so Kommandant Major Fritz Aflenzer.

„Sicherheitsgipfel": Österreichische und pakistanische Militärs

So süß die Trauben sind, die Erntemenge ist heuer rückgängig

Regen setzt den Trauben zu: Einbußen bei der Weinernte

Auch wenn die Herbstsonne dem Wein gut tut, lassen sich die August-Ausfälle nicht mehr aufholen. Starker Regen hat den Fäulnisdruck erhöht. Die Erntemenge liegt bei 2,5 Millionen Hektoliter (minus 8 Prozent). Alles Interessante zum Thema „Wein" liefert das „Krone Wissen"-Buch vom stellvertretenden Ressortchef Thomas Schrems.

Krone-Chronik Oktober 2005

Frankreich biologisch nicht abbaubare Kunststoffsäckchen nicht mehr verkauft werden.

● Riesenerfolg der österreichischen Computer-Fahnder gegen eine internationale Diebsbande, die in Deutschland Microsoft-Spielkonsolen gestohlen hat. Eine heiße Spur führt das Bundeskriminalamt nach Amstetten (NÖ).

● Um gegen gut organisierte Trickbanden in Städten vorgehen zu können, gilt ab dem 1. Oktober ein Verbot von so genannten „Hütchen-Spielen".

● Das Juwelier-Traditionsgeschäft Wempe in Wien feiert den 100. Geburtstag seiner Chronometerwerke.

● Nach einem Drogenfund in seiner New Yorker Wohnung wird der britische Sänger Boy George verhaftet.

● Aus Protest gegen „zu zahlreiche katholische Heiligenstatuen, Kreuze und Gedenktafeln" an Italiens Bergwegen stellen Alpinisten eine Buddha-Statue auf den Gipfel des Piz Padile.

● Filmstar Uschi Glas (61) heiratet ihr Herzblatt Dieter Hermann in München.

***Es war Mord!** Zu diesem einstimmigen Urteil kommen die Geschwornen beim Prozess im Wiener Landesgericht. Der angeklagte Unternehmer Werner Neymayer (39) hat seine Geliebte Petra M. mit einer heimtückischen Sprengfalle auf der Wiener Höhenstraße getötet, um an die zu seinen Gunsten abgeschlossene Lebensversicherung zu kommen. Das – nicht rechtskräftige – Urteil lautet: Lebenslang!*

49 Prozent für Rote ● ÖVP auf Platz 2 ● FPÖ bleibt überraschend vor Grün

Wien: Favorit Häupl holt klaren

Zeugnisverteilung in der Bundeshauptstadt am Wahlsonntag und nur Bürgermeister Häupl kann mit den Noten der Bürger zufrieden sein: Als Favorit gestartet, wird er den Erwartungen seiner Parteifreunde gerecht. Er holt für die SPÖ ein Ergebnis von 49 Prozent und gewinnt im Gemeinderat drei Mandate hinzu.

Auffallend: die Wahlbeteiligung ist gering und liegt mit 60 Prozent so niedrig wie noch nie. Laut Analysen hat die schwache Wahlbeteiligung Favoriten Michael Häupl die absolute Stimmenmehrheit gekostet, weil so mancher SPÖ-Sympathisant aufgrund des Vorjubels zu Hause geblieben ist.

Die große Überraschung liefert aber H.-C. Straches FPÖ, die nach Auszählung der Stimmen als drittstärkste Partei dasteht. Da ver-

Dreifachmord nach 17 Jahren geklärt!

17 Jahre lang kann ein Kärntner den Mord an seiner Frau und deren zwei Kindern geheim halten – bis bei Bauarbeiten in Klagenfurt stark verweste Leichenteile entdeckt werden. „Als über den Fund berichtet wird, erschießt sich der Täter, ein Eisenbahner (56), mit seinem Gewehr vor dem Fernsehapparat“, so „Krone“-Redakteur Martin Radinger.

Tausend neue Jobs für unsere Lehrlinge

Großer Erfolg der „Krone“-Lehrlingsaktion mit der Wirtschaftskammer. Österreichweit machen über 400 Betriebe mit, insgesamt 1000 Teenager erhalten eine Lehrstelle. Kammerpräsident Christoph Leitl: „Ich bin stolz auf unsere Unternehmen, die so engagiert mithelfen, den jungen Leuten die Chance auf einen Einstieg ins Berufsleben zu geben.“

Riesenwirbel um BAWAG-Geldvergabe

425-Millionen-Kredit an US-Konkursfirma!

Der 425-Millionen-Euro-Kredit der BAWAG erregt die Gemüter der Österreicher: Denn unmittelbar bevor die US-Firma Refco in den Konkurs geht, überweist die gewerkschaftseigene Bank dem Ex-Chef Bennett diese gigantische Summe. Der Amerikaner wird vorübergehend verhaftet, in Wien jagt eine Krisensitzung die andere.

„Ganz Österreich ist verwundert, wie schnell (angeblich an einem Sonntag!) die Entscheidung über einen so großen Einzelkredit gefallen ist“, berichtet „Krone“-Redakteur Manfred Schumi. Auch ÖGB-Präsident Fritz Verzetnitsch lässt mit der Aussage aufhorchen, dass er kein Problem habe, „sich von den Personen zu verabschieden, wenn Missstände aufgezeigt werden“. Die BAWAG jedenfalls ist somit der größte Gläubiger in einer der aufsehenerregendsten Pleiten der amerikanischen Geschichte.

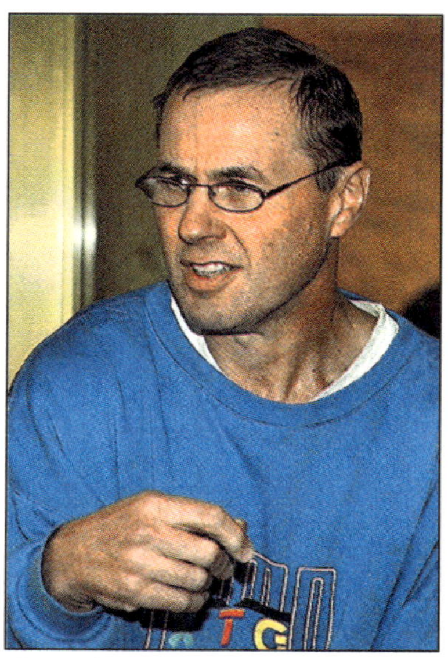

Ex-Refco-Chef Bennett kassierte

Folter, Gewalt & Unterdrückung

Mit steinerner Miene tritt der „Schlächter von Bagdad“, Saddam Hussein, vor das Tribunal. Die Anklage zeigt ein Horrorbild des Regimes: „Es basierte auf Folter, Gewalt und Unterdrückung.“ Das Verfahren wird auf Ende November vertagt.

● BZÖ chancenlos

SP-Sieg

blasst auch der zweite Stockerlplatz von VP-Kandidaten Johannes „Gio" Hahn mit knapp 19 Prozent. Die grüne Spitzenkandidatin Maria Vassilakou ist scheinbar über Platz vier so enttäuscht, dass sie erst gar nicht zum Interview-Termin kommt. „Wenigstens haben wir in der Josefstadt mit Heribert Rahdjian den zweiten Bezirkschef ergattert", sagt sie später. Der angeschlagene Spitzenkandidat des BZÖ, Hans-Jörg Schimanek, meint entschuldigend zu den katastrophalen 1,2 %: „Wir konnten uns keinen teuren Wahlkampf leisten."

Zwei, die sich als Sieger fühlen – Häupl und Strache – und einer, der sich nicht ganz so freuen kann: ÖVP-Chef Johannes „Gio" Hahn.

*„**Stallpflicht**" für unser Federvieh. Als Vorsichtsmaßnahme vor der Vogelgrippe werden Gänse, Hühner und Truthähne in bestimmten Gebieten des Landes „unter Hausarrest" gestellt. In gefährdeten Regionen, also entlang der Zugvögel-Routen, wird die Freilandhaltung verboten. Bis Mitte Dezember dürfen sich diese Tiere nicht mehr im Freien aufhalten. Obwohl die Vogelgrippe in Kroatien schon vor unserer Haustür steht, gibt es bei uns keinen Grund zur Panik.*

„Herminator-Triumph" beim Saison-Auftakt

Der Herminator sprengt einmal mehr alle Grenzen – und zwar mit seinem dritten Triumph bei der Gletscher-Ouvertüre nach 1998 und 2000. „Es ist sein erster Riesentorlauf-Weltcupsieg seit fast fünf Jahren, der 51. insgesamt – damit ist Hermann der zweiterfolgreichste Läufer der Geschichte", berichtet „Krone"-Sportredakteur Peter Frauneder. Maier feiert mit einem etwas misslungenen Rückwärtssalto seinen Sensationssieg von Sölden.

Jubel für Hermann Maier! Sieg im Riesentorlauf von Sölden

Krone-Chronik Oktober 2005

● Ein zum Populismus neigender Nationaltraditionalist, der sich im Wahlkampf als Verteidiger des kleinen Mannes profilierte, überholt in der Stichwahl seinen Gegenkandidaten: Somit ist Lech Kaczyński neuer Staatspräsident in Polen.

● Beim Absturz eines Passagierflugzeuges in Nigeria kommen alle 117 Insassen ums Leben.

● Grenzbeamte in Heiligenkreuz (Bgld.) decken einen neuen Schlepper-Trick auf: Ein Ukrainer schmuggelt illegale Grenzgänger in Reisetaschen nach Österreich.

● Weil die Trikot-Nummer seines Lieblingsspielers Larry Bird die „33" ist, bittet der wegen Totschlages verurteilte Basketballfan Eric Torpy vor Gericht im US-Staat Oklahoma um eine Verlängerung seiner Haftstrafe von 30 auf 33 Jahre.

● Die Auktion von 4000 Kunstschätzen des deutschen Welfenhauses bringt 44 Millionen €.

Im Brennpunkt

Von Dr. med. Wolfgang Exel

Die Vorsorgeuntersuchung Neu ist derzeit in aller Munde und wird hoffentlich ab nun auch viel mehr in Anspruch genommen als bisher. Was nach wie vor in der Vorsorge stiefmütterlich behandelt wird, ist das Tabuthema Sexualstörungen.

Ich führe selbst seit vielen Jahren Gesundenuntersuchungen auf Krankenschein durch. Auch in Betrieben, wo sich die Teilnehmerzahlen durchaus sehen lassen können. Schließlich müssen die Probanden (Patienten sind sie ja keine und sollen das auch nicht werden) dabei keine weiten Wege gehen und lassen sich in der Arbeitszeit untersuchen.

Auch für mich ist es schwer, an Männer heranzukommen, die an Erektionsproblemen leiden und dringend Hilfe benötigen würden. Sie sprechen sogar mit dem Arzt nicht gerne bzw. nur selten darüber.

Also versuche ich mich bei Risikokandidaten (Raucher, Übergewichtige, Stressgeplagte usw.) vorsichtig an das Thema heranzutasten. Mitunter gelingt das auch und dann ist die Hilfestellung meistens gar kein Problem mehr.

Meine erste Empfehlung ist der so genannte Androcheck – die gezielte Untersuchung beim Urologen, um organische Ursachen der Störung auszuschließen. Für meine eigene ärztliche Tätigkeit kann das Vorliegen einer ED (Erektile Dysfunktion) Hinweis auf Krankheiten wie Depressionen, Diabetes usw. sein.

Mein Wunsch an alle betroffenen Männer: Reden Sie mit Ihrem Arzt! Je eher, desto rascher kann Ihnen geholfen bzw. gröbere Schäden verhindert werden!

„Krone" und Urologen starten eine österreichweite Initiative

Großes Umdenken höchste Zeit: Gesundheit auch Männersache!

In Gesundheitsbelangen ist der „kleine Unterschied" größer als man denkt. Nach wie vor sterben Männer früher als Frauen. Ein Grund liegt bestimmt auch darin, dass die Herren der Schöpfung zu wenig auf Vorsorge achten. Deshalb startet die „Krone" gemeinsam mit Österreichs Urologen eine große Initiative.

Stress und Rauchen machen auch anfälliger für Depressionen

Durchschnittlich sterben Männer um sieben Jahre früher als Frauen. In Städten liegt die Lebenserwartung noch um ein Jahr niedriger. „Die Herren haben ein doppelt so hohes Risiko, an Darmkrebs zu sterben, bekommen fünfmal häufiger Lungenkrebs und begehen dreimal häufiger Selbstmord als Frauen", listet „Krone"-Redakteurin Karin Podolak das Sündenregister der Männer auf. Der Grund für die niedrige Lebenserwartung sind Herz-Kreislauf-Erkrankungen, Krebs und Unfälle. Das Auftreten von Prostatakrebs hat sich in den vergangenen zehn Jahren verdoppelt. 40 Prozent aller Männer leiden unter Stress und 70 Prozent in Österreich sind übergewichtig.

Ausreichend Gründe, aufzuklären und Informationen an den Mann zu bringen, wie er seine Lebensqualität steigern und gesünder alt werden kann. Aber auch der Hormonhaushalt, Sexualität, Erektion und Lebensstil müssen mit dem Arzt besprochen werden.

Pamela Anderson als „Kunstwerk"! *Baywatchgirl, Sexidol und Playmate Pamela Anderson wird im Münchner „Haus der Kunst" zum Kunstwerk geadelt. Begründung: „…ein Werk aus Fleisch, Blut und Silikon." Treffende Kritik von Redakteur Erwin Melchart: „Kunst kommt von ‚künstlich'."*

Waidfraus Heil!

Veto gegen abstrusen Änderungsplan:

Ein Sieg der Vernunft Bundeshymne bleibt

Frauenministerin Maria Rauch-Kallat strebt die Änderung des Textes der Bundeshymne an. Sie will die „großen Töchter“ unseres Landes in der Hymne verankern. Da dieser Änderungs-Vorschlag in der Bevölkerung aber auf breite Ablehnung stößt, kündigt Vizekanzler Hubert Gorbach ein Veto an.

„Während Bundespräsident Heinz Fischer in der höchst umstrittenen Frage einer Änderung des Textes der Bundeshymne aus gutem Grund auf die Bremse steigt, prescht Frauenministerin Rauch-Kallat vor“, berichtet „Politik“-Redakteur Peter Gnam.

Dabei zeichnet sich auch ein handfester Rechtsstreit ab. Laut Sessler-Verlag, der die Rechte hat, müsste nämlich vor einer Änderung des Textes das Urheberrecht geändert werden. Schließlich wird ein Machtwort in der leidigen Diskussion gesprochen. Vizekanzler Hubert Gorbach kündigt ein Veto gegen die Pläne an. Seine Begründung: „Als Politiker soll man nicht gegen das Volk agieren und wenn eine Umtextung auf breite Ablehnung stößt, dann ist das zu akzeptieren!“

Pannenserie rund um E-card-Start

Nach einer Serie von Pannen, die es rund um die Einführung des elektronischen Krankenscheins gibt, fällt es schwer nur an Kinderkrankheiten des Systems zu glauben. Trotz zweier Computer-Totalausfälle im Vorfeld geht das „E-card-Netz“ im November österreichweit in Betrieb.

Unsere Lipizzaner galoppieren in ein riesiges Finanz-Debakel:

Spanische Hofreitschule muss vollkommen saniert werden!

Riesenwirbel um unsere weißen Hengste: Da das Traditionsunternehmen „Spanische Hofreitschule“ vor einem Finanz-Debakel steht, wird an der Spitze ein Wechsel vorgenommen. Armin Aigner übernimmt die „Lipizzaner-Agenden“ von Ex-Direktor Werner Pohl.

Allein 2005 wird der Verlust auf 3,7 Millionen Euro anwachsen. Deshalb soll der neue Geschäftsführer, Armin Aigner, die „Spanische“ bis 2009 sanieren und in die schwarzen Zahlen führen. Sein neues Konzept sieht etwa für Wien statt bisher nur 26 künftig 39 Vorführungen vor. Und in Piber soll eine „Lipizzanerwelt“ zum Tourismus-Magnet werden.

„Die Umwegrentabilität, die die Spanische Hofreitschule für Österreich bewirkt, spiegelt sich natürlich nicht in der Bilanz! Nichtsdestotrotz muss größere Wirtschaftlichkeit angestrebt werden“, so die klare Forderung von „Krone“-Pferde-Expertin Andrea Binder.

Minister Josef Pröll setzt sich für die Sanierung ein.

Menschlich betrachtet

VON PROFESSOR REINALD HÜBL

„Er war mein Standesbeamter vor 20 Jahren"

„LANGER SAMSTAG" an einem Dienstag in einem Amt in Hollabrunn.

Um 17 Uhr betritt Frau Jutta K. aus Gross die Bezirkshauptmannschaft. Sie will einen Pass ausstellen lassen für ihren Sohn. Seine Dokumentenmappe hat sie mit. Beim zuständigen Beamten stellt sich heraus, dass Frau Juttas Sohn keinen Staatsbürger-

Lichtblick am Mittwoch

schaftsnachweis besitzt. Also auf zum Standesamt!

Aber der Beamte hält die Frau zurück und schreibt sich die erforderlichen Daten auf, damit er, wenn die Dame zurückkommen wird, gleich den Pass fertig machen kann.

Im Standesamt verlangt man jetzt die Heiratsurkunde der Mutter und die Meldezettel sowie die Staatsbürgerschaftsnachweise von ihr und ihrem Mann . . .

Frau Jutta macht kehrt, will zum Auto laufen und acht Kilometer nach Hause fahren. Aber der Beamte sagt „Warten Sie noch! Haben Sie nicht in Hollabrunn geheiratet?" – „Ja, vor zwanzig Jahren." – „Ich habe Sie erkannt, ich war damals ihr Standesbeamter."

Frau Jutta muss ja die tollste Braut überhaupt gewesen sein! Ein Standesbeamter sieht schließlich viele Bräute.

„Kommen Sie in einer halben Stunde wieder, ich suche die alten Unterlagen heraus."

Alles gefunden, alles erledigt, der Pass ist fertig!

Ich muss sagen: Das ist mehr als Bürgerdienst, das ist Menschlichkeit.

Tageslicht-Pflicht auf den Straßen!

An das Fahren mit Abblendlicht auch bei Tag müssen sich Österreichs Autofahrer künftig gewöhnen. Die Pflicht gilt seit dem Vormonat, doch laut einem Parlamentsbeschluss soll vorerst noch niemand bestraft werden. Nach Expertenmeinung kann durch diese Maßnahme Leben gerettet werden, mindestens 25 Verkehrstote und 2000 Verletzte pro Jahr sollen dadurch vermieden werden.

Ablöse für die alten rosa Führerscheine

Der neue EU-Führerschein in Scheckkartenform soll kommendes Frühjahr ausgestellt werden. Jedoch der gute alte „rosa Schein" soll auch weiterhin seine Berechtigung beibehalten. Führerschein-Neulinge allerdings sollen künftig nur noch die neuen Plastikkarten erhalten. Die Autofahrerklubs fordern, dass die EU-Scheine als Identitätsnachweise zumindest einem Personalausweis gleichgestellt werden.

Unterstützung für das Mobile Hospiz! *„Sterben in Würde ist ein Anrecht aller, dafür setzt sich unsere Hospiz-Arbeit ein", sagt Caritas-Direktor Michael Landau. Er erhält von „Krone"-Chefredakteur Christoph Dichand einen Scheck über 70.000 Euro – damit weitere Schwestern für das Mobile Hospiz beschäftigt werden können. Denn der Bedarf an Betreuung und Begleitung ist groß.*

Neue biometrische Reisepässe machen die Ausweise sicherer

Hochsicherheitspässe als Waffe gegen organisierte Kriminalität. Das soll die Einführung des neuen Reisedokumentes bringen. Digitale Fotos werden hineingedruckt, um Mafiosi die Reiselust zu verderben.

Auch die neuen Pässe sind rot, aber mit Speicherchip.

Auch wenn etliche Verbrecher an Österreichs Grenzen gefasst werden, weil sie mit gefälschten Reisepässen unterwegs sind, so ist das Fahndungsnetz noch immer viel zu weitmaschig. Deshalb lässt Innenministerin Liese Prokop als EU-Vorreiterin ab kommendem Frühjahr neue Hochsicherheitspässe ausstellen.

Bisher wurden in geheimen Mafia-Fälscherwerkstätten vor allem die Fotos ausgetauscht oder verändert. Künftig soll darum ein digitalisiertes Gesichtsbild für absolute Sicherheit sorgen. Das Foto wird nämlich auf einem Speicherchip fixiert. Diese biometrischen Pässe erfüllen auch die erforderlichen Sicherheitsstandards für Amerika. Ab 2008 sollen dann auch Fingerabdrücke auf den Mikrochip gespeichert werden.

Vor dem Ratsvorsitz in Brüssel fordern Bürger:

„Österreich-Einsatz“ zur Überwindung der EU-Krise

Laut einer aktuellen „Imas“-Umfrage plädieren die Österreicher mehrheitlich dafür, dass sich unser Land als EU-Ratsvorsitzender im ersten Halbjahr 2006 in Brüssel einsetzt: Damit die Krise innerhalb der Europäischen Union überwunden wird!

Die Vision von einem vereinten Europa sehen die Österreicher mehr als skeptisch. Nur 18 Prozent glauben, dass sich dieser Traum einmal verwirklichen könnte. 54 Prozent halten das für eine Illusion und 28 Prozent hüllen sich in Schweigen. Brisante Themen liegen jedenfalls auf dem Tisch: Terrorbekämpfung, Beitrittsverhandlungen und EU-Verfassung. Außenministerin Ursula Plassnik sieht unsere Rolle beim EU-Ratsvorsitz als Brückenbauer.

__Riesenerfolg__ für den Wiener Tierombudsman Hermann Gsandtner (2.v.re.). Seit Jahresbeginn steht er im Einsatz. Stadträtin Sonja Wehsely, Maggie Entenfellner von der „Krone“-Tierecke und Veterinäramtschef Walter Reisp ziehen mit ihm Bilanz: 3500 Anrufe, Dutzende Anzeigen wegen Tierquälerei sowie Kennzeichnung der Eier je nach Hühnerhaltung.

„Landwind“ bricht beim Frontalcrash mit 64 km/h zusammen

Warnung vor Billig-Autos aus China: Todesfallen!

„Schlechtestes Crashtest-Ergebnis überhaupt!“, zu diesem erschreckenden Ergebnis kommt der ÖAMTC bei der Bewertung des Billig-Wagens „Landwind“ aus China. Für die Techniker des Verkehrsklubs ist das Gefährt eine Todesfalle. Denn es weist weder Airbags noch Metallverstärkungen auf und hat einen extrem langen Bremsweg. „Noch nie habe ich so ein katastrophales Ergebnis bei einem Crashtest gesehen“, ärgert sich ÖAMTC-Cheftechniker Max Lang. Schon bei einem Zusammenstoß mit 64 km/h hätte der Lenker eines solchen Fahrzeuges keine Überlebenschance.

Motor Kommentar

VON HORST KAHLERT

Die Chinesen kommen

Die chinesische Autoindustrie drängt Richtung Europa. Auf der Internationalen Automobil-Ausstellung in Frankfurt präsentierten sich gleich drei Anbieter. Allerdings eher bescheiden und unauffällig. Doch der Schein trügt. Ein Insider: „Jetzt sind sie erst so weit wie die Koreaner vor fünfzehn Jahren. In drei bis vier Jahren sind die Chinesen aber spürbar auf dem Markt. Und vermutlich auch die Inder!“

Eine erste Niederlage mussten sie allerdings schon hinnehmen. Der Geländewagen „Landwind“ von Jiangling Motors Company (JMC) bekam ein vernichtendes Sicherheits-Urteil: „So schlecht hat in der Geschichte der ADAC/ÖAMTC-Crashtests in den letzten zwanzig Jahren noch kein Fahrzeug abgeschnitten!“

Die Fahrzeugzelle des Billig-Geländewagens (Basispreis in Deutschland: ab € 15.295,–) brach beim Frontal-Crash mit 64 km/h völlig zusammen. Der Fahrzeuglenker hätte keine Überlebenschance gehabt. Nicht viel besser der Seiten-Crash mit 50 km/h: Auch hier hätte sich der Fahrer schwere Kopfverletzungen zugezogen.

Übrigens: der EU-genormte Crashtest (NCAP) wurde von Konsumentenvereinen und der FIA entwickelt. Autokonzerne akzeptieren ihn. Er wird freiwillig durchgeführt.

Zum Nachdenken und zum Schmunzeln: Was Prominente im Laufe des Jahres 2005 in der Öffentlichkeit von sich gaben . . .

Sprüche des Jahres

„Lasst mich in das Haus des Vaters gehen."
Letzte Worte von Papst Johannes Paul II. am Sterbebett im Vatikan in Rom.

☆

„Ich verstehe, dass die Zerstörungen mehr als einen Tag Aufmerksamkeit verlangen."
Späte Einsicht von US-Präsident George W. Bush nach seinem Kurzbesuch in der vom Hurrikan zerstörten Region um New Orleans.

☆

„Trotzige große Blonde"
Schlagzeile einer türkischen Zeitung über unsere Außenministerin Ursula Plassnik nach dem wegen Österreichs Veto fast gescheiterten Beginn der EU-Beitrittsverhandlungen.

☆

„Mit Körberlgrößen habe ich nichts am Hut. In meiner Jugend machte ich das an Früchten fest: ein Apfel, eine Birne, eine Orange."
Ex-Fußballstar Toni Polster „philosophiert" über Damenoberweiten in „Hi Society".

☆

„Dass man im Holzland Österreich mit Öl heizt, ist eine Vollidiotie!"
Christoph Chorherr (Grüne) über Österreichs Energiepolitik.

☆

„Die Österreicher haben die Hofratsmentalität: Teppich hoch und drunterkehren."
Wienerberger-Chef Wolfang Reithofer über den Umgang mit Problemen.

☆

„Wir haben nicht die Revolution gemacht, um westliche Demokratie zu erlangen."
Irans neuer Präsident Mahmud Ahmadinedschad über sein Idol Ayatollah Khomeini.

☆

„Alle glauben, das Ozonloch wird z'groß, aber i glaub, heuer gfrierts zua."
Ex-Skispringer Andi Goldberger über den eher kühlen Sommer in „Hi Society".

☆

Kleider-Fan: Anna Netrebko

„Eine Viertelstunde Sex ist gleich 36 Kalorien. Wenn man es mit anderen Kalorienverbrauchstabellen vergleicht, schneidet Staubsaugen besser ab."
Ernährungswissenschaftlerin Angela Mörixbauer.

☆

„In der Politik muss man sehr viel verkaufen. Und ich kenne keinen einzigen Verkäufer, der nur mit der Wahrheit agiert."
Der Perchtoldsdorfer Festspielintendant Wolfgang Löhnert in „Hi Society".

☆

„Man muss die Weiber packen, dann wird man gepackt!"
Operetten-Intendant Harald Serafin in „Seitenblicke".

☆

„Das ist ein geiler Urlaubsflirt, bei dem aber nie ein Ehevertrag herausspringen wird."
Ein Mitglied der grünen Parteispitze über die Chancen der so genannten „Jamaika-Koalition" zwischen CDU/CSU, FDP und den Grünen.

☆

„Wenn eine Politikerin zu fesch ist, dann sagt man, sie ist nicht seriös."
Modezar Karl Lagerfeld in „Beckmann".

☆

„Ich bin zwar Alleinzuständig, verstehe aber von kaum einer Branche wirklich etwas."
Walter Barfuß, Chef der Bundeswettbewerbsbehörde, gibt sich überaus ehrlich.

☆

„Wenn du dich selbst zum Affen machst, wirst du auch so behandelt."
Bundeskanzler Wolfgang Schüssel mahnt nach der schweren Wahlniederlage in der Steiermark bei der ÖVP-Klubklausur in St. Wolfgang, parteiintern nicht zu streiten.

☆

„Ich glaube, dass sie genau das geschafft hat, was viele Leute ganz gern hätten: bekannt zu werden durch eigentlich gar nichts."
Society-Reporterin Waldburg über Verona Pooth-Feldbusch in „Seitenblicke".

☆

„Es ist viel fader, wenn man eine einzige große Liebe hat. Es ist viel amüsanter, wenn man ein paar Lieben hat."
Birgit Sarata in „Hi Society".

☆

„Ohne Kunst sind wir bestialische Kreaturen."
Dirigent Nikolaus Harnoncourt in „Jede Note ein Kuss".

„Ich war einer der letzten der Rock 'n' Roller der deutschen Politik. Jetzt kommt die Playback-Generation."
Deutschlands Außenminister Joschka Fischer.

☆

„Ich spiel für die Leute, die ihren Kindern Geld geben, damit sie sich eine Christl-Stürmer-Karte kaufen können.
Austro-Popper Reinhard Fendrich outet sich in „Hi Society".

Zähe Verhandlerin: Plassnik

„Mein Vater ist auf einem Kamel geritten. Ich fahre Auto. Mein Sohn fliegt mit dem Flugzeug. Sein Sohn wird auf einem Kamel reiten."
Saudi-arabischer Humor zur Erdöl-Krise.

☆

„Russische Frauen lieben schöne Kleider. Und wenn wir Geld haben, kaufen wir sie."
Opern-Star Netrebko in „Seitenblicke".

☆

„Wir freuen uns über alle neuen Aktionäre, aber wir würden uns wirklich überhaupt nicht über sehr große Aktionäre freuen."
Erste-Bank-General Andreas Treichl zu möglichen Übernahmegelüsten von ausländischen Banken.

☆

„Ich male prinzipiell nicht auf Weiß. Denn zu Weiß fällt mir nichts ein."
Künstler Ernst Fuchs in „Hi Society".

☆

„Wir hatten einfach ein Pech. Positiv gesagt hoffen wir, dass es dieses Jahr eine andere Versicherung trifft, wir setzen eindeutig aufs Floriani-Prinzip."
Herbert Fichter, General der NÖ-Versicherung zur Häufung an Großschäden im vergangenen Jahr.

„Schmuck kauft man nicht auf Kredit."
Witwe Edith Klestil in „Seitenblicke".

☆

„Medikamente werden höher besteuert als Sex-Magazine."
Aussendung des Pharmaindustrie-Verbandes, wo die Senkung der derzeit 20% Mehrwertsteuer für Arzneimittel gefordert wird.

☆

„Wir sind finster entschlossen, in Weiz keinen Schaden anzurichten."
Siemens-Österreich-Chef Albert Hochleitner zur Übernahme der VA-Tech.

„Früchte"-Experte: Polster

Horoskop für 2006

Helga Kuhn verrät Ihnen Ihre Zukunft

Was bringt das Jahr des Mondes?

Jahresregent 2006 ist der Mond. Der zur Erde am nächsten stehende Himmelskörper befindet sich in einer mittleren Entfernung von 384.400 km. Die synodische Umlaufzeit (von Vollmond zu Vollmond) um die Erde beträgt 29,5 Tage.

Astrologisch verkörpert der Mond das Kalte, Feuchte, Fruchtbare, Feminine. Er symbolisiert die Vergangheit und Veränderung.

Die Geburtsdaten der Glückskinder 2006:
23. 3., 4. 4., 22. 4., 3. 5., 12. 5., 21. 5., 2. 6., 11. 6., 29. 6., 10. 7., 19. 7., 28. 7., 9. 8., 18. 8. 27. 8., 17. 9., 26. 9., 7. 10., 25. 10., 15. 11., 24. 11., 5. 12., 23. 12., 7. 1., 16. 1., 5. 2., 15. 2., 24. 2., 5. 3.

Das sagen Ihnen die Sterne über Liebe, Gesundheit und Erfolg

Widder: 21. 3. bis 20. 4.

Liebe: Saturn festigt lose Beziehungen. Auch getrennte Paare finden wieder zusammen. Nach einer Krise im Oktober erleben viele ein Happy End im Dezember 2006 (Jupiter macht Sie 2007 zum Glückskind!). **Gesundheit:** Besserung bei chronischen Erkrankungen. Vorsicht ist zwischen 8. 9. und 23. 10. 2006 geboten, da sind Sie körperlich und seelisch sehr anfällig. **Erfolg:** Günstiges Jahr für langfristige Planungen. Die Sterne versprechen Erfolg und mehr Geld, deuten aber für 2006 keine großen Veränderungen an.

Stier: 21. 4. bis 20. 5.

Liebe: Mars in Ihrem Zeichen verleiht Ihnen starken Sexualtrieb, der Ihre Gefühle beherrscht. Mitte Februar 06 lässt dieser Einfluss nach, das Herz bekommt Oberhand. Dennoch tendieren Sie durch Jupiter zu unglücklichen Beziehungen, die viel Geld kosten. **Gesundheit:** Sehr vorsichtig sollten Sie im Jänner und von 3. 6. bis 22. 7. sein! **Erfolg:** Rätselhafte Fälle, Geheimnisse und Bekenntnisse anderer Menschen spielen durch den Skorpion-Jupiter eine große Rolle. Im November 2006 könnte es zu einem Eklat kommen.

Zwillinge: 21. 5. bis 21. 6.

Liebe: Mars und Venus deuten im März 2006 auf eine leidenschaftliche Liebe hin, die aber enorme Aufregungen verursachen wird. Von einem Menschen, der großen Druck auf Sie ausübt (Pluto), kann es im Dezember 2006 zu einer Trennung kommen. **Gesundheit:** Dank Saturn bessern sich Beschwerden mit den Knochen, Bandscheiben, Zähnen und der Haut. **Erfolg:** Sie sprühen zwar vor Ideen und Originalität, doch zwischen Februar und Mitte April 2006 verhindern Merkur und Uranus die Verwirklichung Ihrer Pläne.

Krebs: 22. 6. bis 22. 7.

Liebe: Was am Jahresanfang mit Liebeskummer beginnt, steigert sich im April dank Venus in einen Glücksrausch. Bei vielen kommt es zu einer sehr positiven Lebensveränderung (Heirat, Zusammenziehen, Nachwuchs). **Gesundheit:** Keinerlei ernste Probleme. Beste Zeit für Urlaub und Kuren: zwischen Mitte April bis Anfang Juni 2006. **Erfolg:** Jupiter bringt Geldgewinne, Aufstiegschancen, bessere Wohnungmöglichkeiten, positive Prüfungsergebnisse. Die chancenreichste Zeit ist zwischen 9. 2. und 16. 4. und im Juni 2006.

Löwe: 23. 7. bis 23. 8.

Liebe: Ein eher schwieriges Jahr. Neptun trübt Ihren Blick für die Realität, Jupiter macht Sie leichtsinnig und Saturn deutet auf Trennungsgedanken hin. Besonders kritisch werden der März und Juni 2006. Dank Jupiter löst sich bis Jahresende alles in Wohlgefallen auf. **Gesundheit:** Stärker gefährdet sind Leber, Blutdruck, Oberschenkel und Hüften. **Erfolg:** Verlassen Sie sich 2006 nicht auf Ihr Glück! Alles muss hart erarbeitet werden. Merkur bringt gute Chancen in Rechtsangelegenheiten im April und September.

Jungfrau: 24. 8. bis 23. 9.

Liebe: Ein glückliches Jahr! Uranus sorgt zwar immer wieder für Aufregungen, doch dank Jupiter haben Sie nichts zu befürchten. Singles werden zwischen Jänner und März oder im Juni 2006 die große Liebe finden, andere können eine Ex-Partnerschaft wieder beleben. **Gesundheit:** Nervenleiden könnten sich im März 2006 verstärken. **Erfolg:** Von Mitte Februar bis Mitte April 2006 machen Ihnen Neider und Rivalen das Leben schwer. Der September, Oktober, November werden Ihre erfolgreichsten Monate!

Waage: 24. 9. bis 23. 10.

Liebe: Sollten Sie zwischen zwei Menschen stehen, die Sie beide lieben, so sorgt Saturn für eine Entscheidung. Geborgenheit finden Sie 2006 nur in einer stabilen Beziehung. Besondere Harmonie herrscht mit einem Löwe-, Schütze- oder Wassermann-Partner. **Gesundheit:** Kritisch nur im April/Mai, ansonsten befinden Sie sich in Top-Form. **Erfolg:** Pluto/Saturn machen Sie zu einem harten, pflichtbewussten Arbeiter mit Führungsqualitäten. Die beste Zeit für Prüfungen oder einen Karrieresprung: 22. 1. bis 9. 2. 2006.

Skorpion: 24. 10. bis 22. 11.

Liebe: Saturn zwingt Sie, sich 2006 von einer problematischen Verbindung loszulösen (viele Skorpione befinden sich in einer belastenden Dreierbeziehung). Im April 2006 kommt es durch Venus/Uranus zu einer positiven Wende in Ihrem Liebesleben. **Gesundheit:** Juni/Juli 2006 können kritisch werden. Eifersucht und Krankheit vergällen Ihnen das Leben. **Erfolg:** Mars/Uranus geben Ihnen im April/Mai die Kraft für eine berufliche Veränderung. 2006 heißt die Devise Loslassen, erst dann steigert sich Ihre Lebensqualität.

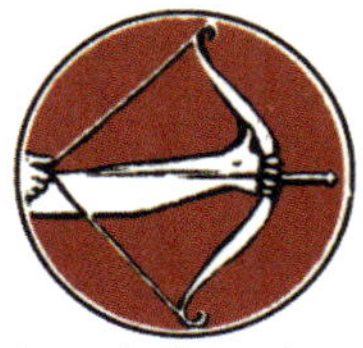

Schütze: 23. 11. bis 21. 12.

Liebe: Ein Rivale, der im März/April 2006 auftaucht, versucht, einen Keil in Ihre Beziehung zu treiben. Aufregungen und Eifersüchteleien legen sich zwar im Mai, dennoch sorgt Venus im Juli neuerlich für Liebeskummer. Pluto/Saturn garantieren in der 2. Jahreshälfte ein Happy End. **Gesundheit:** Dank Saturn Besserung bei langwierigen Krankheiten! **Erfolg:** Uranus warnt zwischen Februar und Mai 2006 vor gravierenden Veränderungen. Saturn rät, alles zu belassen wie es derzeit ist. Viele würden es sich nur verschlechtern.

Steinbock: 22. 12. bis 20. 1.

Liebe: Ihr Liebesleben gestaltet sich abwechslungsreich. Venus/Mars warnen allerdings im Mai 2006 vor einem Seitensprung mit unangenehmen Folgen. Ihr Glück finden Sie mit einem Partner, der Sie tatkräftig unterstützt und sparsam ist wie Sie (Stier/Jungfrau). **Gesundheit:** Der positive Planeteneinfluss bewahrt Sie vor ernsten Erkrankungen. **Erfolg:** Ihnen steht in jeder Hinsicht ein großartiges Jahr bevor. Jupiter sorgt für finanzielle Gewinne, gute Verträge und wichtige Kontakte zu einflussreichen Persönlichkeiten.

Wassermann: 21. 1. bis 19. 2.

Liebe: Entfremdung, Trennung – alles ist 2006 möglich. Zeigen Sie Mut, alte Brücken hinter sich abzubrechen und neu zu beginnen. Erst nach einer aufwühlenden Berg- und Talfahrt versprechen die Sterne zu Jahresende ein Happy End. **Gesundheit:** Dank Pluto halten Sie viel aus. Besondere Schonung ist dennoch bis 17. 2., im Juni/Juli und November 2006 angesagt! **Erfolg:** Jupiter und Saturn prophezeien ein schwieriges Jahr, das von Verlusten geprägt ist. Licht am Ende des Tunnels taucht erst ab 24. 11. 2006 auf.

Fische: 20. 2. bis 20. 3.

Liebe: Dank Jupiter ein tolles Jahr! Liebesglück nimmt vielen Fische-Geborenen auch berufliche und finanzielle Sorgen ab. Vor allem im Jänner/Februar und im April 2006 sieht es nach einer großen Leidenschaft aus, bei vielen kündigt sich Nachwuchs an. **Gesundheit:** Überlisten Sie im März den krankmachenden Mars-Einfluss, indem Sie auf Urlaub oder auf Kur gehen. **Erfolg:** Uranus macht Sie zu einem Getriebenen, bei vielen deutet diese Konjunktion eine Übersiedlung (in eine andere Wohnung, ein anderes Büro oder gar in eine andere Stadt) an.

PERSONENREGISTER

BILDNACHWEIS

AFP 41, AP 59, ARBÖ 1, Gerhard Bartel 5, BILD-Zeitung 3, BMI 1, Christof Birbaumer 5, BMLV 2, Corbis Sygma 2, Franz Crepaz 4, Georg Diener 2, Gert Eggenberger 1, EPA 34, Gerhard Fally 1, Klemens Fellner 1, Freiwillige Feuerwehr 1, GEPA 3, Gerhard Gradwohl 3, Klemens Groh 16 , Peter Haberler 1, Florian Hitz 3, Reinhard Holl 12, Evelyn Hronek 2, Christian Jauschowetz 1, Martin Jöchl 16, Reinhard Judt 2, Ernst Kainerstorfer 1, Chris Koller 1, Klaus Kreuzer 1, Andreas Kreuzhuber 1, Kriminalabteilung Sollenau 1, Krone-Archiv 20, Krone-Hit 1, LPK Salzburg 1, Jock Maislinger 2, Dietmar Mathis 1, Christoph Matzl 4, Gino Molin 1, Mungenast-Grafik 1, NDR 1 , Franz Neumayer 3, ÖAMTC 1, Sante d'Orazio 1, ORF 11, Sepp Pail 3, Herbert Pelech 1, Erich Petschenig 2, Photo Press Service Vienna 3, Pictures Unlimited 1, Playboy 3, Paul Plutsch 1, Pro 7 1, Jürgen Radspieler 9, REUTERS 47, Uta Rojsek-Wiedergut 2, Josef Rupprecht 1, Schickinger 1, Ali Schafler1, Andi Schiel 19, Karl Schöndorfer 2, steiermark-fotos.at 2, T & T 1, Tiergarten Schönbrunn 1, Peter Tomschi 11, Markus Tschepp 1, Alexander Tuma 4 , Viennareport 5, Votava-Foto 1, Warner Bros. 1, Hannes Wallner 1, Heinz Weber 1, Wolfgang Weber 1 , Wiener Festwochen 1 , Zwefo 4

Schutzumschlag: AP 6, AFP 4, EPA 1, Gert Eggenberger 1, Reinhard Holl 1, Andi Schiel 1, Reuters 3

Für die Mitarbeit danken wir unseren Kollegen, den Kolumnisten, Redakteuren, Reportern, Fotografen und Karikaturisten der „Kronen Zeitung", ohne deren Unterstützung dieses Buch nicht gestaltet hätte werden können. Insbesondere der unermüdlichen und kreativen Layouter-Mannschaft Werner Galli, Herbert Kocab, Hermann Müller, Herbert Szokoll sowie den sorgfältigen Archivaren Martin Kriegel und Heidemarie Bauer. Dank auch an das Ueberreuter-Team, stellvertretend an unseren Lektor Thomas Zauner, der dem „Druckfehlerteufel" einen heroischen Kampf geliefert hat. CM/CB